KUNSTVOLLE
SEIL-DESIGNS

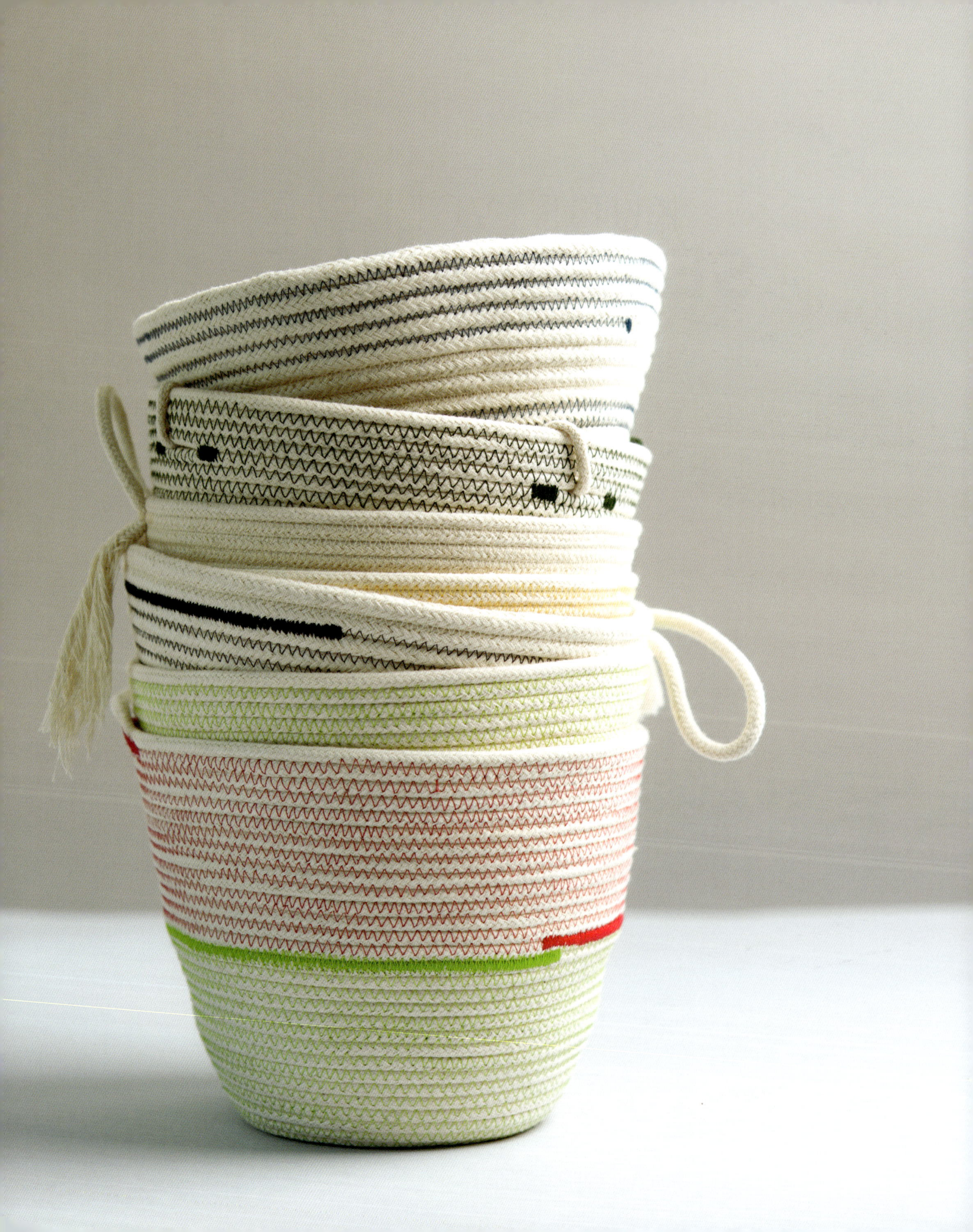

KUNSTVOLLE SEIL-DESIGNS

Deko und Home-Accessoires
aus Seilen nähen

JESSICA GEACH

Impressum

Autorin: Jessica Geach
Layout: BlueRed Press
Fotografie: alle Fotos von der Autorin, außer: The Really Good Media Company – S. 2, 4, 6, 8, 26, 28, 33, 34, 38, 42, 47, 48, 53, 54, 58, 60, 64, 69, 70, 76, 80, 86, 88, 94, 99, 100, 107, 108, 115, 116(BR), 122(B).
Viola Depic – S. 127.
Redaktion & Produktmanagement: Mareike Weber
Übersetzung: Karen Lühning
Lektorat: Sigrun Borstelmann
Korrektorat: Christiane Gsänger
Satz: satz & repro Grieb, München
Umschlaggestaltung: Andreas Kersten
Herstellung: Kathleen Baumann

★★★★★

Sind Sie mit diesem Titel zufrieden? Dann würden wir uns über Ihre Weiterempfehlung freuen. Erzählen Sie es im Freundeskreis, berichten Sie Ihremw Buchhändler oder bewerten Sie beim Onlinekauf. Und wenn Sie Kritik, Korrekturen oder Aktualisierungen haben, freuen wir uns über Ihre Nachricht an Christophorus Verlag, Postfach 40 02 09, D-80702 München oder per E-Mail an lektorat@verlagshaus.de.

Unser komplettes Programm finden Sie unter

www.christophorus-verlag.de

Die Deutsche Nationalbibliothek verzeichnet diese Publikation in der Deutschen Nationalbibliografie; detaillierte bibliografische Daten sind im Internet über http://dnb.d-nb.de abrufbar.

ISBN 978-3-8388-3847-2

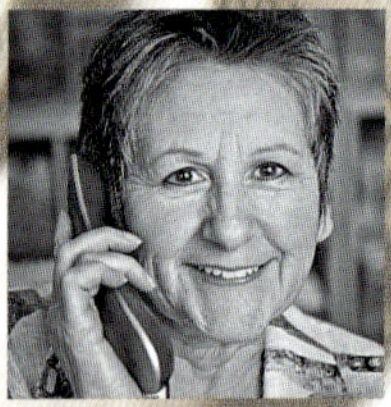

Kreativ-Service

Sie haben Fragen zu den Büchern und Materialien? Frau Erika Noll ist für Sie da und berät Sie rund um alle Kreativthemen. Rufen Sie an! Wir interessieren uns auch für Ihre eigenen Ideen und Anregungen. Sie erreichen Frau Noll per E-Mail: **kreativ-service@c-verlag.de** oder Tel.: **+ 49 (0)89 - 1306 99 - 577**.

Besuchen Sie uns im Internet: **www.christophorus-verlag.de** & **www.selbstgemacht.de**

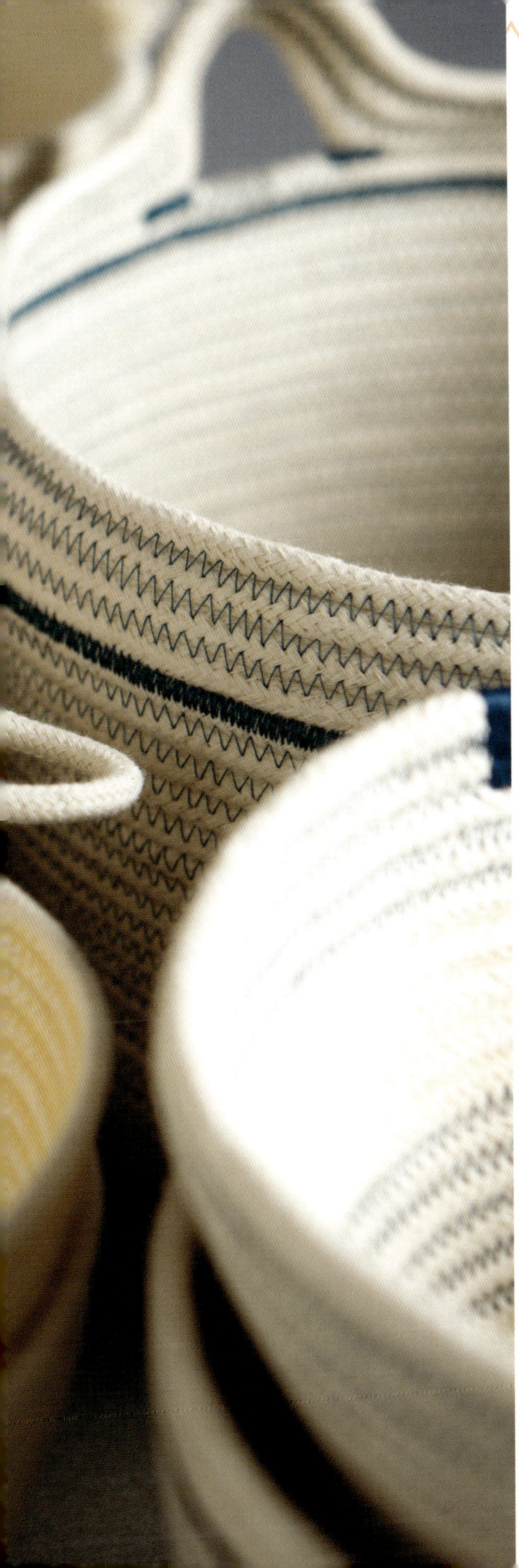

Inhalt

Einleitung

Basteln mit Seilen macht Spaß und hat einen gewissen Suchtfaktor: Man kann eine unglaubliche Vielfalt an schönen 3-D-Objekten anfertigen. Ich hege schon mein ganzes Leben eine Leidenschaft für Textilien. Bei meiner Arbeit als Künstlerin in diesem Bereich stellte ich schnell fest, dass ungebleichtes Baumwollseil mein absolutes Lieblingsmaterial ist! Durch seine geflochtene Struktur ist es weich und robust, bleibt aber stets flexibel.

Faszinierend finde ich, wie sich aus einer Unmenge von Seilen nützliche Taschen, Körbe und Haushaltsartikel zaubern lassen. Aus meiner Leidenschaft für Textilien heraus gründete ich 2015 mein eigenes Textilstudio – Ruby Cubes. Seitdem widme ich mich in Vollzeit den praktischen 3-D-Objekten aus Seilen.

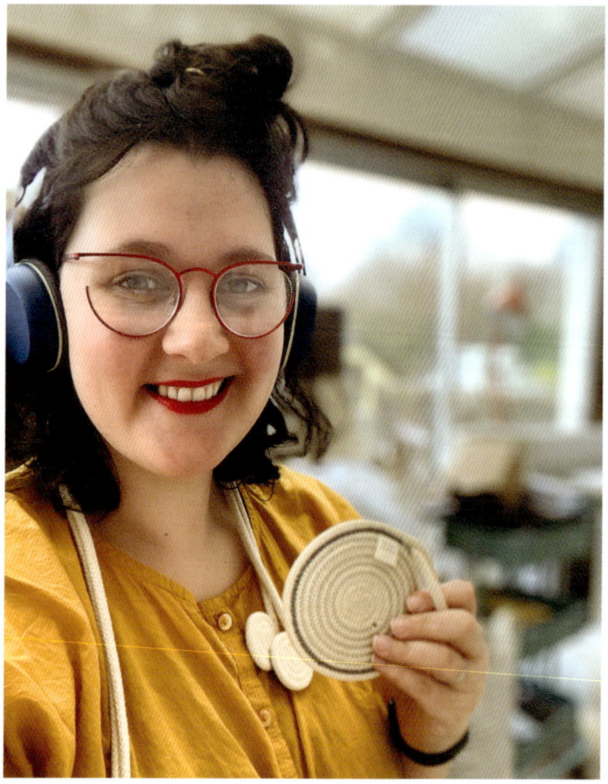

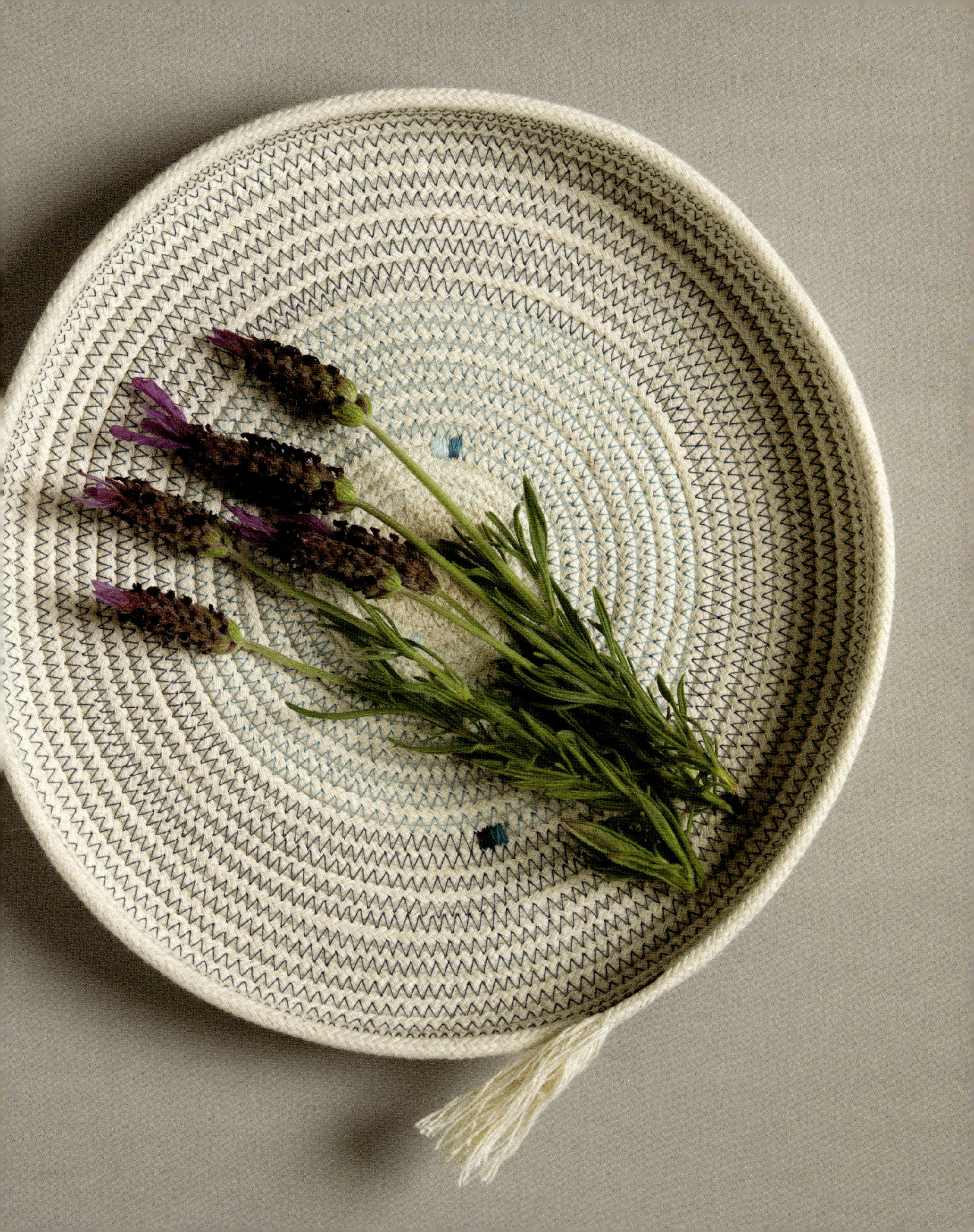

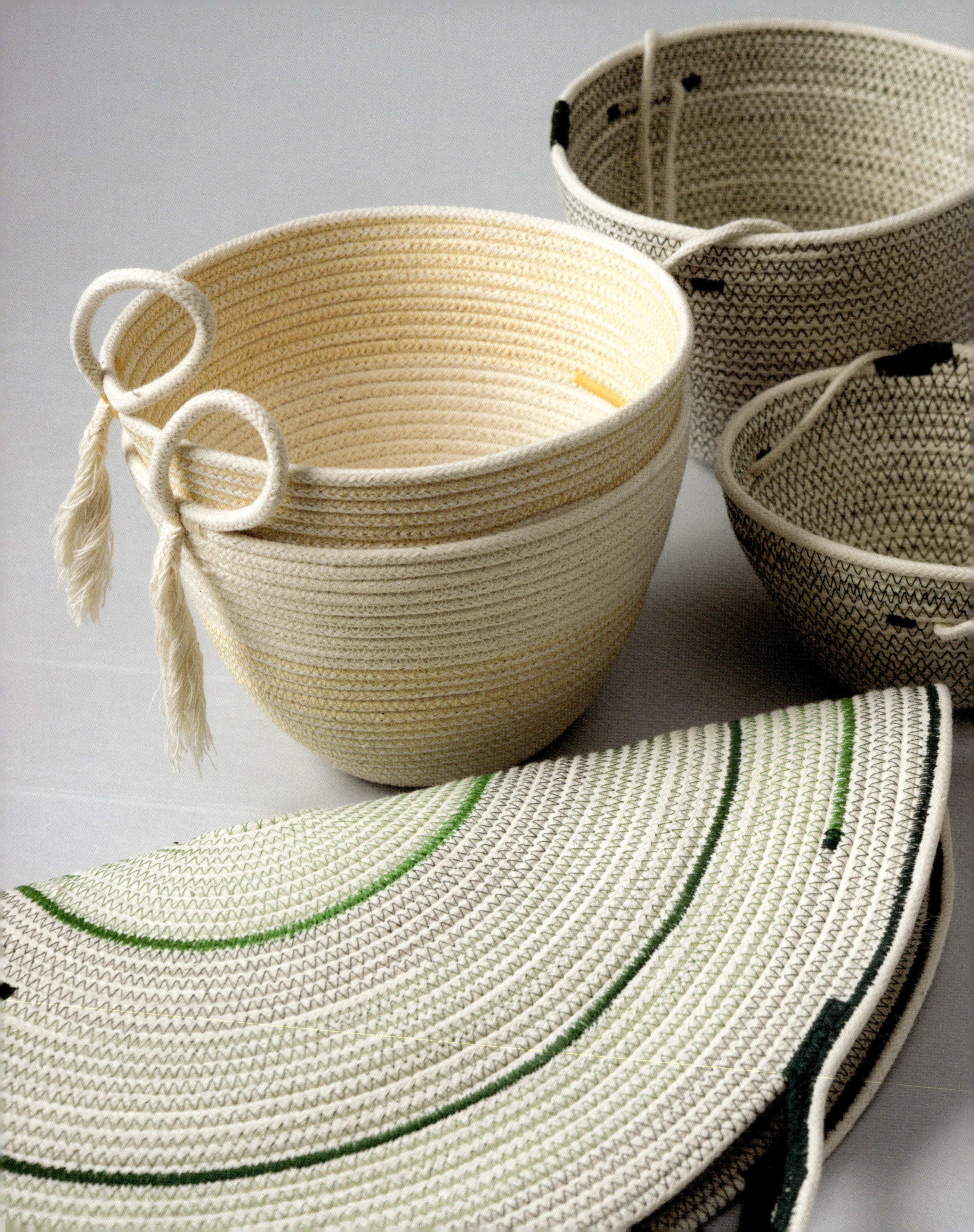

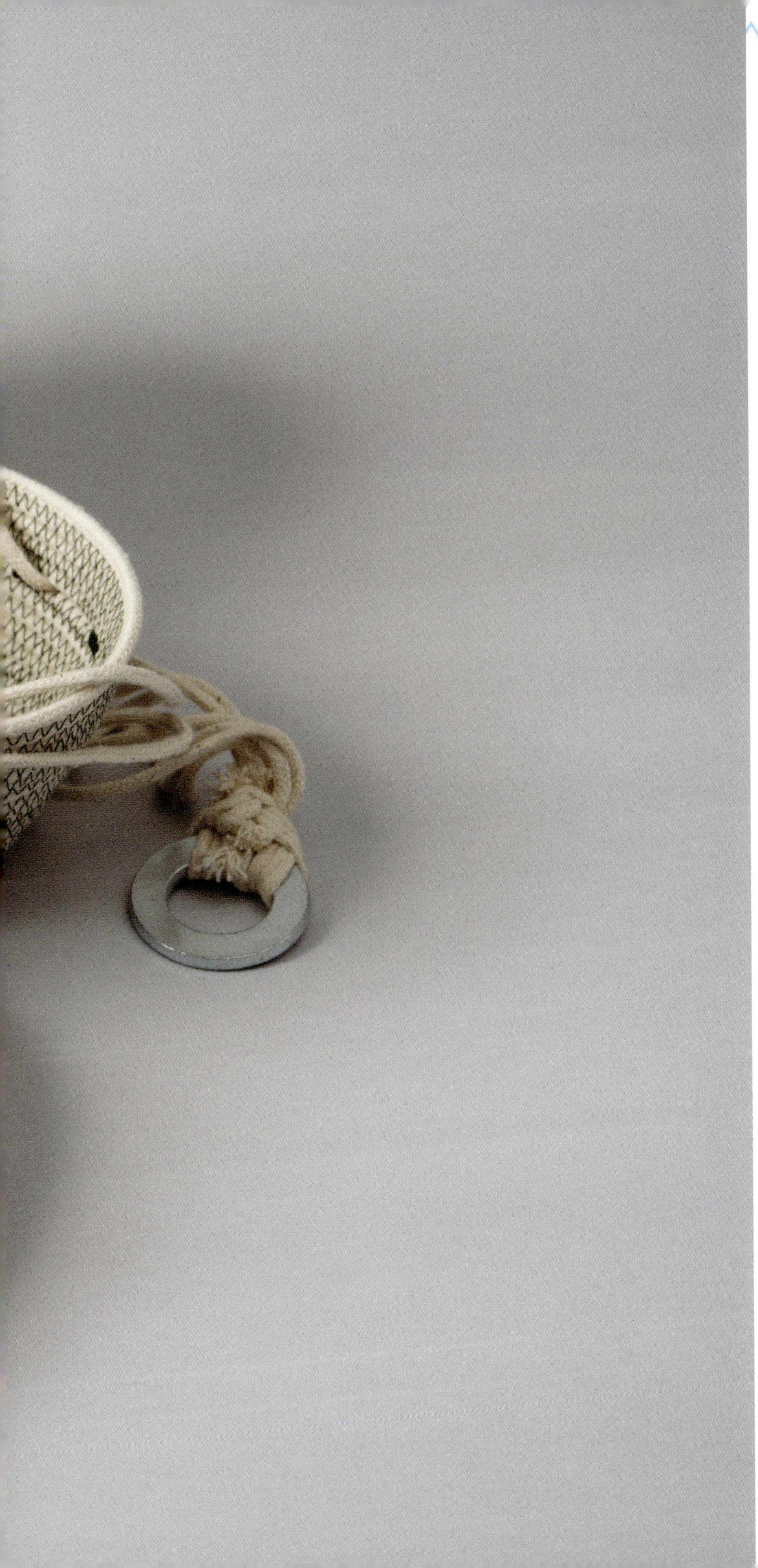

Ich habe das Glück, in Dartmoor im Südwesten von England zu leben, sodass ich nie weit von malerischen Hügellandschaften, erfrischenden Spaziergängen am Flussufer und der wunderbaren Küste von Devonshire entfernt bin. Die vielfältige Landschaft inspiriert mich ungemein. In meiner Arbeit mit Formen und Farben greife ich oft auf Eindrücke aus der Natur zurück.

Ich habe einige Jahre damit verbracht, die endlosen Möglichkeiten zu erkunden, die das Basteln mit Seilen bietet. In diesem Buch weihe ich dich in die Geheimnisse dieser befriedigenden Handarbeit ein.

Sobald du die Grundlagen gemeistert hast, wirst du dich wundern, wie schnell dein Nähtisch sich mit wunderschönen, nützlichen Objekten füllt, die du verschenken oder zu Hause verwenden kannst.

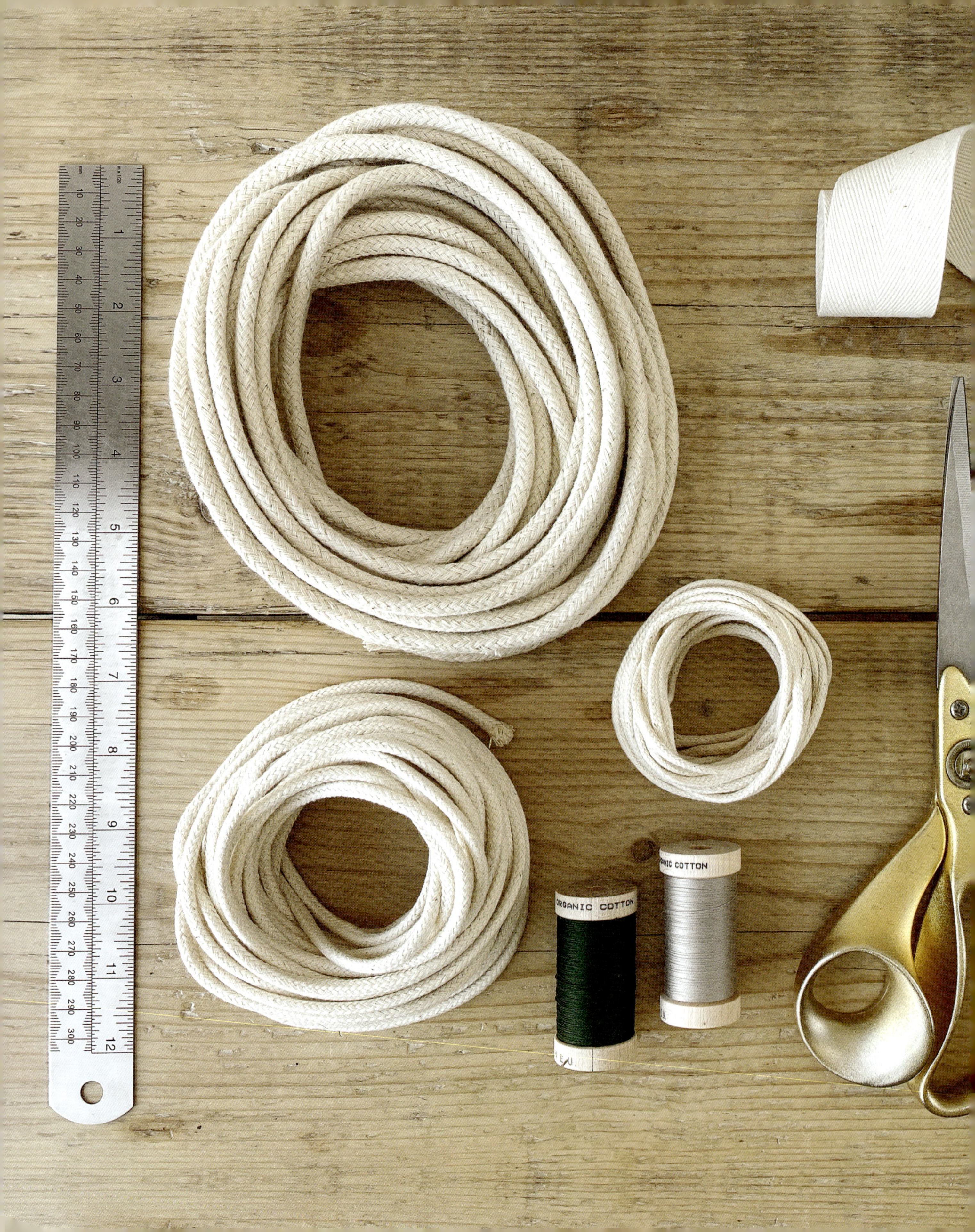
ORGANIC COTTON

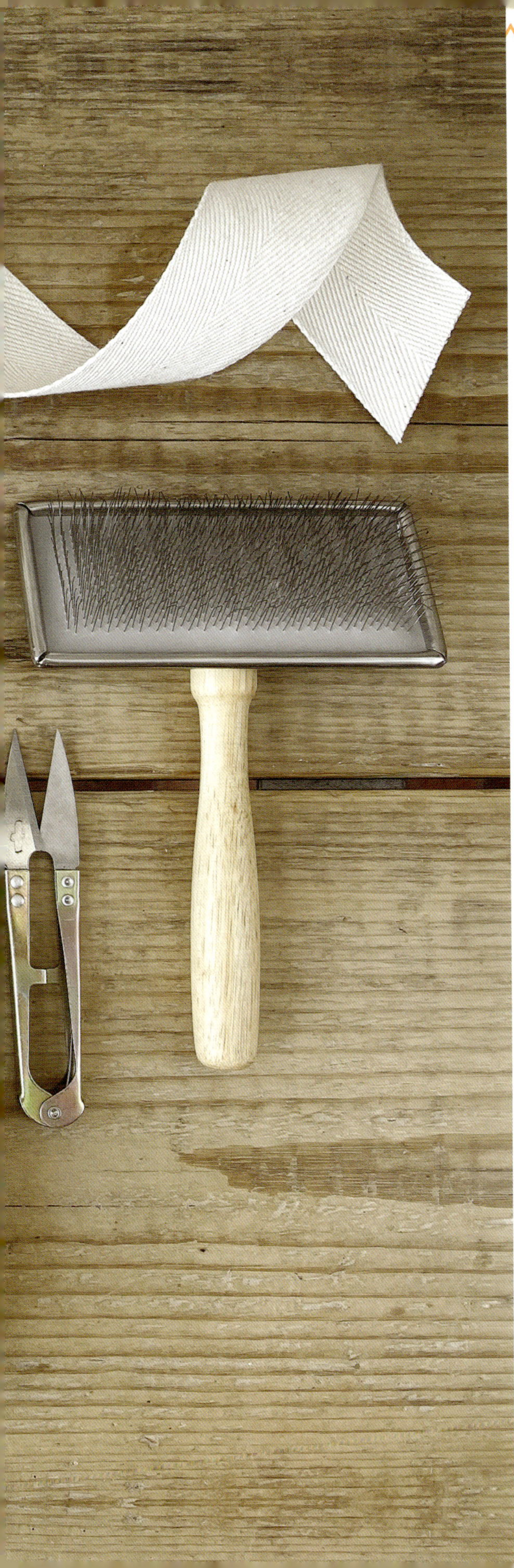

Werkzeug, Material und Techniken

Zum Basteln mit Seilen benötigst du ein paar grundlegende Werkzeuge. Wahrscheinlich hast du einige davon bereits in deinem Nähkasten. Es lohnt sich eventuell, vor dem Start alles Nötige an einem Ort bereitzulegen, damit du bei Bedarf schnell zugreifen kannst.

Werkzeug und Material

Die drei wichtigsten Elemente für Seilarbeiten sind

- Seil,
- Nähmaschine und
- Garn.

Auf den nächsten Seiten erkläre ich dir dieses Zubehör für deine Bastelarbeiten. Am Ende führe ich weitere nützliche Hilfsmittel auf. In den Materiallisten der einzelnen Projekte werden sie als »allgemeiner Nähbedarf« aufgeführt.

Seile sind in guten Bastelgeschäften, online und von www.rubycubes.co.uk erhältlich.

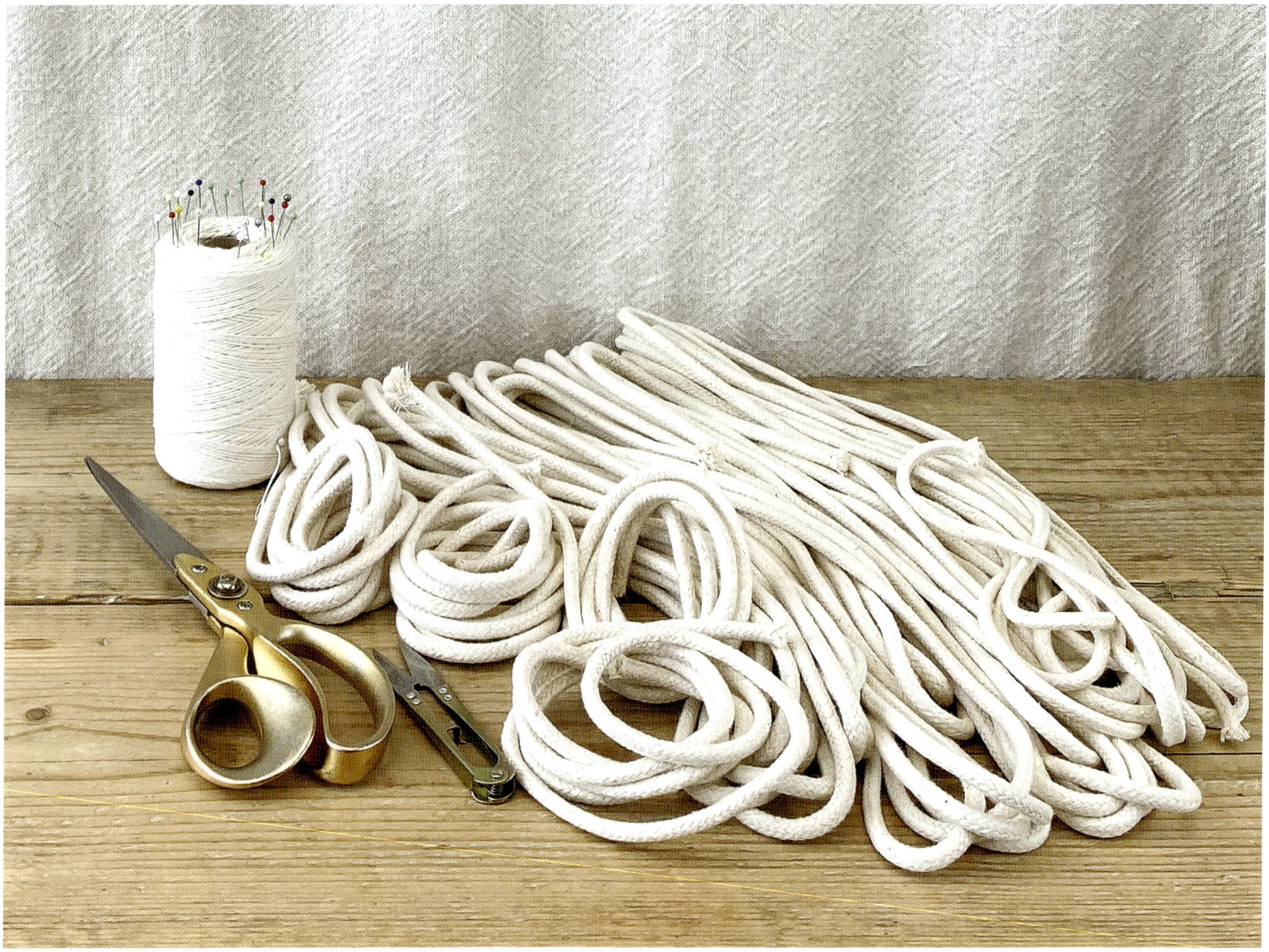

Seil

Um 3-D-Objekte mit einer soliden Struktur herzustellen, kommt es auf die richtige Art von Seil an. Es muss vollständig geflochten sein. Das heißt, es darf nicht hohl (wie Biesen) sein. Ich arbeite mit ungebleichtem, geflochtenem Baumwollseil in den Stärken 3 mm, 6 mm und 8 mm.

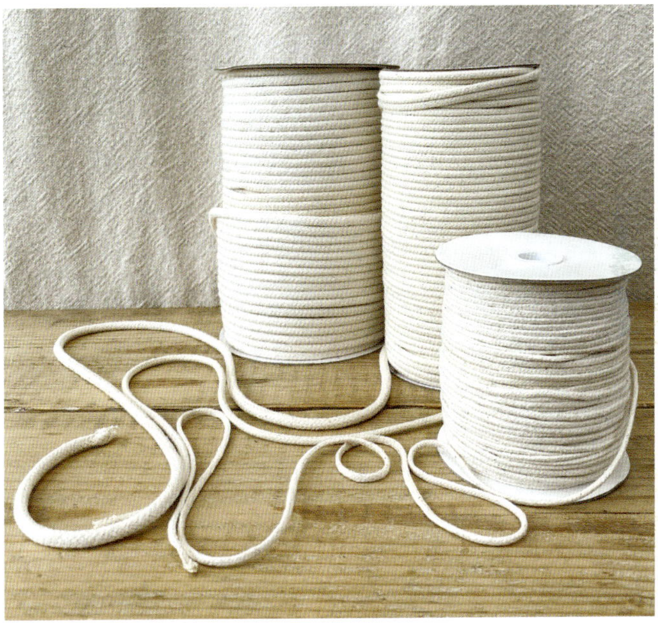

Alle Projekte in diesem Buch wurden mit ungebleichtem Baumwollseil gestaltet. Du kannst alternativ jedes andere Naturmaterial wie Jute, Hanf oder Flachs verwenden (solange es eine Flechtstruktur aufweist und nicht hohl ist). Das verleiht den Objekten eine andere Ästhetik.

Bunte Makramee-Kordeln und -Schnüre sind zwar nicht für den genähten Hauptteil geeignet, ergeben jedoch schöne Farbtupfer mit Quasten und Knoten, die an die genähte Form angebracht werden. So kannst du deine Projekte ganz individuell nach deinem Geschmack gestalten.

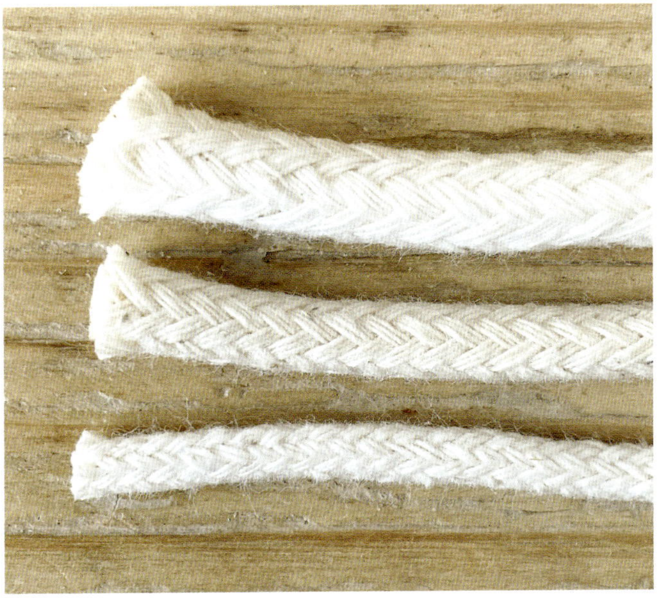

Nähmaschine

Alle Projekte, die du hier siehst, habe ich auf einer Haushaltsnähmaschine angefertigt, und zwar auf meiner Janome 525S Sewist. Anfangs habe ich mit einer Janome J3-24 gearbeitet, du solltest aber auf eine standardmäßige Haushaltsmaschine zurückgreifen, sofern sie über einen geeigneten Zickzackstich verfügt. Je mehr Optionen die Maschine hinsichtlich Stichbreite hat, desto besser.

Außerdem solltest du besonders starke Nadeln bzw. Jeans-Nadeln verwenden. Nähe deiner Maschine zuliebe in gleichmäßigem Tempo. So kannst du dich auch in Ruhe auf den Winkel deiner Arbeit konzentrieren, was wichtig ist. Du wirst allerdings feststellen, dass es auch vom Arm deiner Nähmaschine abhängt, wie du mit Formen und Größen deiner Seilarbeiten experimentieren kannst.

Nähen mit Seil ist nicht wie Nähen mit einem flachen Baumwollstoff – es belastet die Maschine stärker. Fusseln sammeln sich wesentlich schneller an, da die Nadel durch das Seil sticht und jedes Mal Fasern abgibt. Entferne die Fusseln regelmäßig und richte dich nach den Beschränkungen deiner Maschine. Wenn sie anders geformt ist als meine, kannst du ruhig die Winkel in den Projekten abwandeln.

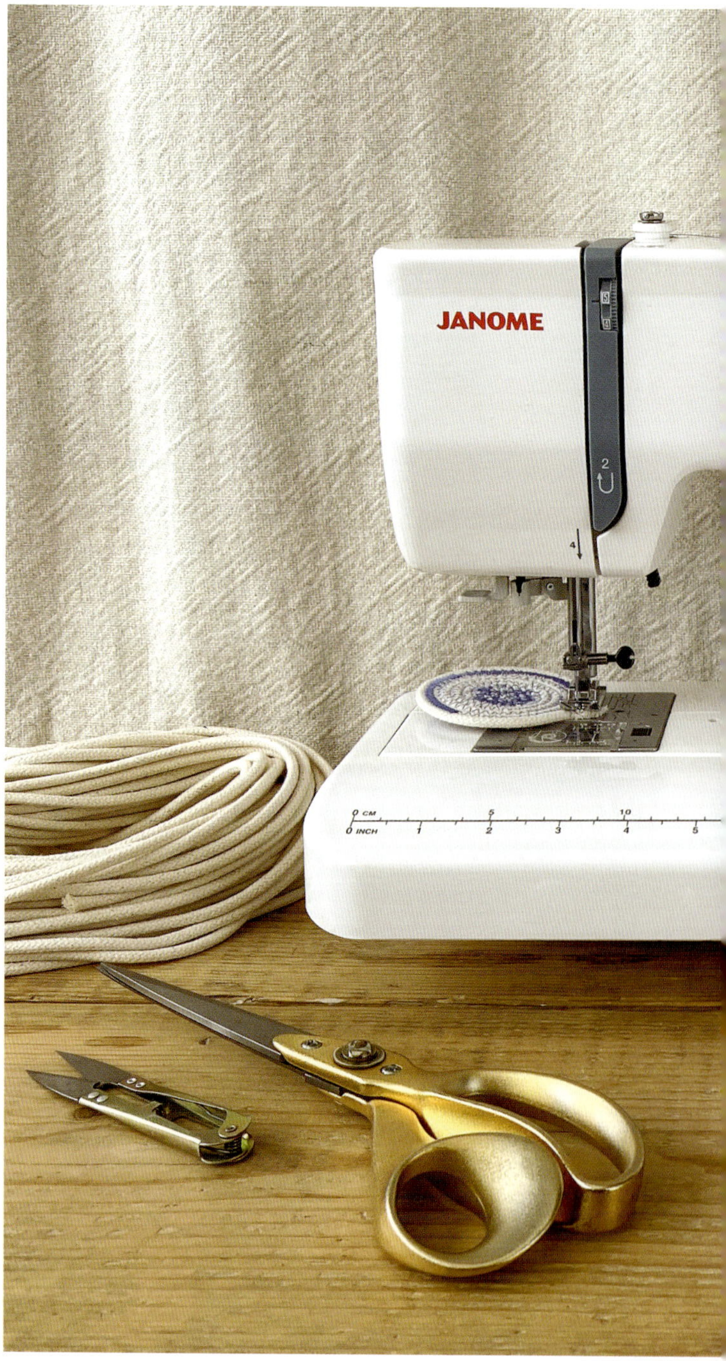

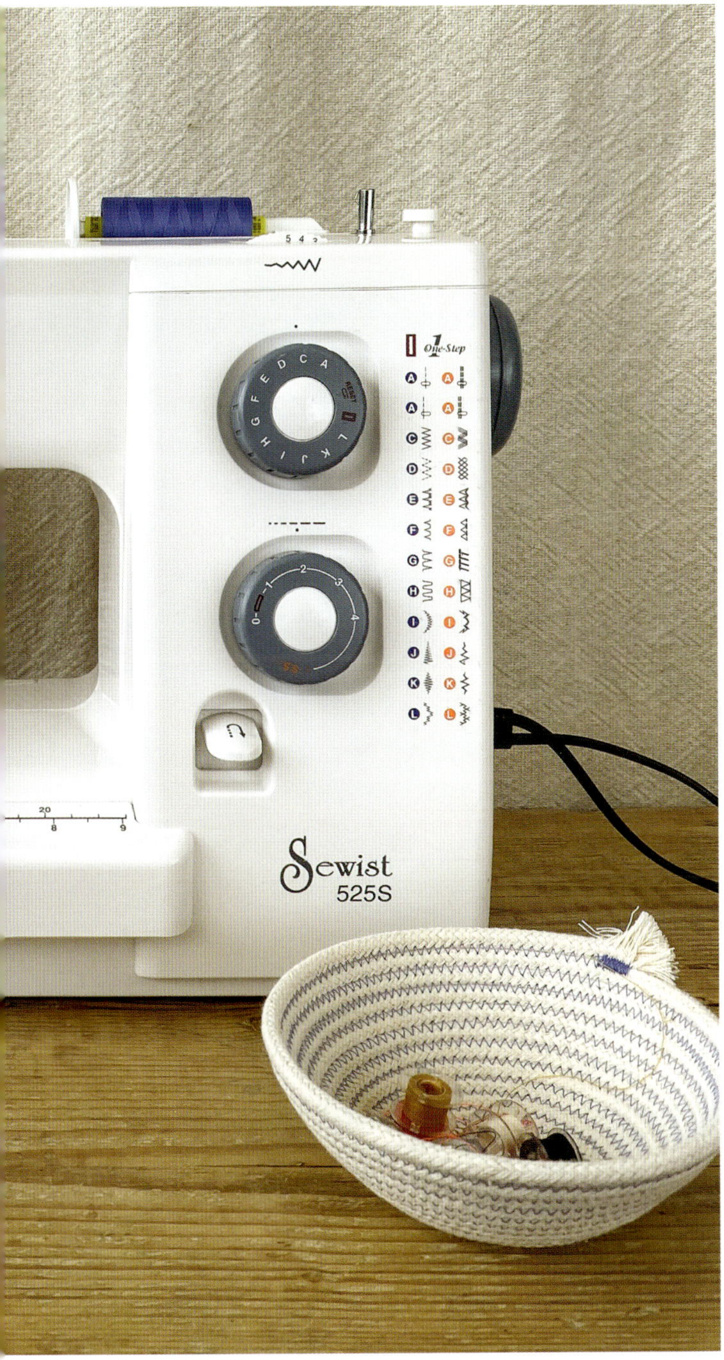

Garn

Egal, ob du dich für ein natürliches Bio-Baumwollgarn oder einen Polyester-Allesnäher entscheidest: Achte auf Qualität! Das Garn muss mit dem Seil zusammenwirken, um Spannung zu erzeugen und die gewünschten Formen zu bilden. Ein gutes Material wirkt beim Formaufbau robust. Ein billiger Faden reißt oder verheddert sich leicht, was frustrierend ist.

Du wirst auch wesentlich mehr Garn verbrauchen als erwartet. Zickzackstiche fressen es geradezu auf. Wenn du die Wahl hast, nimm Spulen mit 1000 m statt mit 100 m. So musst du seltener das Garn wechseln und dir geht nicht mitten im Projekt der Faden aus.

Verwende die gleiche Garnsorte als Ober- und Unterfaden. Selbst wenn es unterschiedliche Farben hat, sollte es vom selben Hersteller sein. Das vermeidet Probleme mit der Fadenspannung und lässt deine Arbeit schöner aussehen.

Eine Anmerkung zur Garnfarbe
Du wirst merken, dass ich im Materialabschnitt häufig „neutrales Garn" aufgeführt habe. Der Grund ist, dass ungebleichte Seile nicht weiß sind. »Neutral« meint einen Farbton, der dem des Seils möglichst nahe kommt. Bei ungebleichtem Seil eignet sich möglicherweise Leinen in gebrochenem Weiß am besten.
Oder, wenn du mit Jute arbeitest, passt vielleicht ein Rehbraun. Nimm zum Garnkauf am besten ein Stück Seil mit.

Allgemeiner Nähbedarf

Lineal: Ein Lineal ist wichtig, da du deine Seillänge und deine Spiralrunden messen musst. Ein Metalllineal ist ideal, da es schön flach auf dem Seil liegt, aber auch eines aus Kunststoff ist in Ordnung, wenn du es zur Hand hast.

Scharfe Stoffschere: Du benötigst eine richtig gute, scharfe Schere, um das Seil sauber durchzuschneiden. Bei einer stumpfen Schere fransen die Enden aus, was die Arbeit erschwert. Ein sauberer Schnitt wirkt schöner und lässt sich leichter festnähen.

Kleine Universalschere: Nicht unbedingt erforderlich, aber sehr nützlich zum Trennen des Garns, da sie leichter zu handhaben ist als eine große Stoffschere.

Stecknadeln: Du brauchst Stecknadeln, um Seilabschnitte oder auch Lückenabschnitte und Griffe zu markieren. Investiere in einen neuen Satz schön spitzer Nadeln mit bunten Köpfen, da sie gut auf dem Seil sitzen und leicht zu sehen sind. Stumpfe Nadeln verhaken sich und lassen sich schlechter entfernen.

Quastenbürste: Du brauchst sie nicht zwingend, sie kann aber viel Zeit sparen, wenn du Quasten anfertigst. Die Bürste, die ich verwende, ist eigentlich eine Katzenbürste aus Metall. Schütze unbedingt deine Arbeitsoberfläche, wenn du diese Bürsten verwendest, da die Zinken Kratzer hinterlassen. Alternativ kannst du die Fasern bei kleineren Quasten auch mit Steck- oder Sticknadeln trennen.

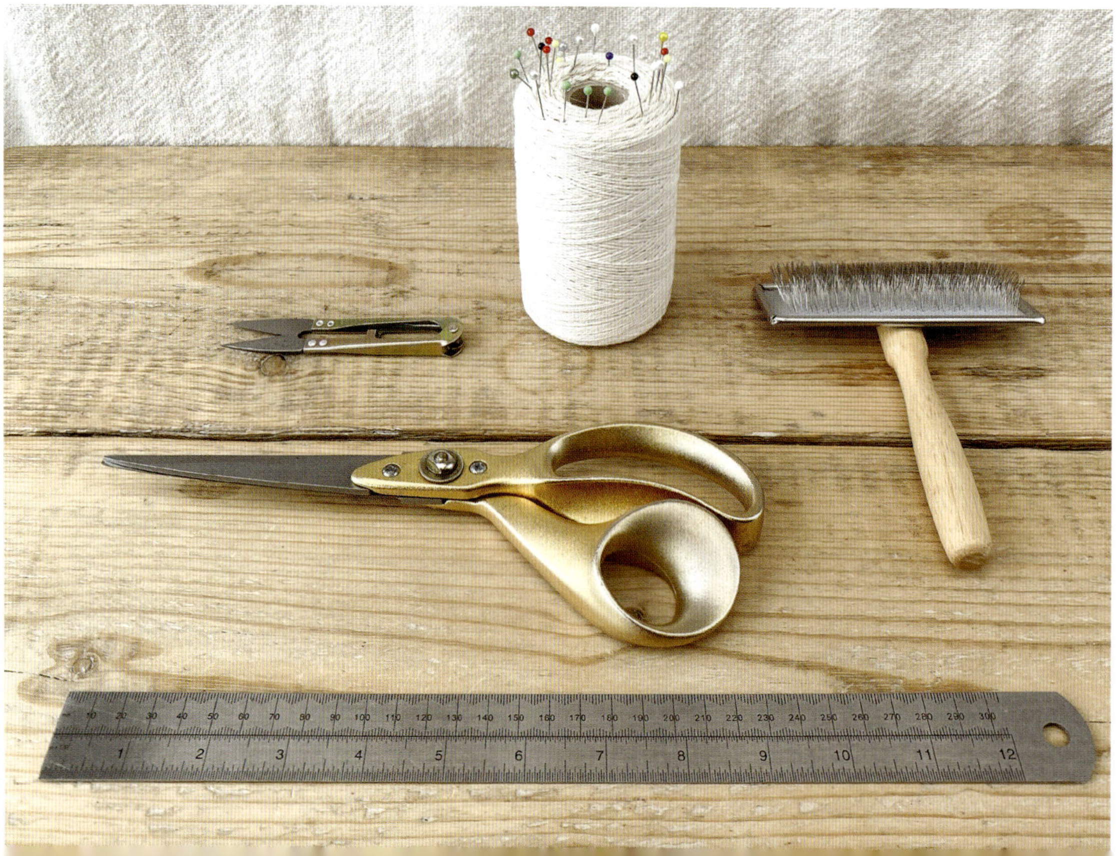

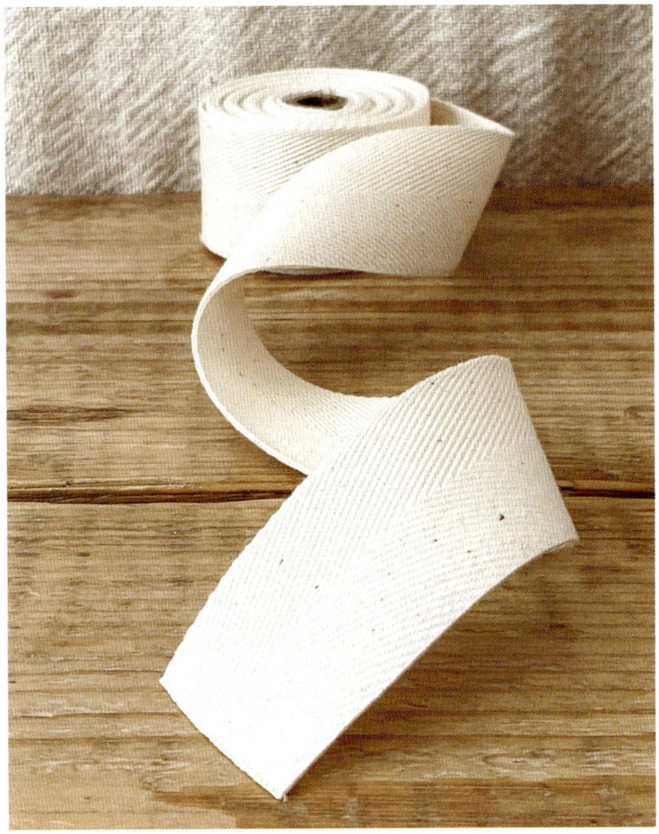

Projektmaterialien

Baumwoll-Twillband: Bei der Strandtasche brauchst du dieses Band für die Riemen. Wähle ein robusteres Band, da es stabiler ist und sich nicht so schnell verdreht.

Ton: Für den Wandbehang. Jeder hochwertige, lufttrocknende Ton, den du in Bastelgeschäften findest, eignet sich dafür.

Stoffmalfarbe: Beim Wandbehang verwende ich für die farbige Gestaltung Stoffmalfarbe statt Garn. Dadurch lässt sich eine andere Wirkung erzielen. Jede Stoffmalfarbe, die sich durch Wärme fixieren lässt, eignet sich für Seilarbeiten. Am besten fixiert man die trockene Farbe mit Dampf, statt zu versuchen, mit der flachen Seite des Bügeleisens alle Vertiefungen zu erreichen.

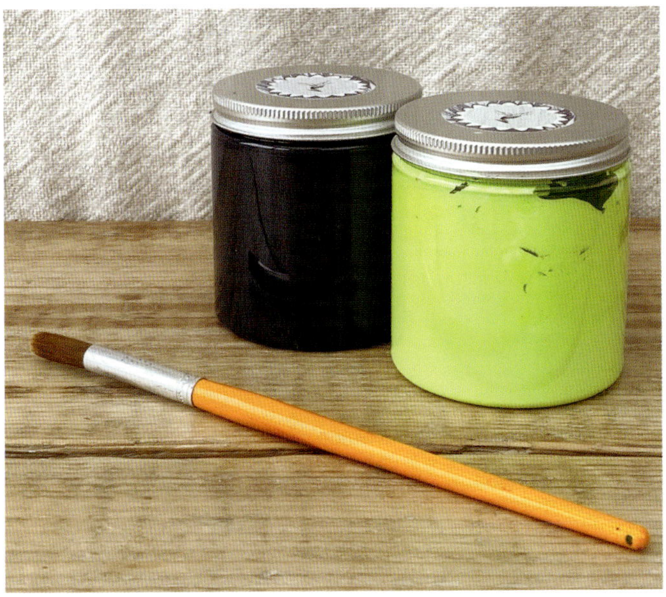

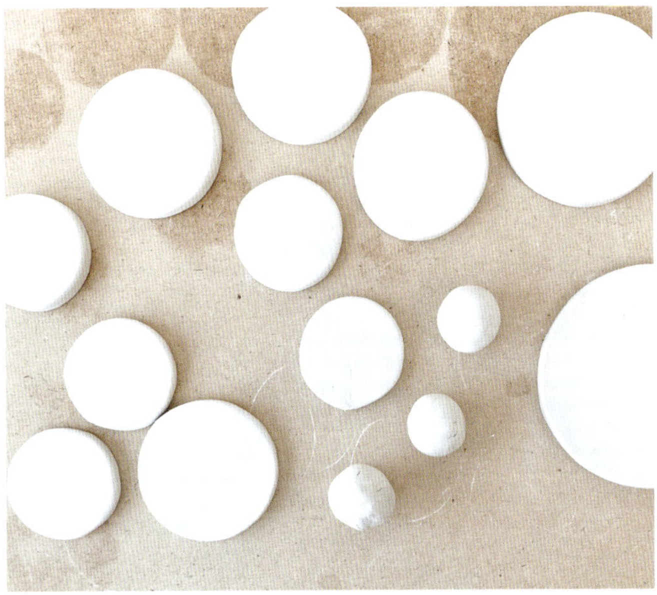

Erste Schritte

Bevor du mit den Projekten beginnst, verrate ich dir ein einfaches Geheimnis:

Im Grunde besteht alles in diesem Buch aus einer Spirale!

Eine Spirale entsteht, indem man das Seil an sich selbst festnäht. Das ist die Grundlage für all diese Projekte. Wenn du erst einmal verstehst, wie du eine Spirale beginnst, hast du den Schlüssel für alle Objekte in diesem Buch.

1

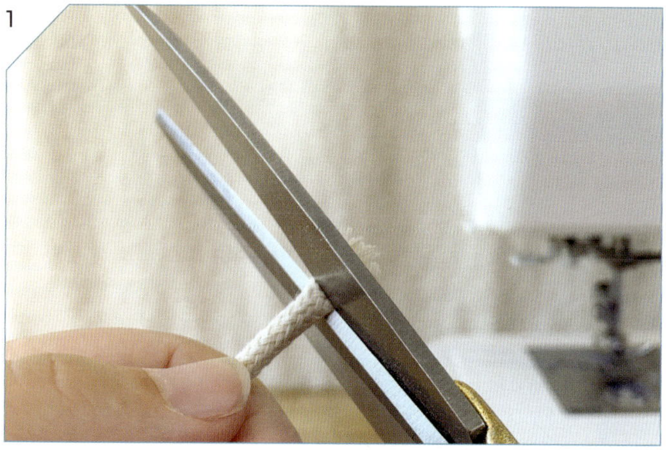

2

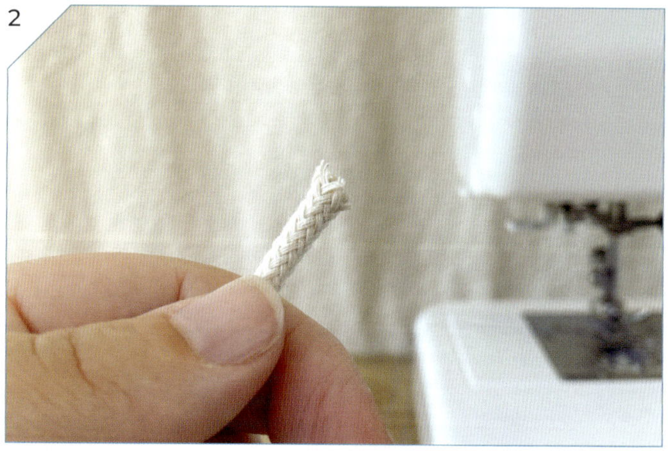

3

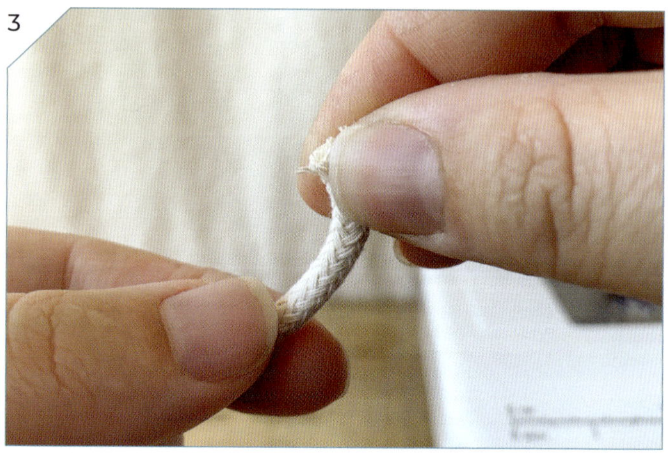

4

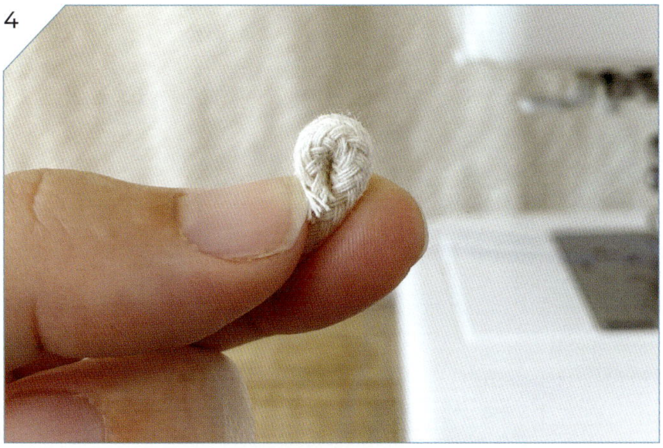

5

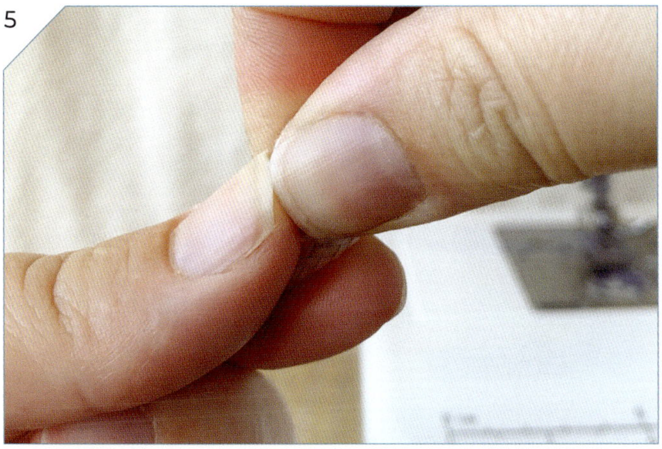

6

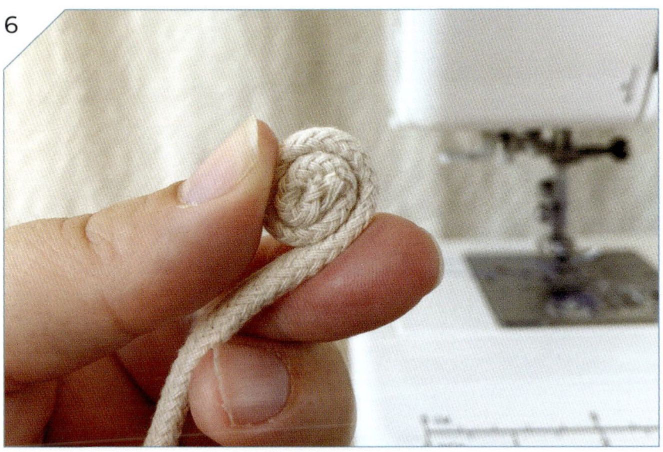

Eine Spirale erstellen

Schneide ein Ende deines Seils sauber ab **(1–2)**. Halte das Seil mit den Fingern fest **(3)**. Spanne das Seil mit der linken Hand nach unten, während du gleichzeitig mit der rechten Hand dagegen ziehst **(4)**. So bildet sich der Anfang der Spirale in der linken Hand **(5)**. Wickele die Spirale einige weitere Runden, damit du sie bequem zwischen Daumen und Zeigefinger halten kannst **(6)**.

Die Spirale benötigt genug Spannung, damit sie sich fest anfühlt, aber nicht so viel, dass deine Knöchel beim Halten vor Anspannung weiß werden **(7)**. Wenn sie zu locker ist, fällt sie auseinander, bevor du sie unter die Nähmaschine legen kannst. Das mag simpel erscheinen, aber wenn du diese grundlegende Technik beherrschst, beginnst du deine Projekte mit einer guten Basis.

Schiebe die Spirale in die Nähmaschine. Dabei soll die Spirale selbst links liegen und das lose Seil rechts **(8)**. Nähe rückwärts und vorwärts, um den Stich zu fixieren. Verschiebe dann die Spirale beim Nähen, um alle Seiten zu erfassen **(9–11)**. Je mehr du jetzt nähst, desto robuster wird das Ganze. Dieser Teil der Spirale wird die sichtbare Mitte deines Projekts. Es lohnt sich also, sich Zeit zu nehmen und sie sauber und robust anzulegen.

7

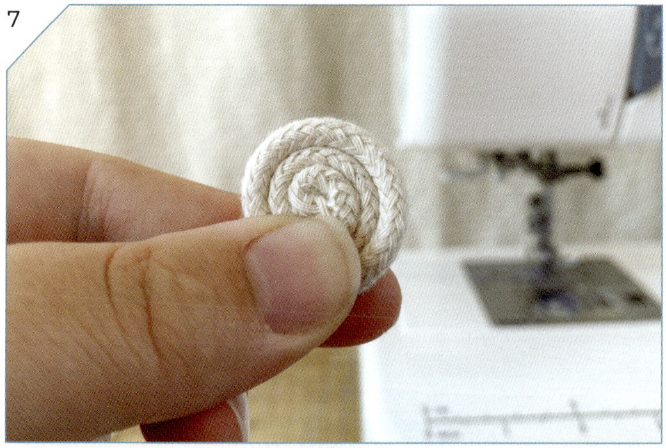

8

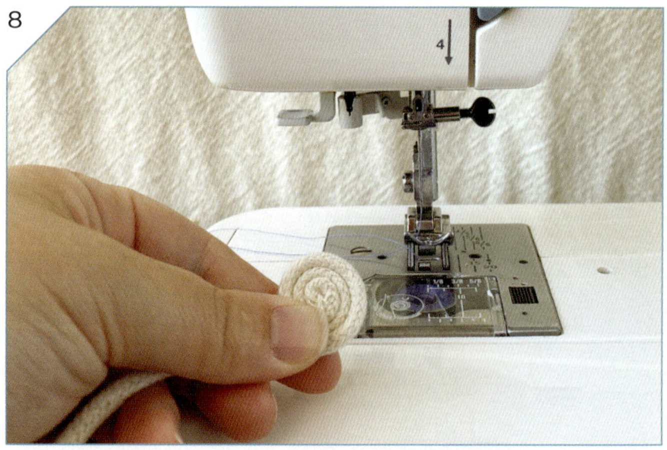

9

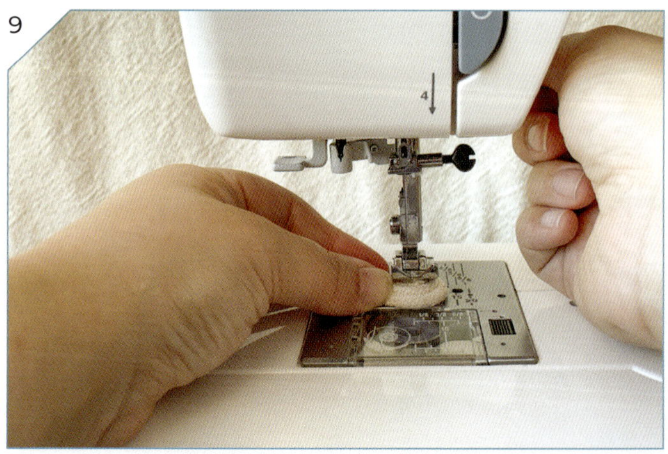

10

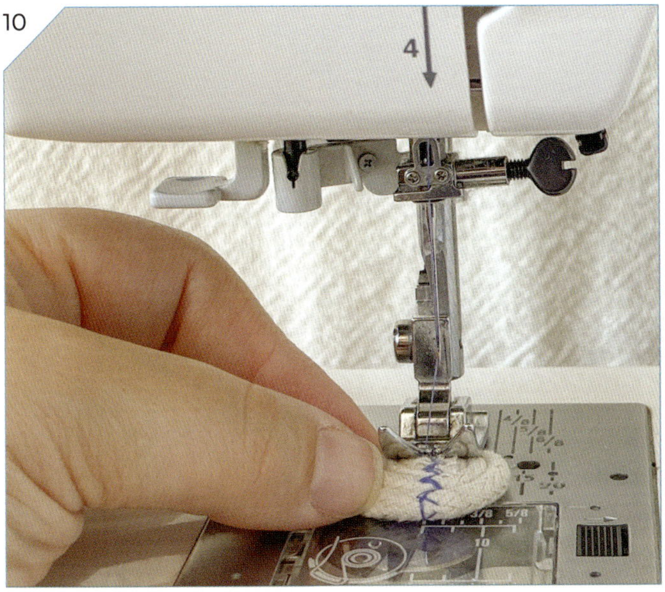

11

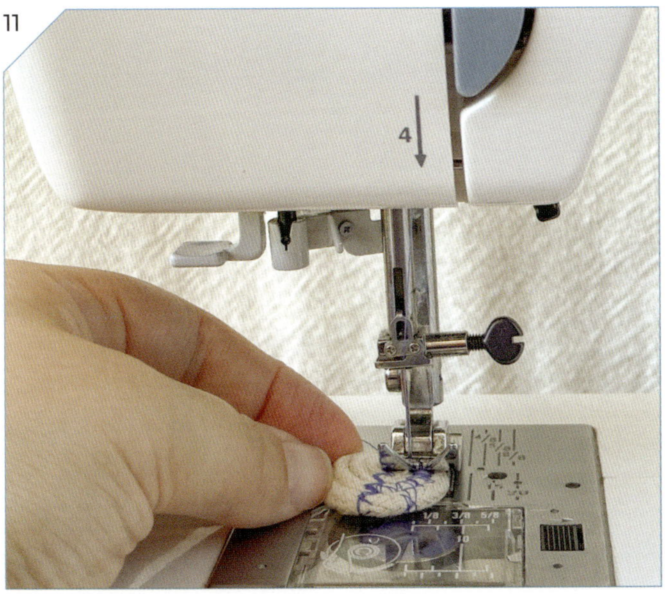

Wenn du mit der Mitte deiner Spirale zufrieden bist, schiebe sie beim Nähen zu dem Punkt, an dem sie noch nicht mit dem losen Seil verbunden ist. Schneide den Anfangsfaden ab, um zu vermeiden, dass er sich in deiner Nähmaschine verfängt **(12–14)**.

Jetzt bist du bereit, deine erste flache Spirale zu bilden.

Halte das lose Seil in deiner rechten Hand und führe die Spirale mit deiner linken **(15)**. Die linke Hand ist für die Formgebung verantwortlich. Die rechte Hand sorgt für die Spannung im losen Seil, während sie es an dem Punkt durch die Maschine gleiten lässt, wo die Nadel die Spirale mit einem Zickzackstich mit dem Seil verbindet. Mit jedem Stich wächst deine Spirale.

12

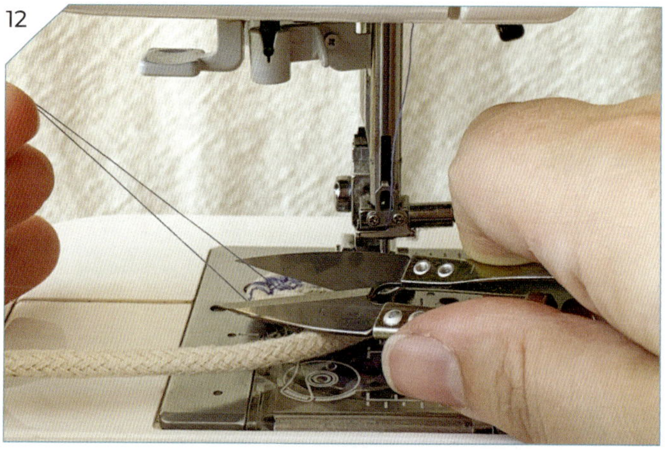

13

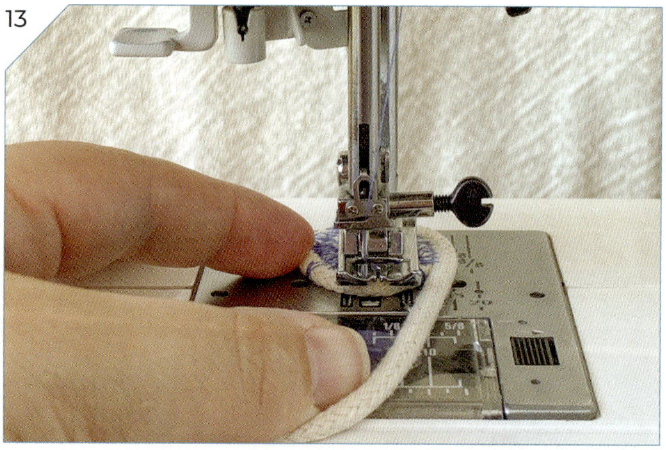

14

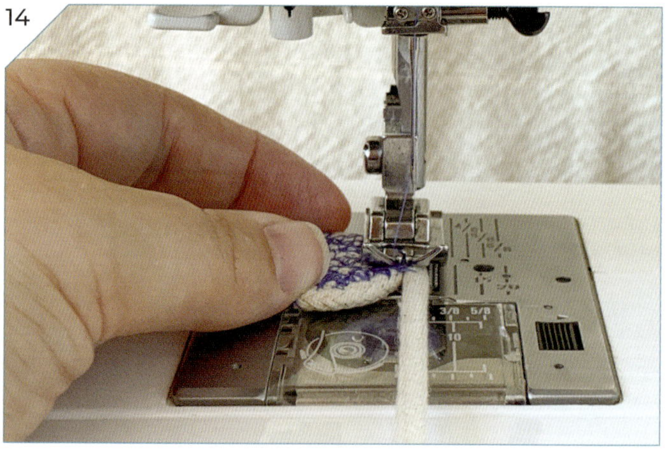

15

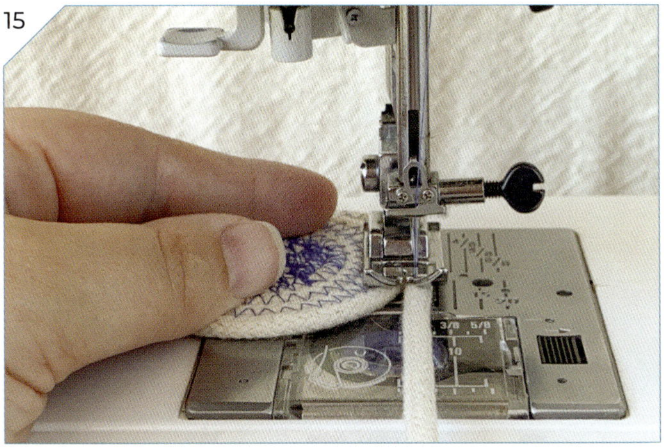

16

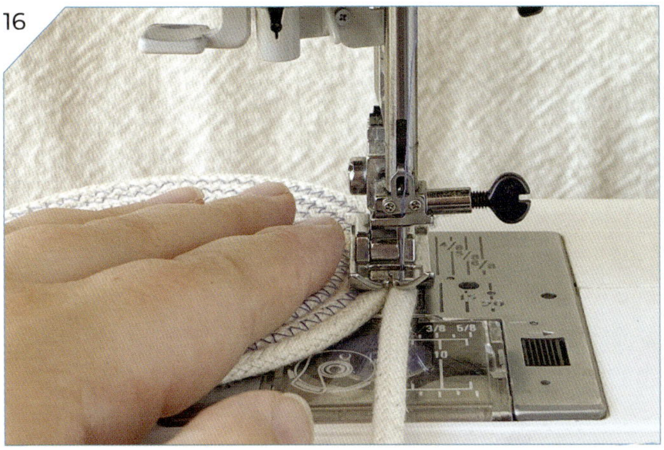

17

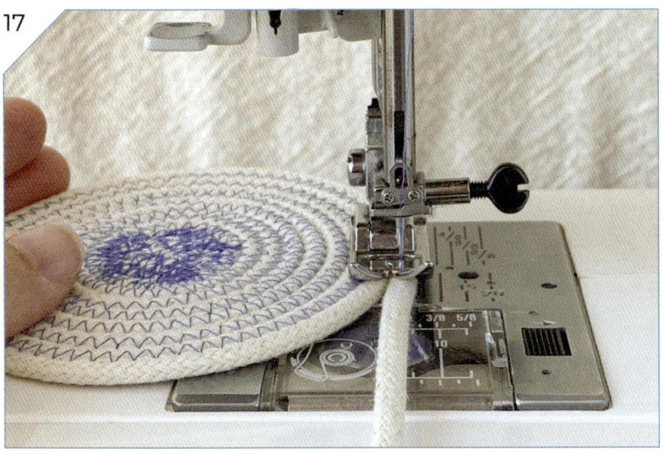

Um eine flache Spirale zu bilden, sollte die linke Hand den Winkel, mit dem die Spirale auf das Seil trifft, beim Nähen völlig flach halten **(16–17)**. Die Breite deiner Spirale hängt ganz von dem Projekt ab, an dem du arbeitest.

Jedes der Projekte beginnt mit dem »Anlegen einer Ausgangsspirale«. Die Strandtasche benötigt beispielsweise eine 28 cm große Ausgangsspirale. Das bedeutet, dass du eine 28 cm breite flache Spirale anfertigen musst, bevor du mit dem Aufbau der Form beginnst.

Eine Form aufbauen

Jetzt weißt du, wie du eine flache Ausgangsspirale anfertigst. Der nächste Schritt besteht darin, sie dreidimensional zu gestalten. Dies wird als »die Form aufbauen« bezeichnet. Jedes Projekt erfordert dabei einen anderen Winkel. Bevor wir uns mit den Einzelheiten beschäftigen, erkläre ich dir, wie du eine flache Spirale in eine 3-D-Spirale verwandelst.

An dem Punkt, an dem du deine flache Spirale zu einer 3-D-Form machen willst, musst du deine linke Hand anders positionieren. Statt flach auf der Spirale liegt deine linke Hand nun unter der Spirale **(18)**. Jetzt kannst du das Objekt leicht anheben, um einen Winkel zu bilden. Sobald du weiternähst, wird aus der flachen eine 3-D-Spirale.

Indem du die Spirale anhebst, verschiebt sich der Punkt, an dem das lose Seil sich mit ihr verbindet. Dadurch entsteht der Winkel. Je stärker du das Objekt anhebst, desto spitzer wird der Winkel **(19)**. Wenn deine 3-D-Spirale wächst, musst du deine linke Hand bewegen, um die Spirale an verschiedenen Stellen abzustützen, damit

18

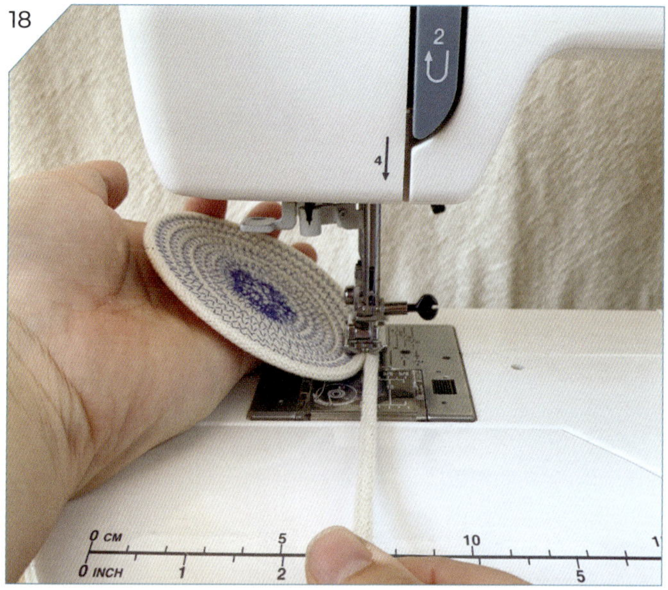

19

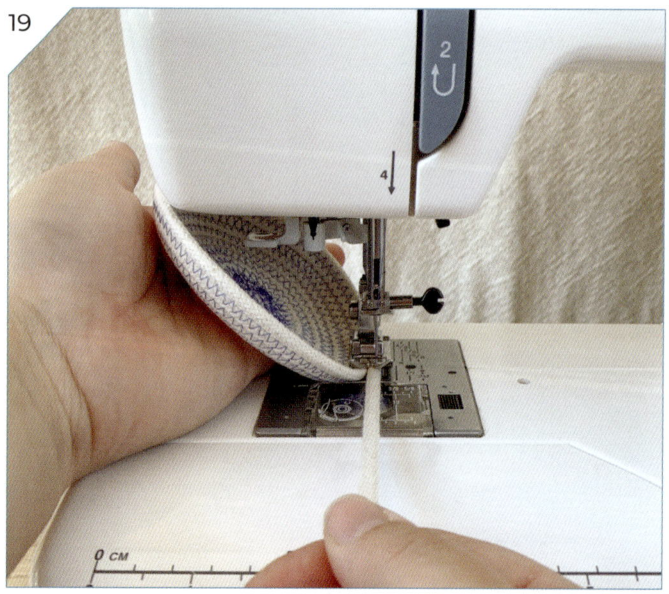

20

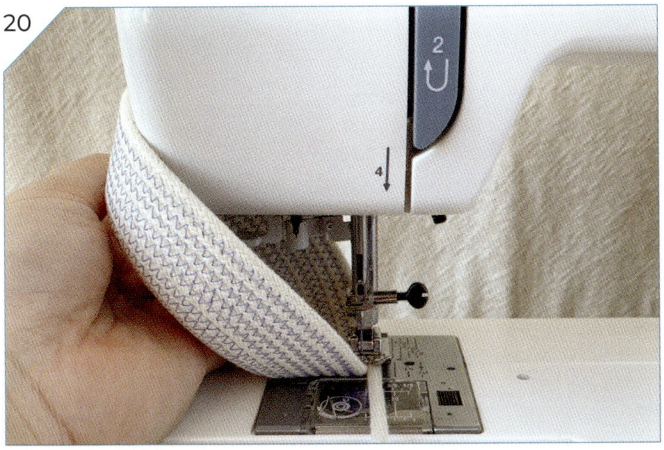

21

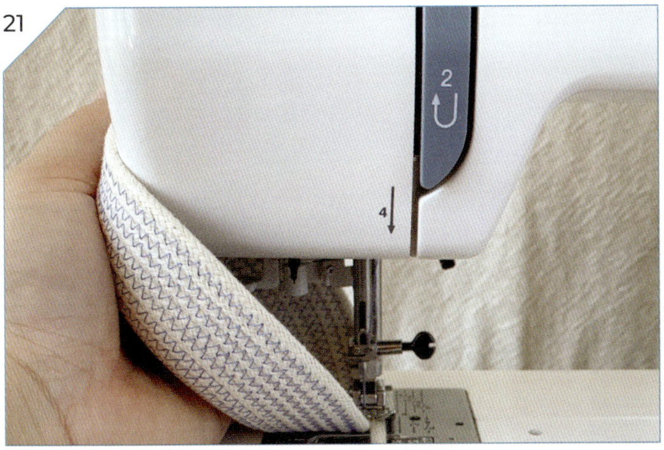

22

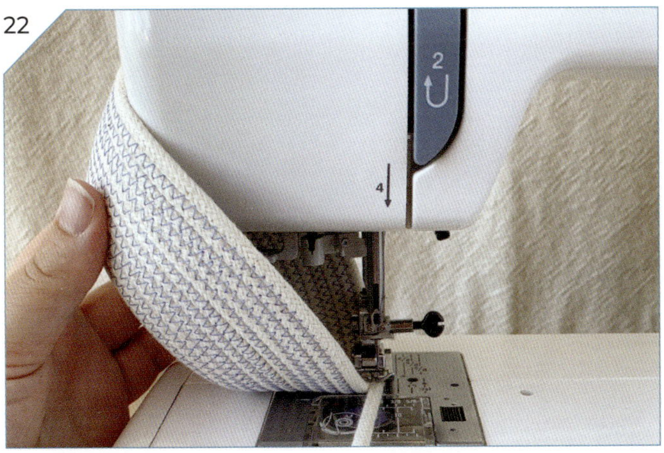

sie ruhig unter der Maschine liegen bleibt. Insbesondere bei größeren Projekten wirst du die Arbeit zum Schluss wahrscheinlich von der Unterseite der Spirale abstützen. Verwende immer deine linke Hand, um die Spirale zu formen, und deine rechte Hand, um das lose Seil durch die Maschine gleiten zu lassen **(20–22)**.

Es ist unvermeidlich, dass du mal abrutschst und eine Lücke in deiner Spirale entsteht (in den Projekten für Fortgeschrittene ist dies eine absichtliche Technik und kein Versehen). Keine Sorge. Halte die Maschine an, sobald du es bemerkst: Du fühlst die Lücke, bevor du sie siehst, da die Maschine nicht das Seil durchsticht. Trenne die Naht bis zu der Lücke auf und beginne erneut.

Verwende einen Blockstich, um den Faden zu fixieren. Dabei nähst du mehrmals vorwärts und rückwärts über den gleichen kleinen Bereich, um sicherzustellen, dass der Faden sich nicht löst. Der Blockstich kommt in diesem Buch oft als strukturelles und dekoratives Element vor.

Ausgestattet mit dem Know-how zur Ausgangsspirale und zum Formaufbau kannst du nun mit den Projekten loslegen!

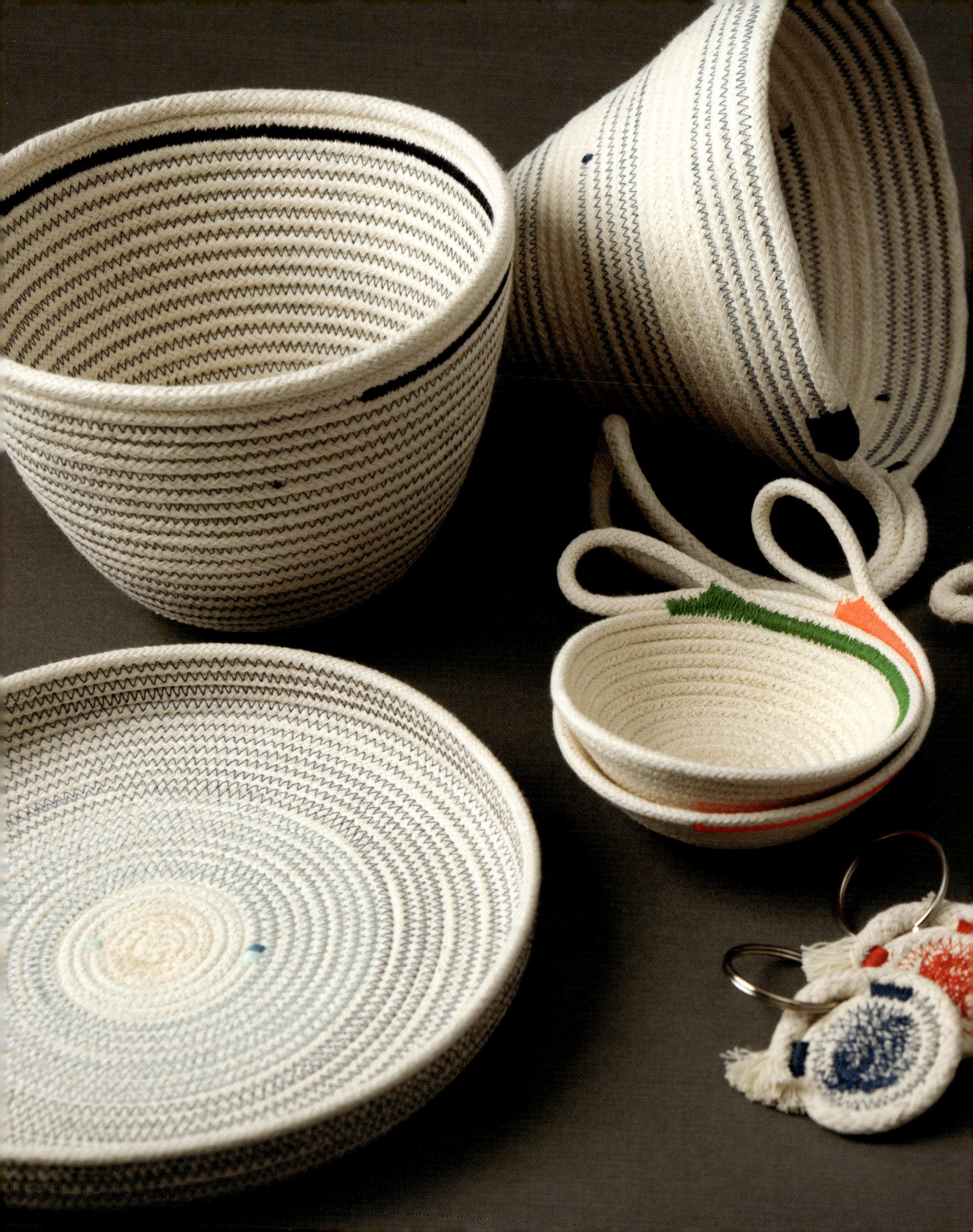

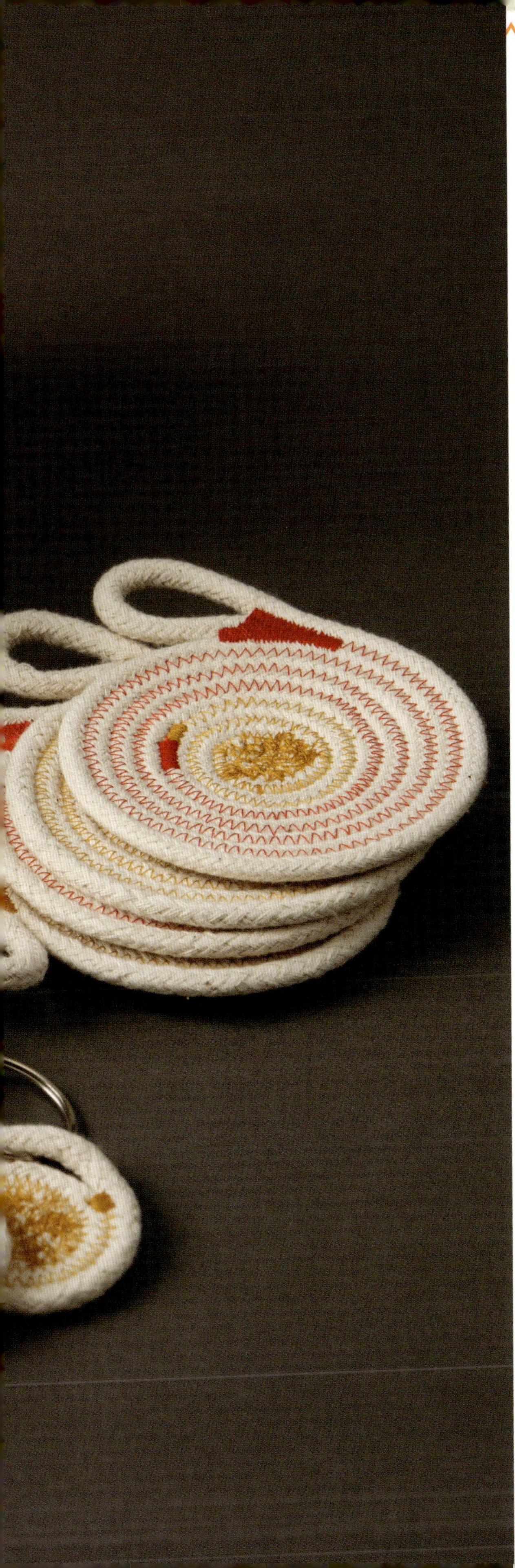

Projekte für Einsteiger

Dieses Buch ist so strukturiert, dass deine Fertigkeiten in der Seilkunst mit jedem Projekt wachsen. Anhand der ersten Objekte lernst du die absoluten Grundlagen der Spiraltechnik, auf deren Basis du bei den fortgeschrittenen Projekten tolle Ergebnisse erzielen wirst. Du solltest unbedingt das Kapitel »Erste Schritte« lesen, das die Ausgangsspirale genauer erläutert und den Prozess des Formaufbaus erklärt.

Konzentriere deine Anstrengungen zunächst darauf, saubere Spiralen zu arbeiten und die grundlegenden Techniken zu meistern. Der Blockstich spielt in jedem Projekt eine Rolle. Mach dich also mit deinem Hebel für den Rückwärtsstich vertraut und gewöhne dich daran, wie sich das Seil in den Händen anfühlt, wenn du einfache Formen bildest. Denke daran, dass die Arbeit mit Seilen ein Zusammenspiel zwischen dir, dem Seil und deiner Nähmaschine ist.

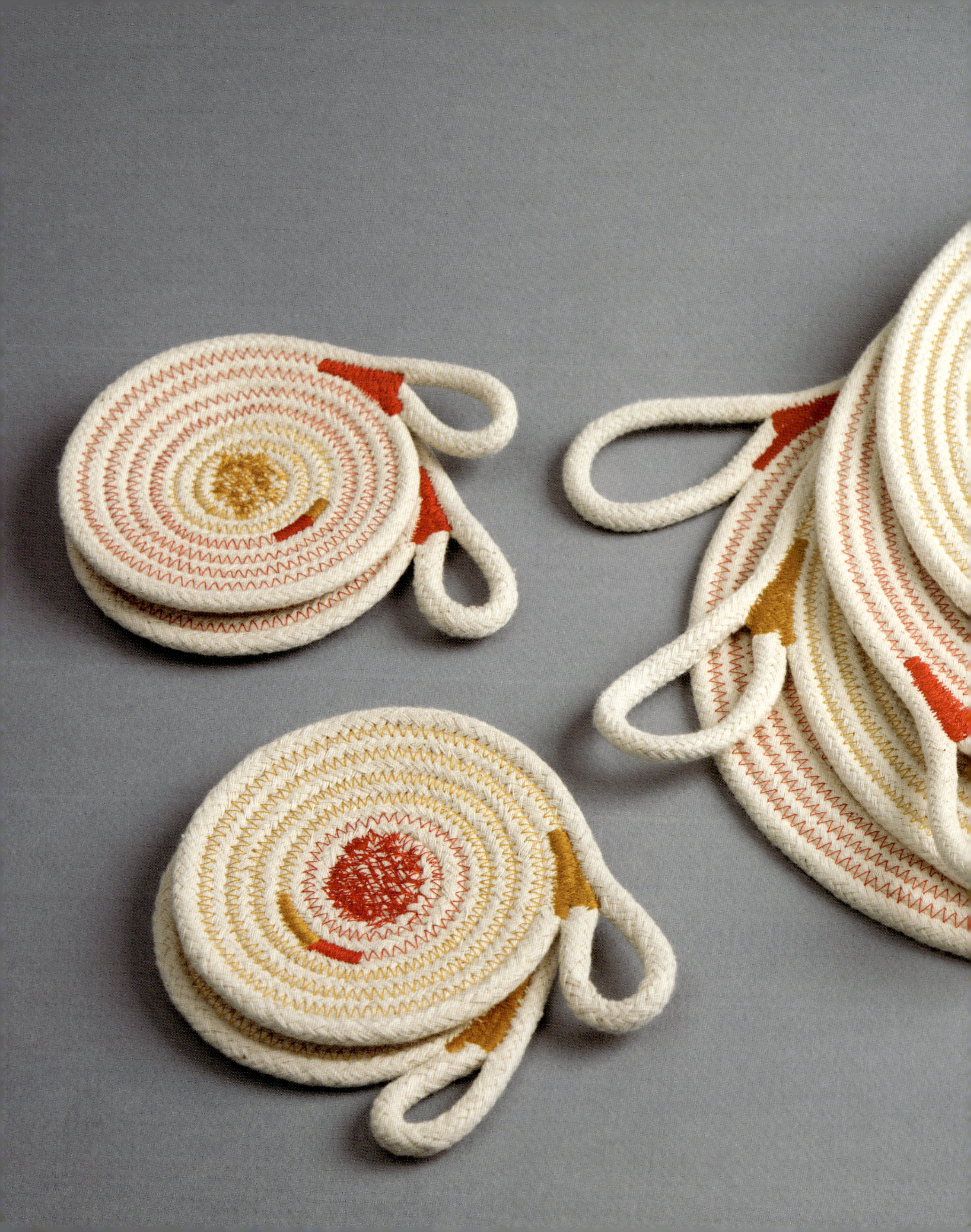

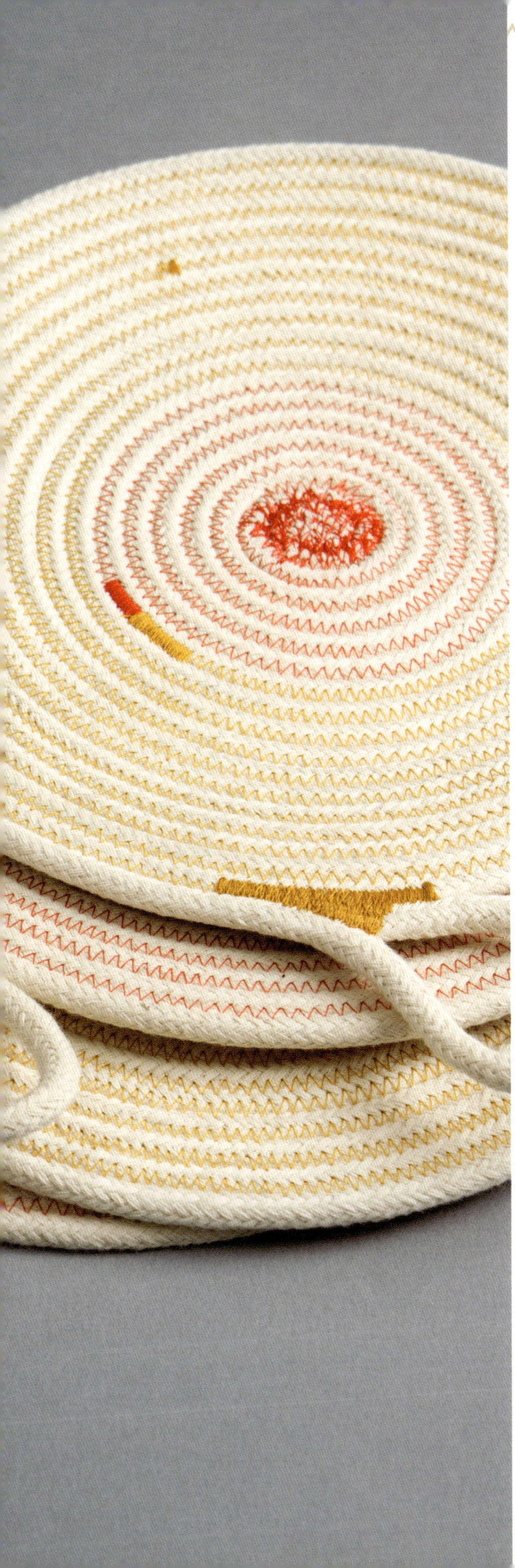

Platzsets und Untersetzer

Wir setzen die Kenntnisse aus dem Kapitel »Erste Schritte« in die Praxis um, indem wir vier Platzsets und Untersetzer anfertigen. So kannst du die Herstellung flacher Spiralen üben, bevor du dich an 3-D-Formen versuchst.

Material

7 m x 8 mm ungebleichtes Baumwollseil (pro Set)
1,5 m x 8 mm ungebleichtes Baumwollseil (pro Untersetzer)
2 kontrastierende Garnfarben – z. B. Rot und Gold
allgemeiner Nähbedarf

Techniken

Blockstich
Schlaufenabschluss

Platzsets und Untersetzer

Methode

Miss zunächst deine Seilstücke ab. Du brauchst viermal 7 Meter und viermal 1,5 Meter. Lege deine Seilstücken in einzelne Stapel, damit du problemlos das gewünschte Stück greifen kannst. Damit du nicht so oft das Garn wechseln musst, arbeiten wir gleichzeitig an mehreren Sets.

Fange mit einem 7 Meter langen Seil und goldfarbenem Garn an und nähe eine 10 cm breite Anfangsspirale **(1)**. Fixiere die Mitte deiner Spirale mit viel Garn, und halte die Form mit der linken Hand flach. Wenn du 10 cm erreichst, schließe mit einem kleinen Abschnitt im Blockstich ab und nimm die Spirale aus der Maschine.

Wiederhole dies mit dem zweiten 7 Meter langen Seilstück und lege beide Spiralen zur Seite. Nimm ein 1,5 Meter langes Seil und nähe eine goldfarbene Spirale auf 5 cm Größe. Schließe mit einem Blockstich ab und nimm sie aus der Maschine. Wiederhole dies mit einem weiteren 1,5 m langen Seil.

Du hast jetzt zwei halbfertige Sets und zwei halbfertige Untersetzer. Wechsele zum roten Garn und wiederhole diesen Prozess mit den restlichen Seilstücken. Jetzt sind alle Sets und Untersetzer halbfertig.

Bleibe beim roten Garn und nimm eine der halbfertigen goldfarbenen Spiralen. Fixiere den Faden mit einem Abschnitt im Blockstich und nähe flach weiter, bis noch 15 cm Seil am Ende übrig sind **(2–6)**. Bedenke, dass an dem Punkt, an dem die Spirale mit dem losen Seil verbunden wird, die Formgebung stattfindet – achte daher darauf, dass deine Hand den Winkel, an dem sich die beiden Seile treffen, absolut flach hält.

Am letzten Seilabschnitt verwenden wir eine Schlaufentechnik. Schlaufen sind ein wunderbarer Abschluss für Seilprojekte: So kann man die fertigen Stücke aufhängen, wenn sie nicht verwendet werden.

1

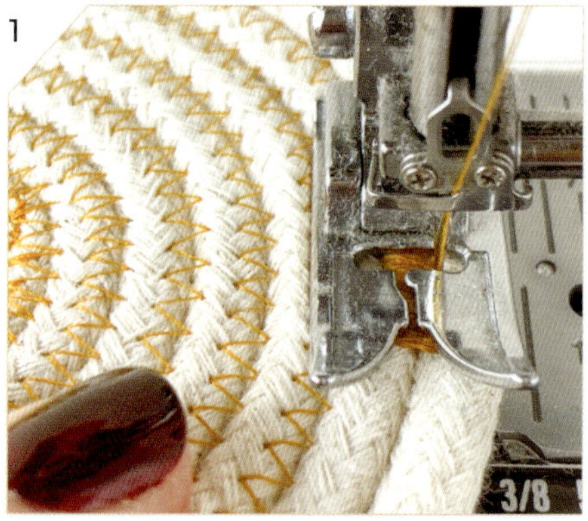

2

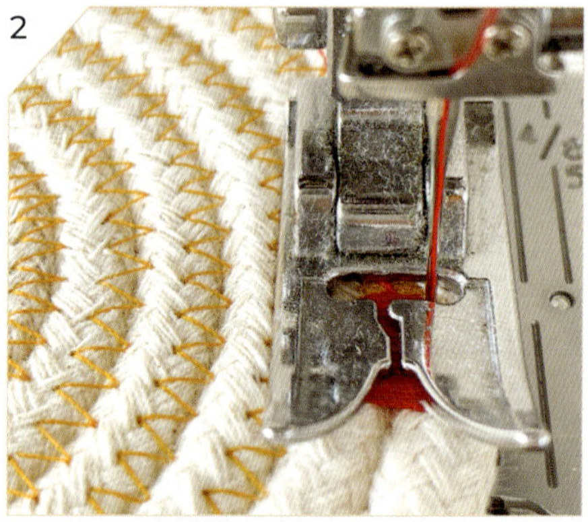

3

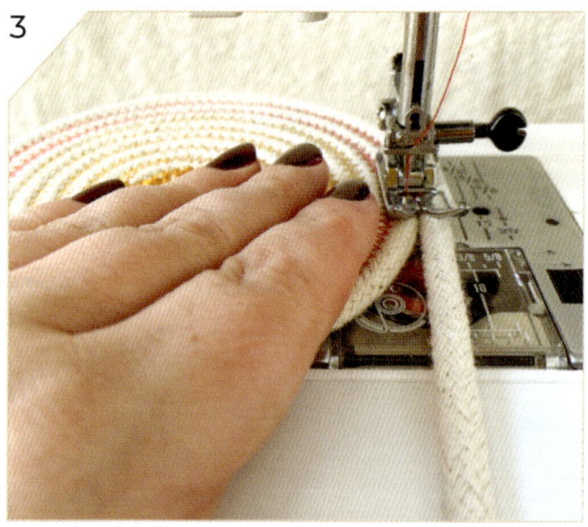

4

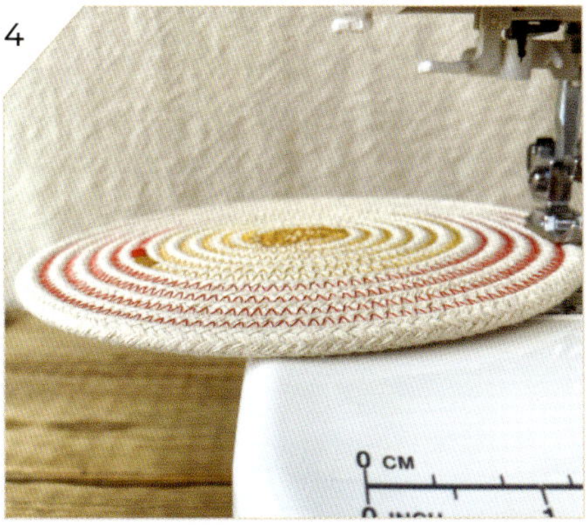

5

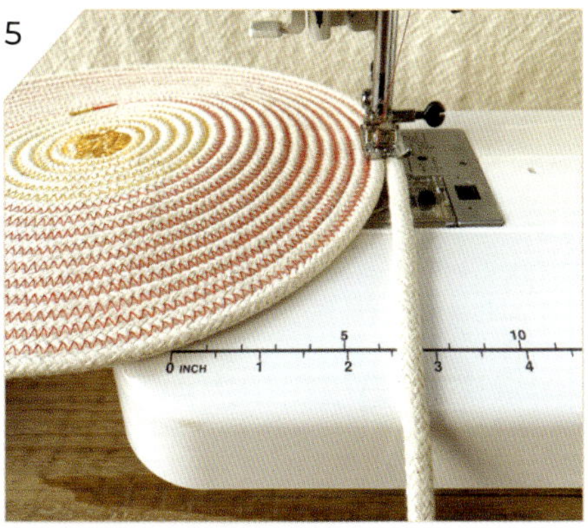

6

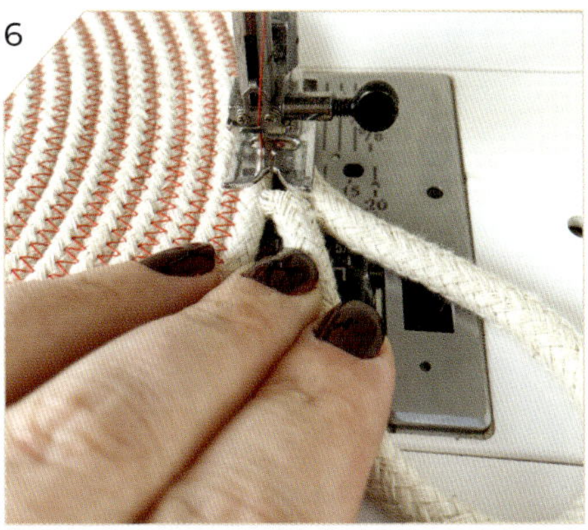

7

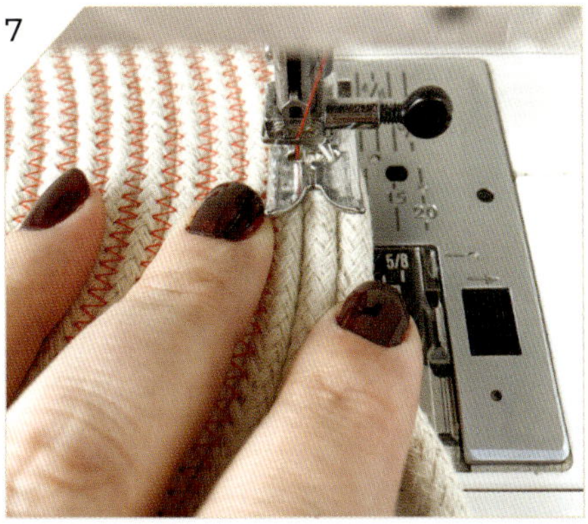

8

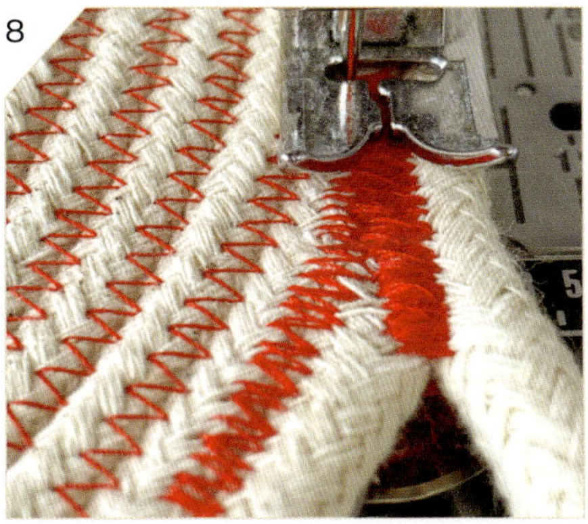

9

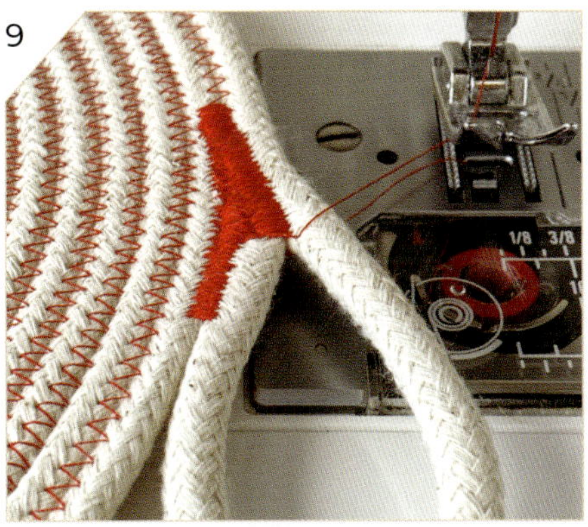

Schlaufenabschluss

Um eine Schlaufe herzustellen, halte deine Nadel auf der linken Seite der Arbeit (in der Spirale) und hebe das Füßchen an **(7–9)**. Schneide das Ende des Seils mit einer scharfen Schere ab, damit du mit einem sauberen Abschluss arbeitest. Drücke das Ende des Seils zurück in den Abschnitt neben dem Punkt, wo sich die Nadel befindet. Drücke alles zusammen, um es an Ort und Stelle zu halten, und senke das Füßchen ab.

Jetzt hast du zwei Abschnitte, die gut festgenäht werden müssen, um die Schlaufe zu fixieren – den Abschnitt zwischen der Spirale und dem Ende und den Abschnitt zwischen dem Ende und dem losen Seil rechts. Nähe mit Blockstich über den gesamten Bereich, bis er gründlich fixiert ist.

10

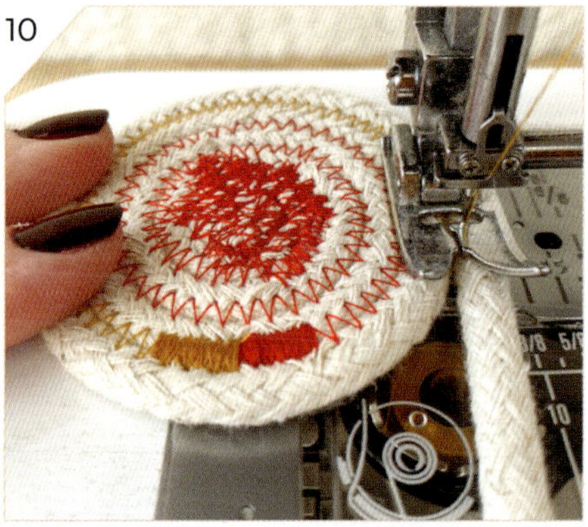

11

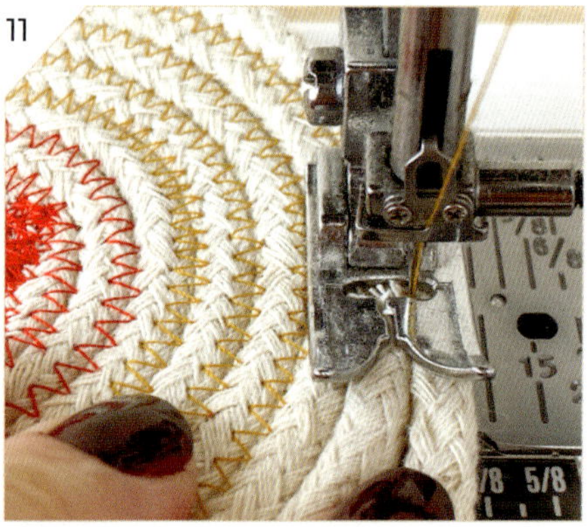

12

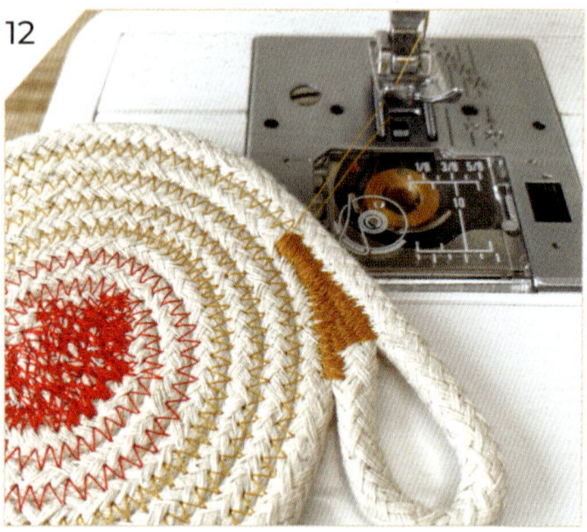

13

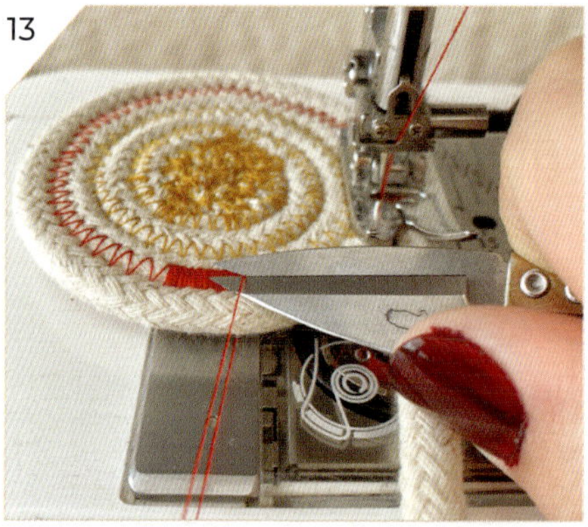

14

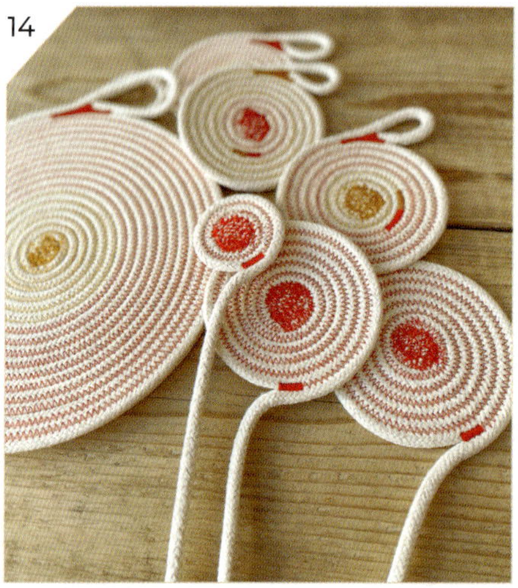

Wenn das erste Set fertig ist, arbeite die restlichen Sets nacheinander und stelle sie mit rotem bzw. goldfarbenem Faden fertig, jeweils mit einer Abschlussschlaufe, damit sie alle zusammenpassen **(10–14)**. Verwende genau dieselbe Schlaufentechnik, um auch die Untersetzer fertigzustellen.

Deine neuen Platzsets und Untersetzer werden deinem Esstisch das gewisse Etwas geben. Und da du jetzt die flachen Spiralen gemeistert hast, kannst du mit 3-D-Projekten beginnen.

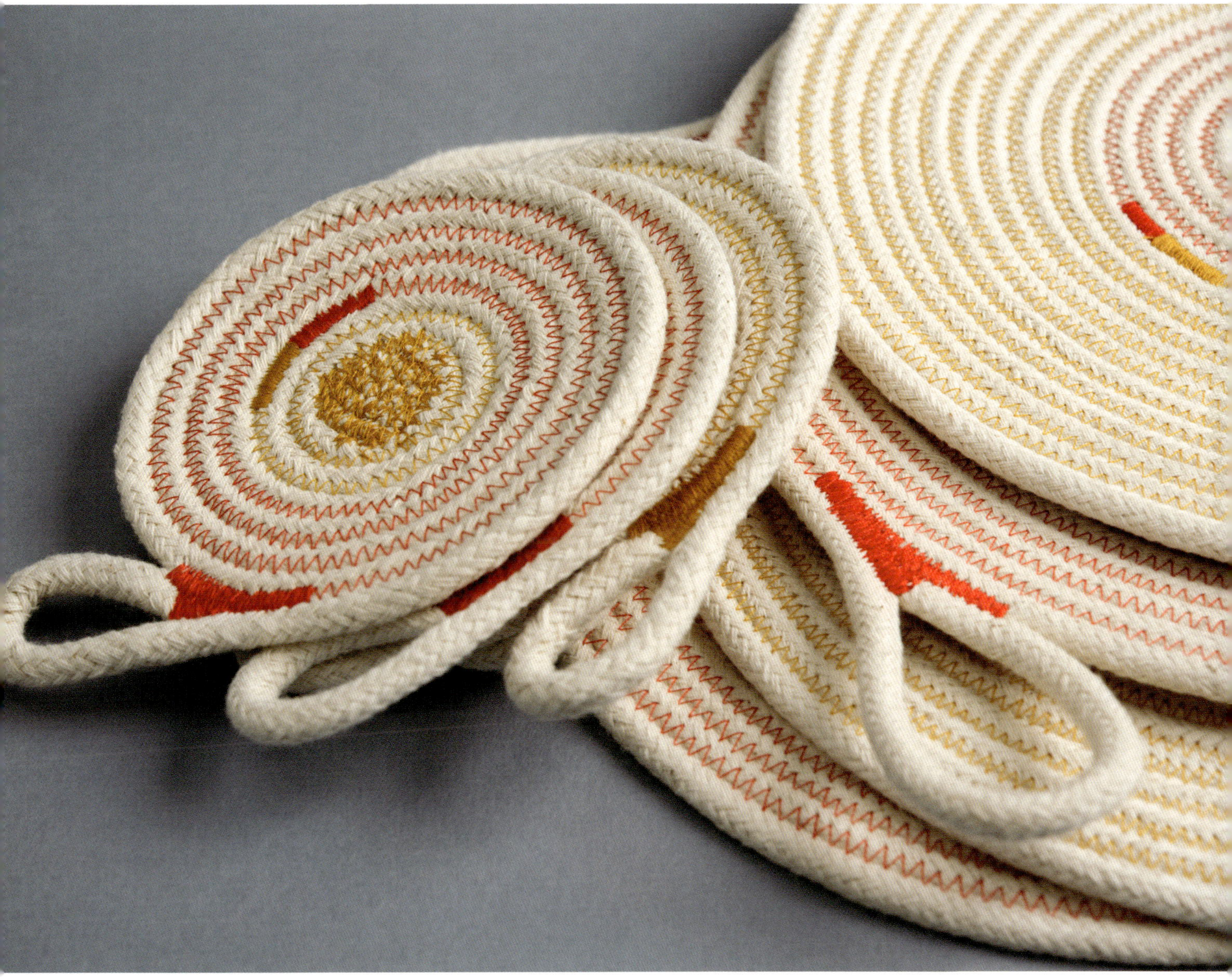

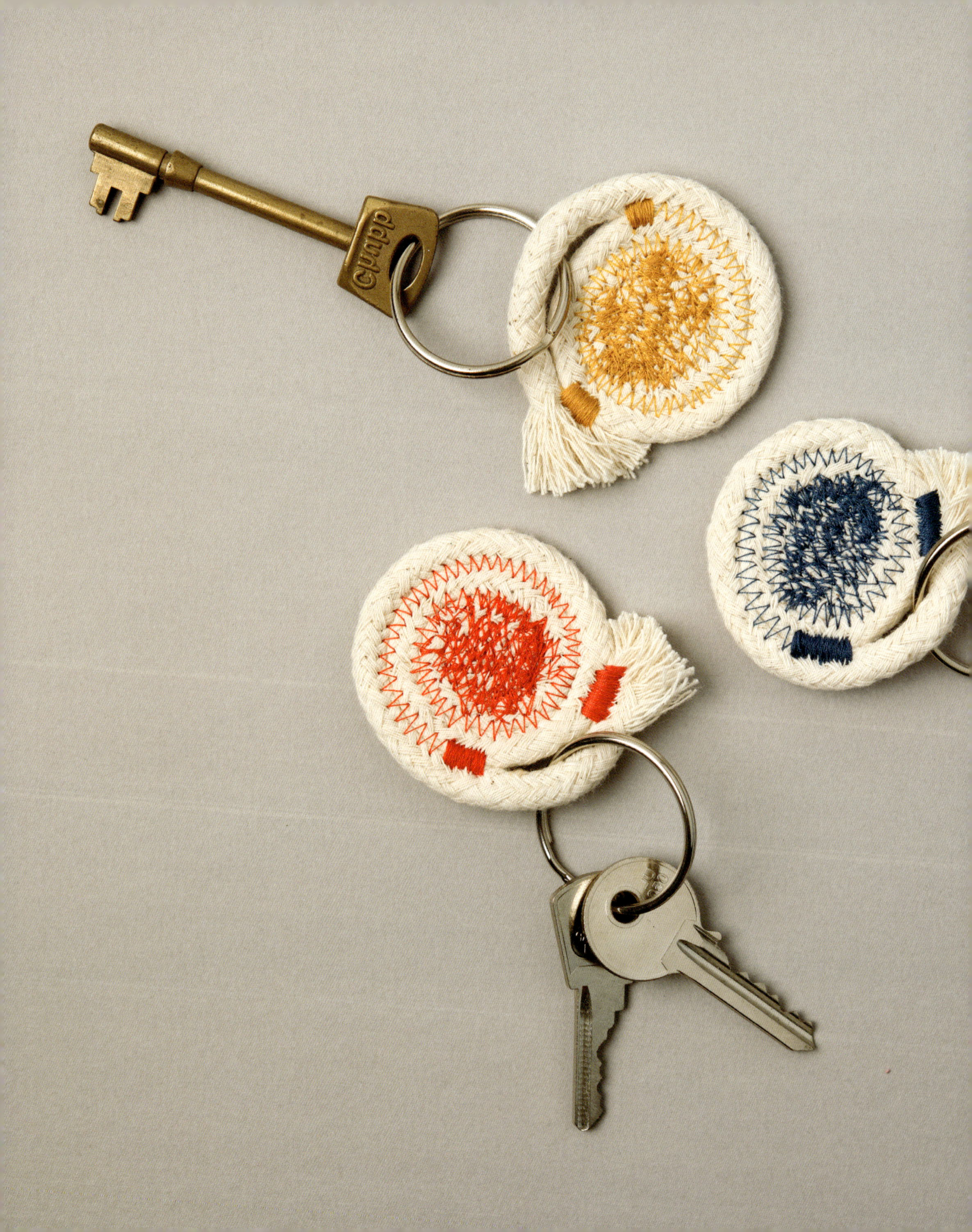

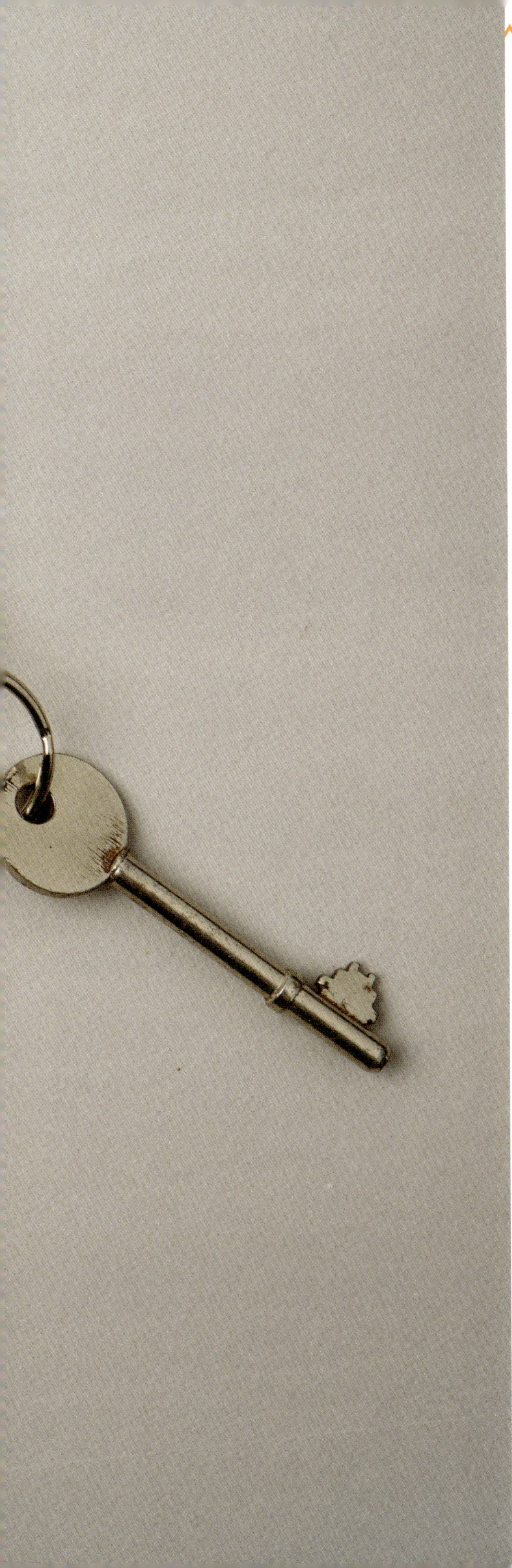

Schlüsselanhänger

Dies ist ein schönes kleines Projekt, bei dem du gut die kleinen Seilstücke verwerten kannst, die sich schnell bei anderen Seilarbeiten ansammeln. Experimentiere mit vielen verschiedenen Farben. So siehst du gleich, wie verschiedene Farbtöne bei größeren Projekten auf deinem Seil wirken würden.

Material

6 mm oder 8 mm Reststücke von ungebleichtem Baumwollseil

allgemeiner Nähbedarf

Schlüsselring

Auswahl an verschiedenfarbigen Garnen

Techniken

Blockstich

Abschluss mit flacher Quaste

Schlüsselanhänger

Methode

Die Technik für dieses Projekt ist einfach. Nimm ein Seilreststück (alles über 20 cm Länge eignet sich) und beginne deine Spirale **(1–10)**. Wenn du noch etwa 8 cm Seil übrig hast, fixiere das Seil mit einem kleinen Blockstichabschnitt und nimm deine Arbeit aus der Maschine.

Wir wollen den Schlüsselanhänger mit einer flachen Quaste abschließen.

1

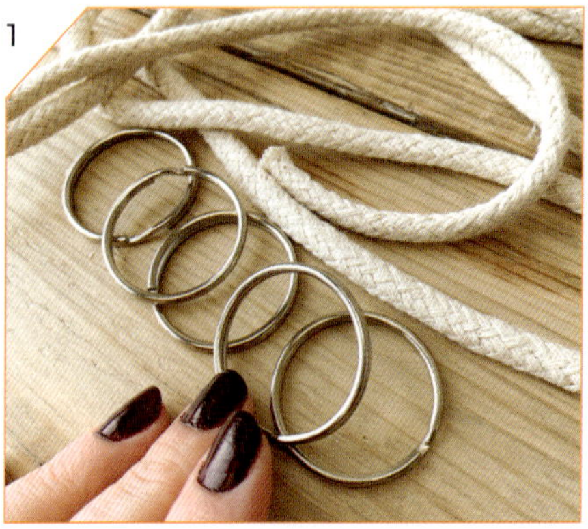

2

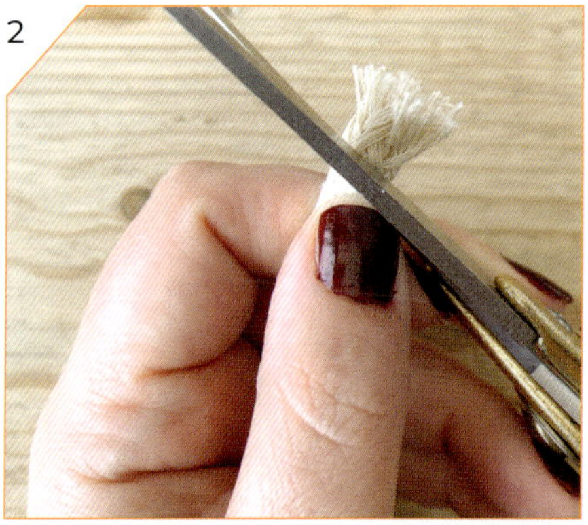

3

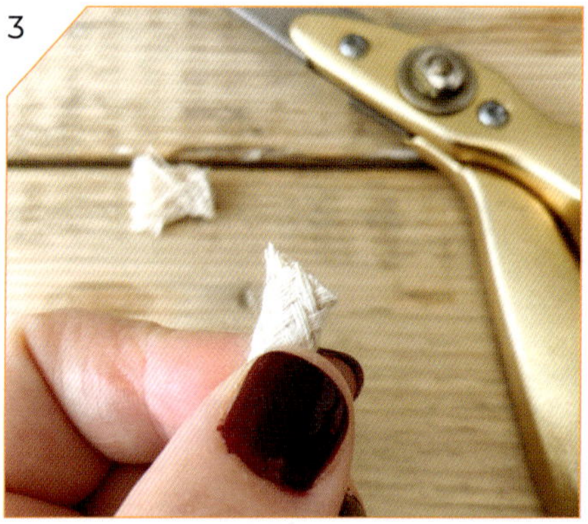

4

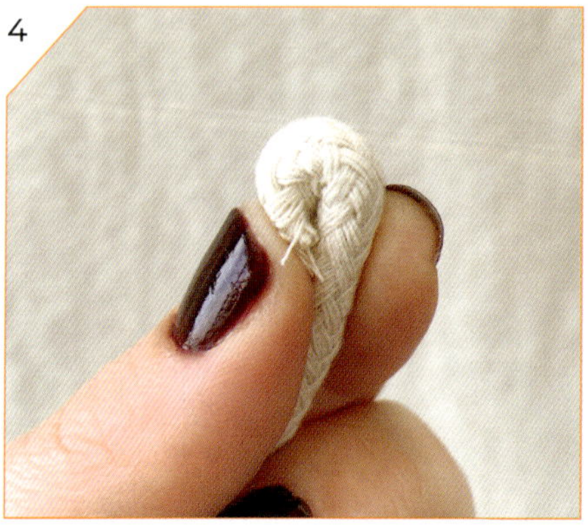

5

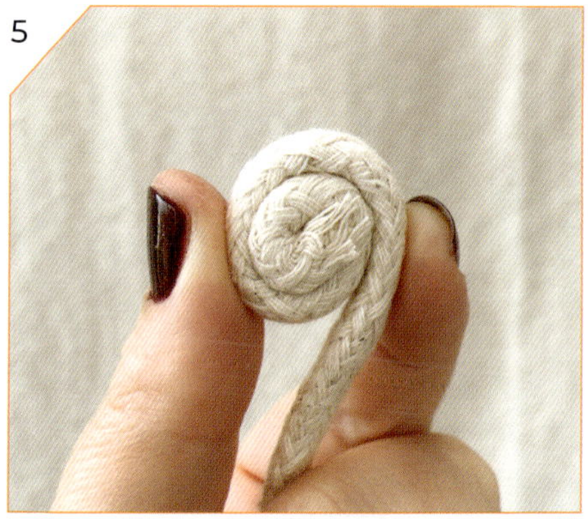

6

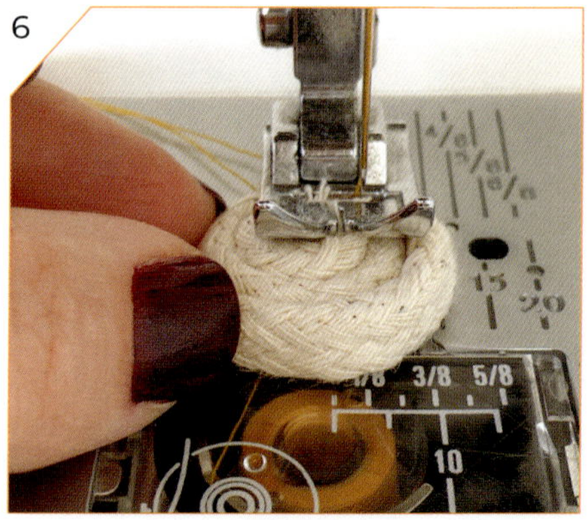

7

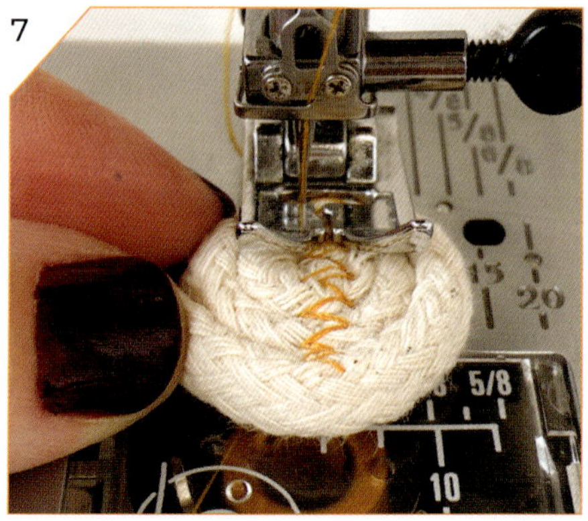

8
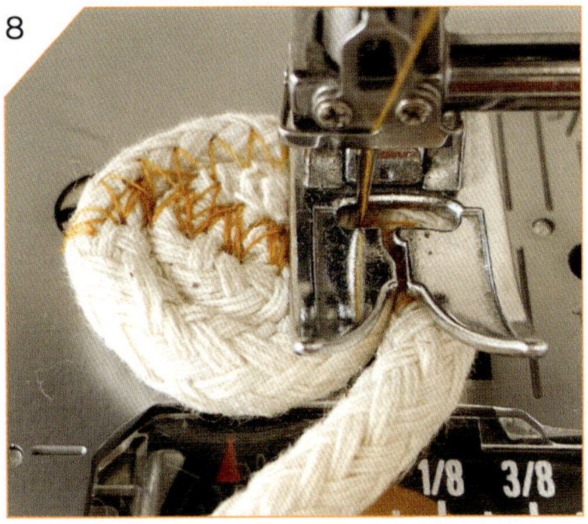

9
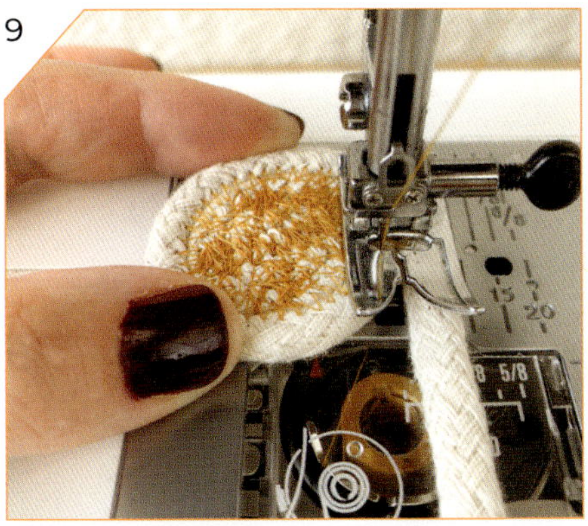

10
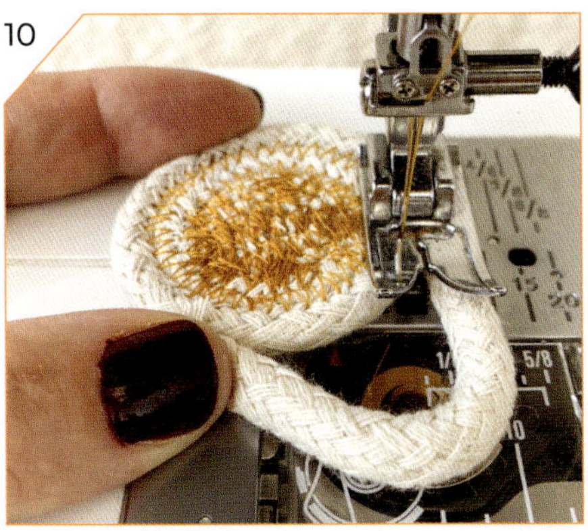

11
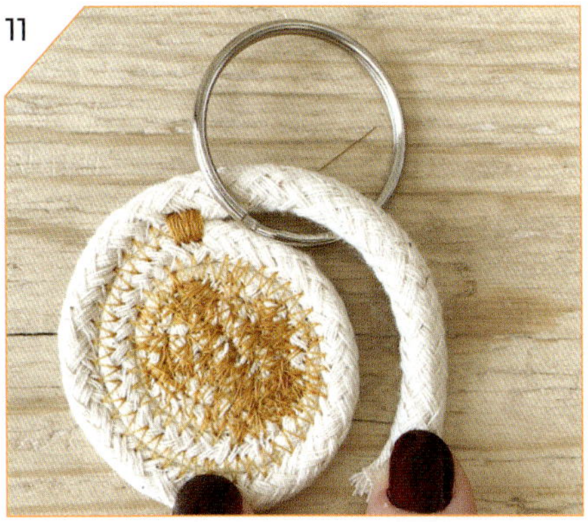

12
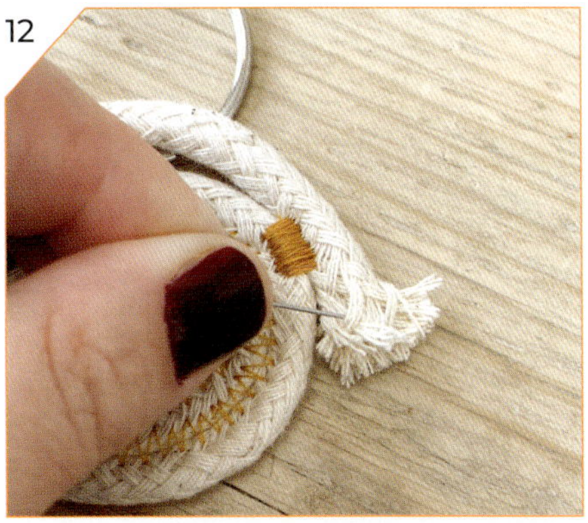

13
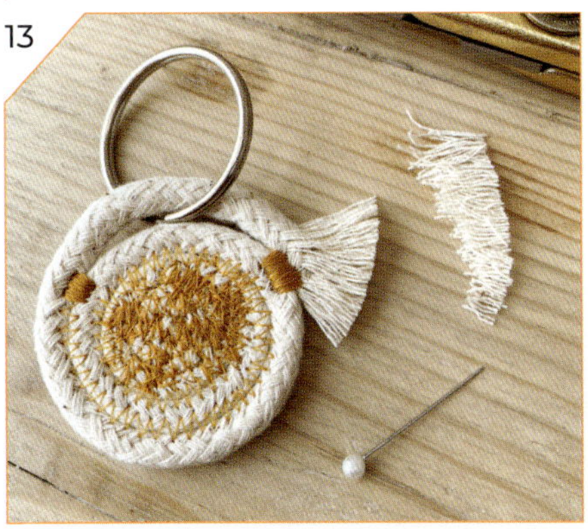

Abschluss mit flacher Quaste

Fädele den Ring auf das Seil und drücke ihn gegen den Blockstich **(11)**. Lege das ganze Teil wieder in die Maschine und fixiere das lose Seil mit Blockstich an der Spirale, um den Schlüsselring zu befestigen. Lasse 2 cm Seil am Ende unbefestigt für die Quaste.

Nimm deinen Schlüsselanhänger aus der Maschine und lege ihn auf eine flache Oberfläche **(12)**. Franse das geflochtene Ende mit einer Nadel aus. Drehe das Ganze um und franse das Seilende rundherum aus. Durch den Blockstich bleibt die Arbeit stabil – du kannst also die Fasern bis zu dem Stich gründlich ausfransen **(13)**. Schneide das Ende der Quaste sauber ab.

Dein Schlüsselanhänger ist einsatzbereit. Du könntest gleich ein paar machen und sie als praktische Geschenke bereithalten.

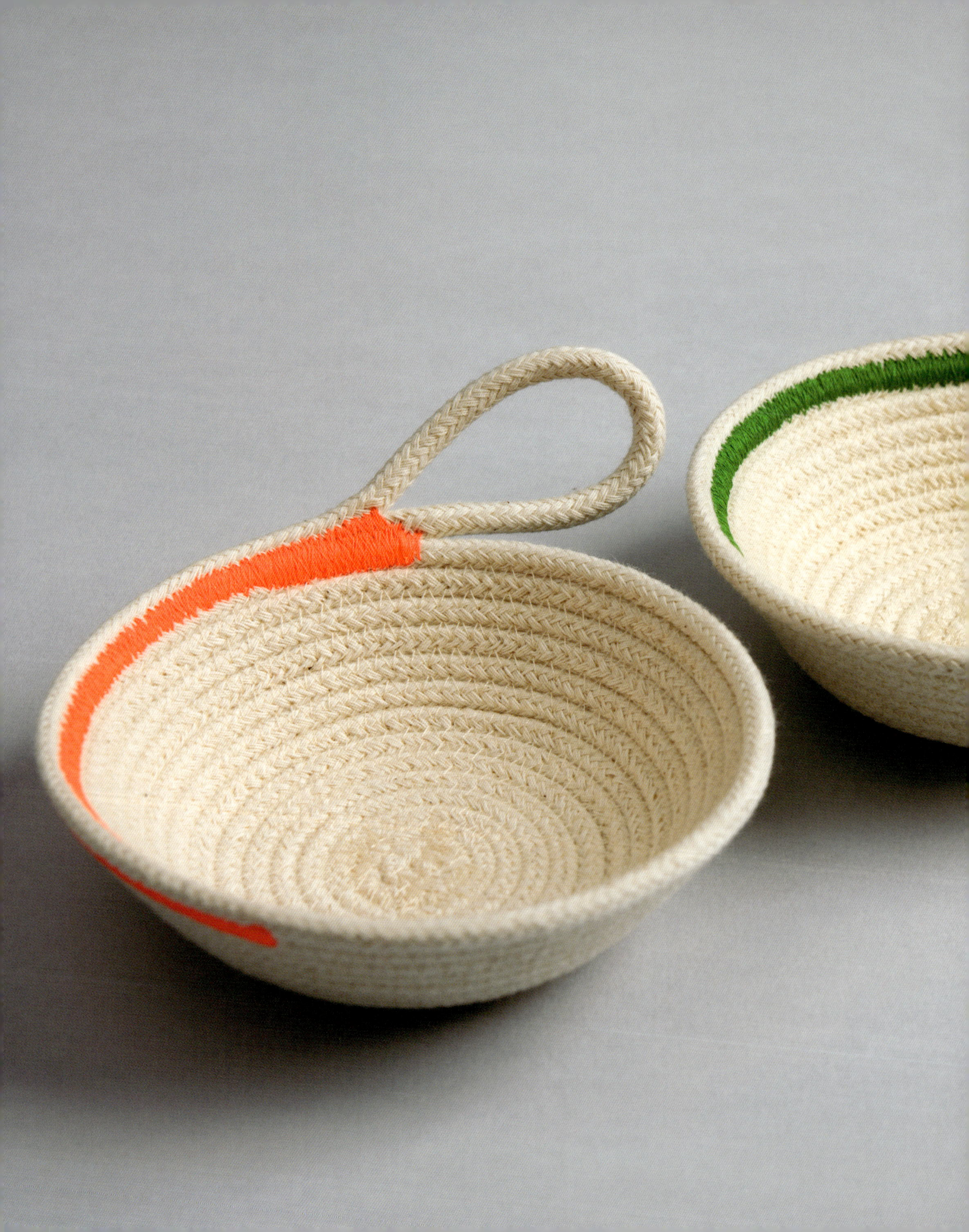

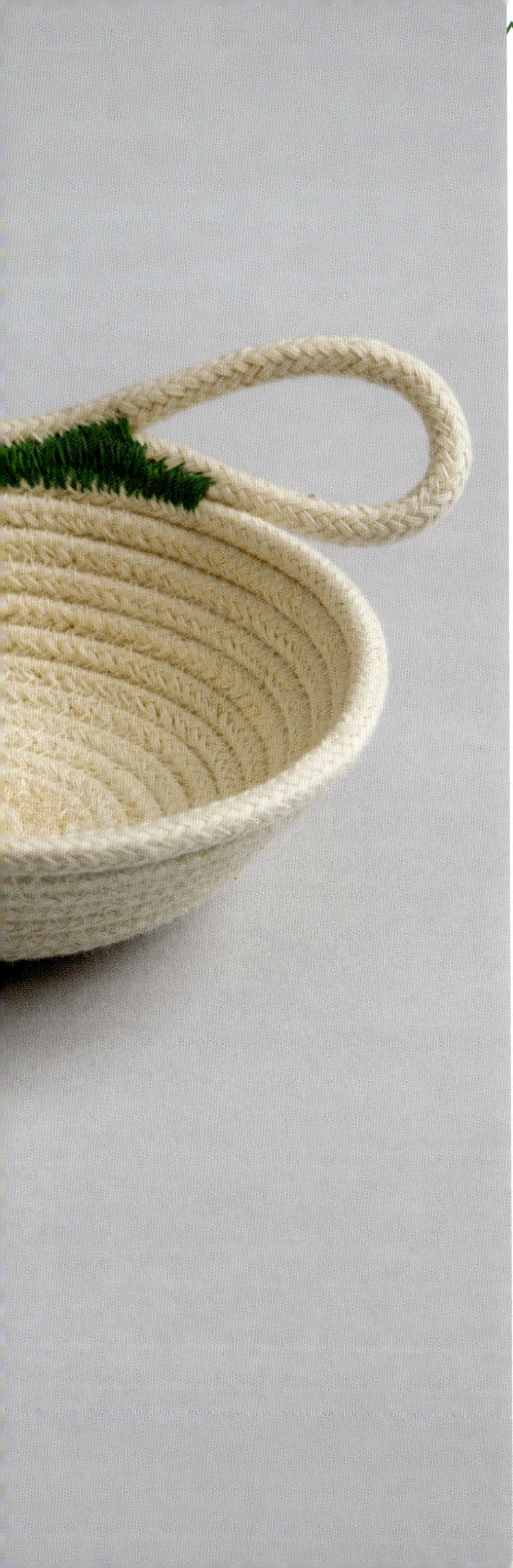

Duo aus Ablageschalen

Los geht's! Hier kommt das erste Projekt, bei dem du eine 3-D-Form bildest. Diese Ablageschalen sind schnell fertig, machen Spaß und sind ein tolles Projekt, um mit deinen neu gewonnenen Fähigkeiten deine ersten 3-D-Objekte anzufertigen.

Material

3 m x 6 mm ungebleichtes Baumwollseil (pro Schale)

buntes Garn

allgemeiner Nähbedarf

Garn in neutraler Farbe

Techniken

Blockstich

Schlaufenabschluss

Duo aus Ablageschalen

Methode

Nähe eine 7 cm große Ausgangsspirale mit dem Garn in neutraler Farbe **(1–2)**.

Für die 3-D-Schale musst du wissen, wie man eine Form aufbaut. Informationen dazu findest du im Kapitel »Erste Schritte« auf Seite 18.

Kurz gesagt, musst du zum Aufbauen einer Form einfach den Winkel der Spirale ändern, damit der Faden das lose Seil an einem anderen Punkt mit der Spirale verbindet **(3)**. Stütze die Spirale von unten mit der linken Hand ab und hebe sie nach oben zum Füßchen hin. Je spitzer der Winkel an der linken Hand, desto steiler die Spirale.

Für diese Schalen soll die Form flach, aber klar definiert sein **(4)**. Konzentriere dich darauf, dass die linke Hand die Spirale von unten hält und so die Arbeit formt. Währenddessen hält die rechte Hand das lose Seil fest,

1

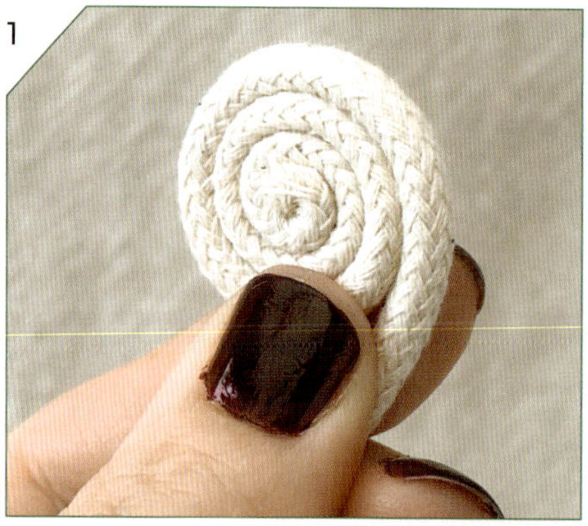

2

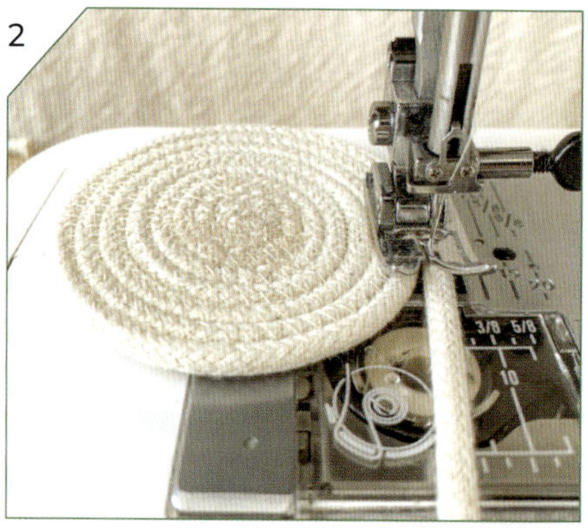

3

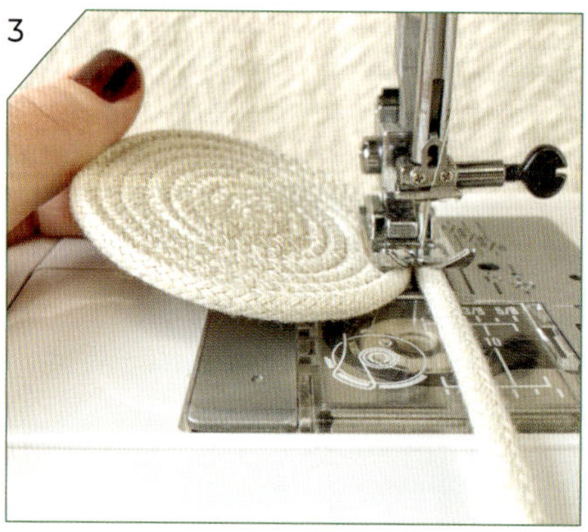

4

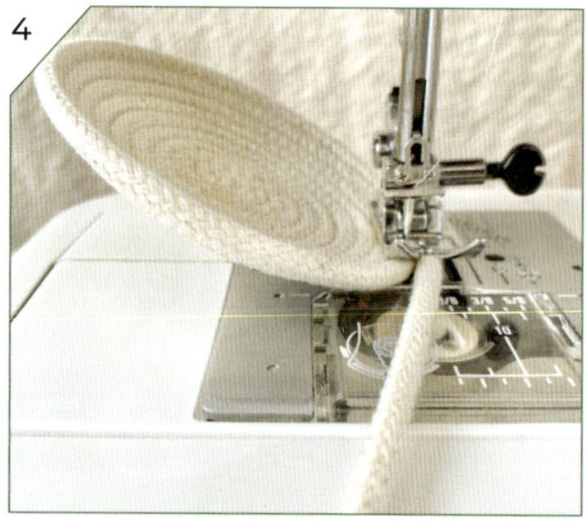

5

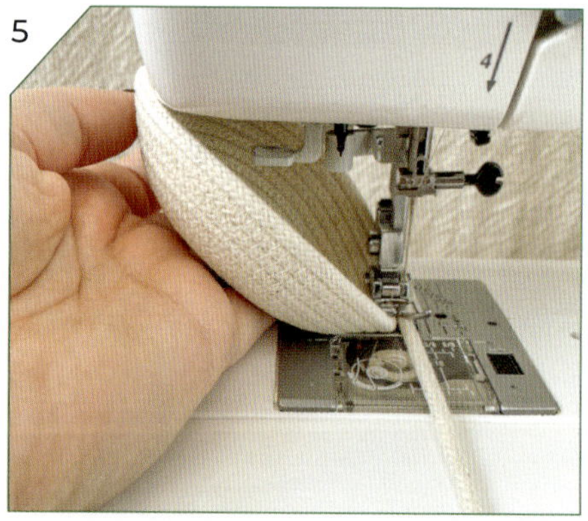

6

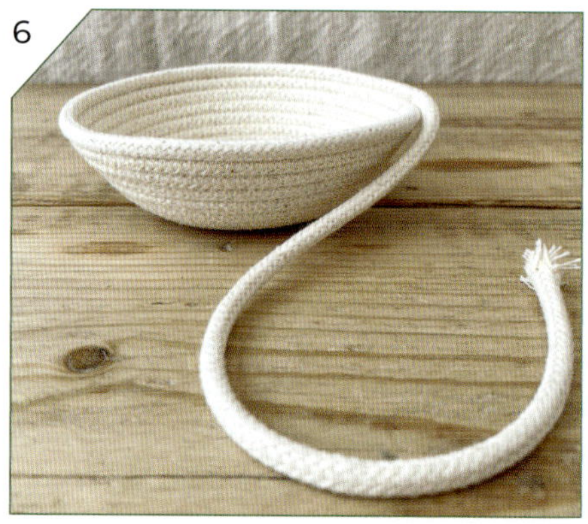

7

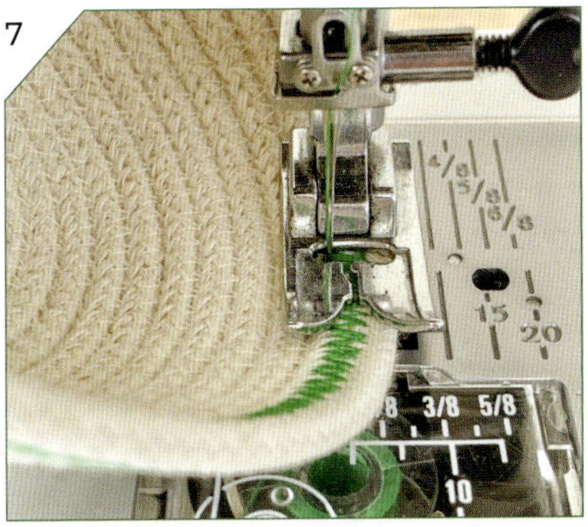

8

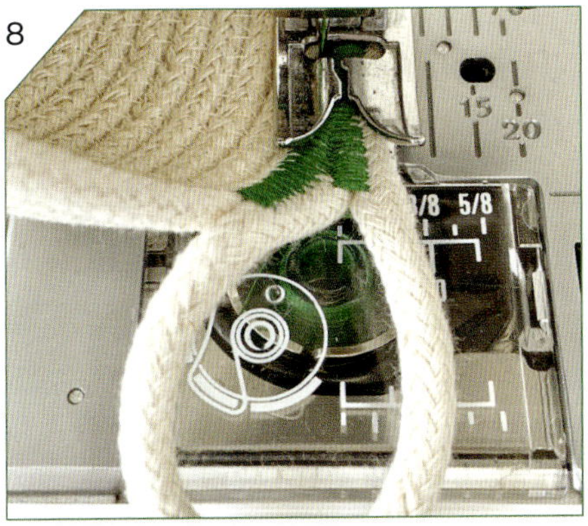

9

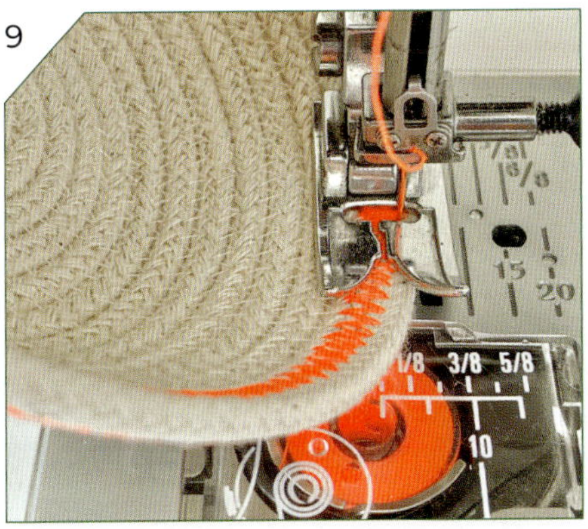

10

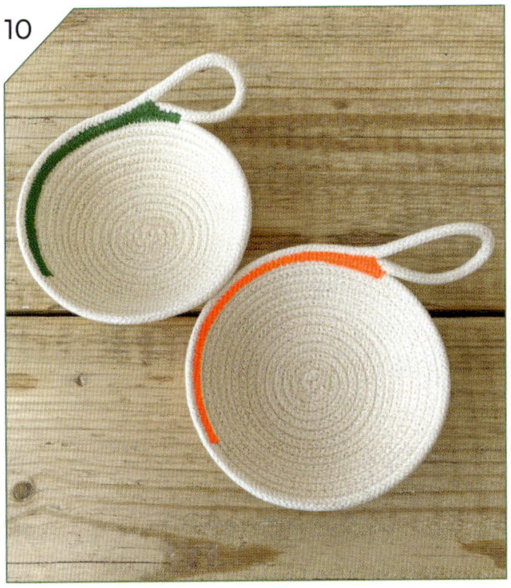

lässt es aber durch die Maschine gleiten. Mit jedem Stich, der das lose Seil mit der Spirale verbindet, wächst das Objekt.

Nähe eine Runde um die Spirale und lass beide Hände los, um zu sehen, ob die Spirale den neuen Winkel hält. Die gerade genähte Runde sollte oben auf der vorherigen Runde sitzen, nicht daneben (also flach).

Ist die Spirale immer noch flach, versuche es erneut. Ziehe sie etwas stärker hoch. Man braucht manchmal mehrere Anläufe, um ein Gefühl für die richtige Haltung und Spannung zu entwickeln. Wenn du es einmal geschafft hast, wird es dir nicht schwerfallen **(5)**. Hast du so ein paar Runden fertiggestellt, kannst du die Arbeit mit links etwas stärker hochziehen, um die Form weiter aufzubauen **(6)**. Nähe weiter, bis du 25 cm Seil übrig hast.

Wechsele zum bunten Faden und nähe um die Hälfte der Schale, bis gerade genug Seil für eine Schlaufe übrig ist **(7–9)**. Nähe eine Linie Blockstich, die um die Hälfte der Schale reicht. Stelle die Schale dann mit der Schlaufentechnik aus dem Projekt »Platzsets und Untersetzer« fertig.

Wiederhole dies für die zweite Schale und genieße dann den Anblick deiner ersten 3-D-Seilarbeit **(10)**.

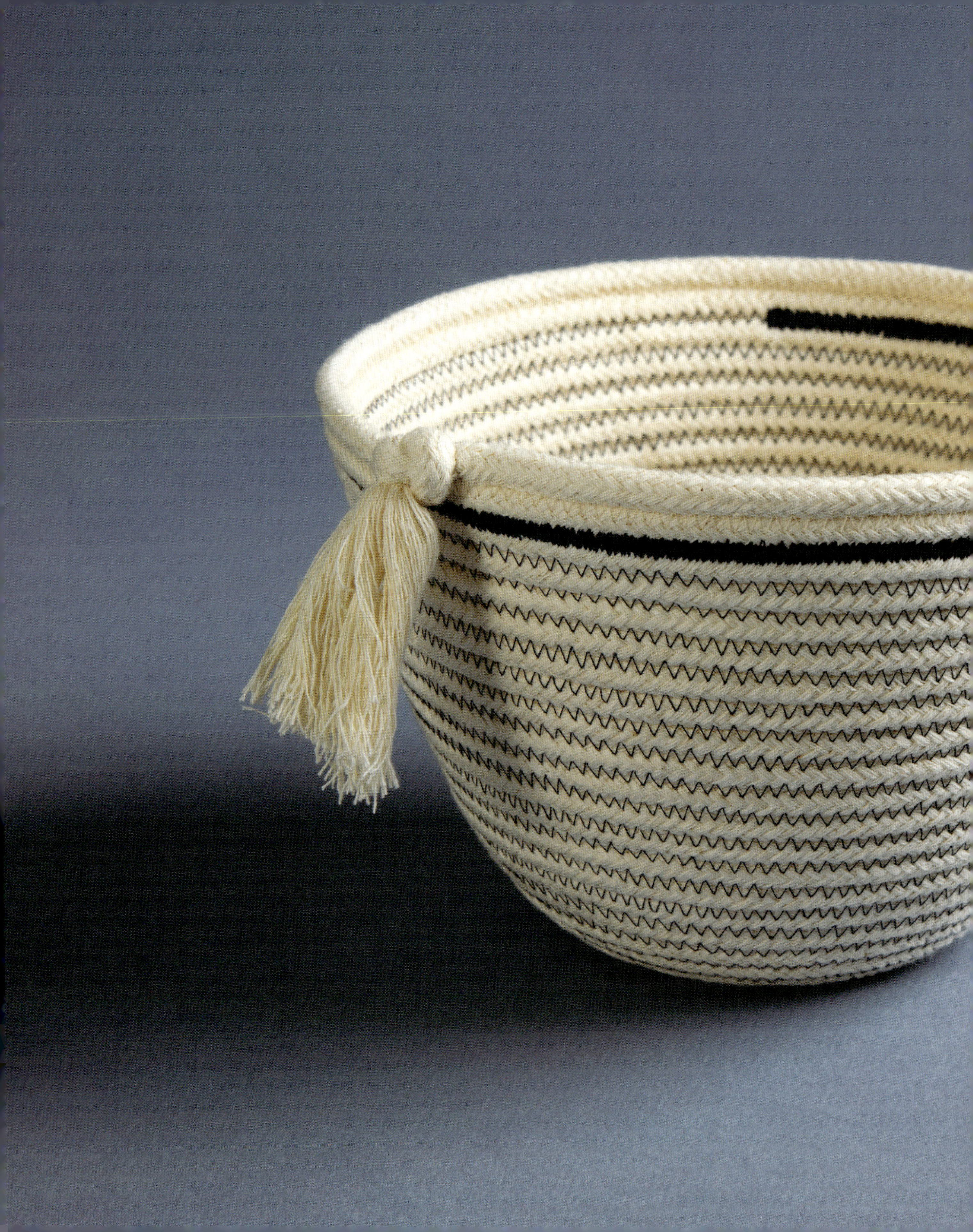

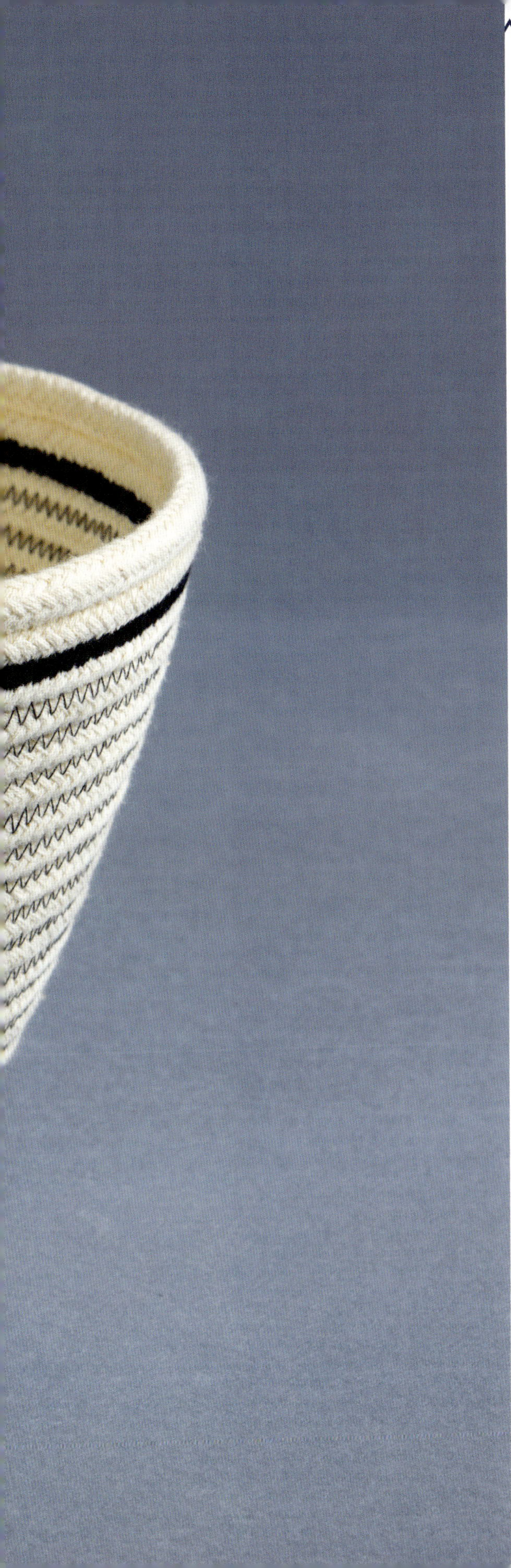

Schale mit Quaste

Dies ist das erste von drei Projekten, bei dem wir mit 10 m Seil arbeiten. Der Fokus soll hier auf dem Aufbau einer klassischen Schalenform liegen. Beschränke dich daher auf eine Farbe, damit du dich komplett auf die Formgebung konzentrieren kannst.

Material
10 m x 8 mm ungebleichtes Baumwollseil
blaues Garn
allgemeiner Nähbedarf

Techniken
Blockstich
Abschluss mit geknoteter Quaste

Schale mit Quaste

Methode

Nähe eine 9 cm große Ausgangsspirale **(1)**.

Aufbau der Form: Lege die linke Hand unter die Spirale und hebe sie an, um einen Winkel zu bilden **(2)**. Die Spirale soll nach außen und oben wachsen. Orientiere dich beim Nähen an deiner Nähmaschine, damit die Form gut um die Seite deines Gerätes passt.

Anfangs kannst du die Form mit Ringfinger und kleinem Finger führen **(3)**. Wächst die Spirale, positionierst du die Hand automatisch anders und stützt mit der linken Hand die Spirale vom Boden der Arbeit aus. Denke beim Nähen daran, dass der Winkel an dem Punkt entsteht, an dem die Spirale und das lose Seil an der Nadel verbunden werden **(4–6)**. Konzentriere dich darauf, was an diesem Punkt passiert, während du gleichzeitig die Spirale abstützt.

1

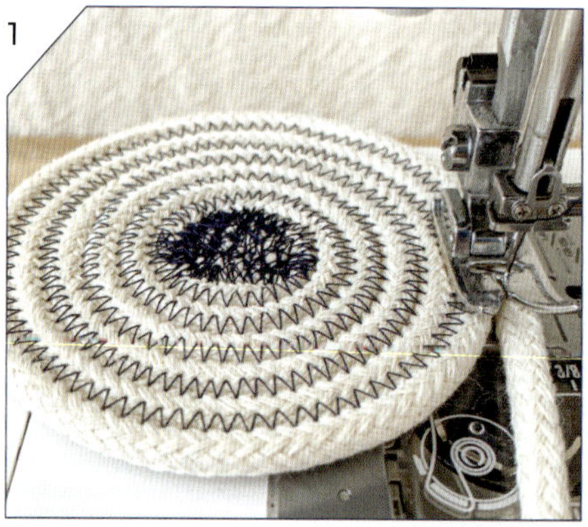

2

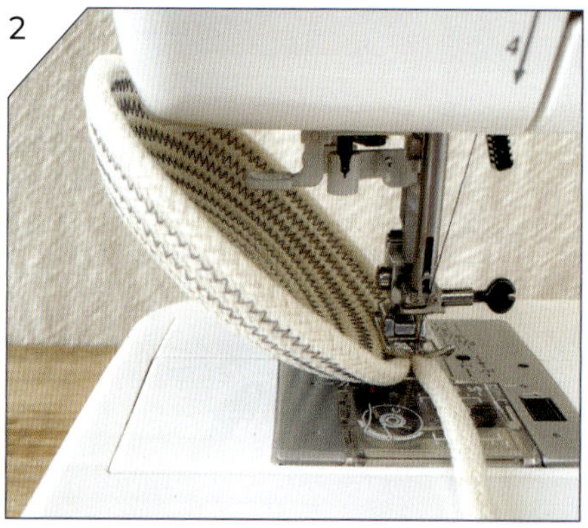

3

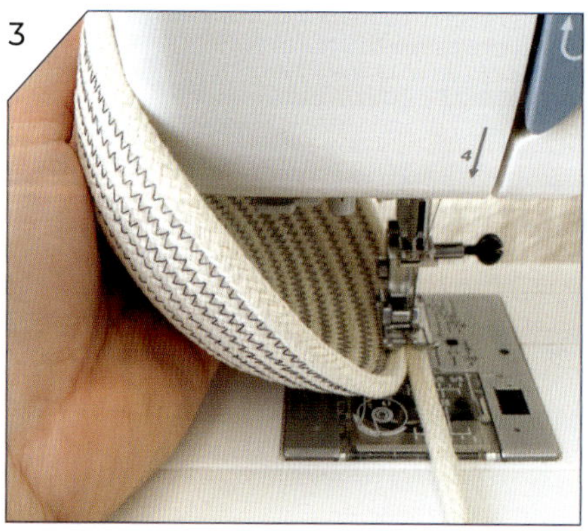

4

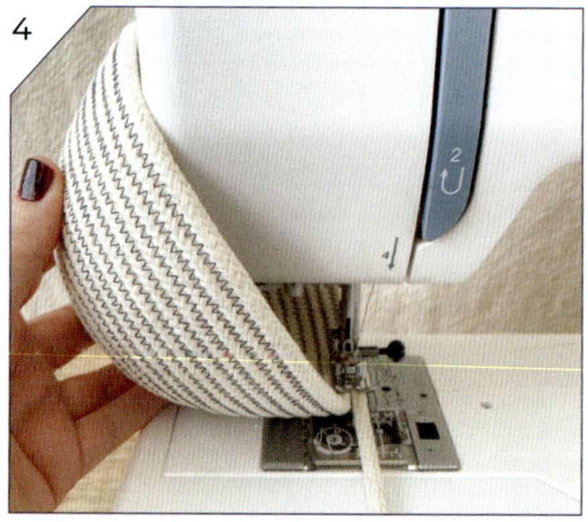

5

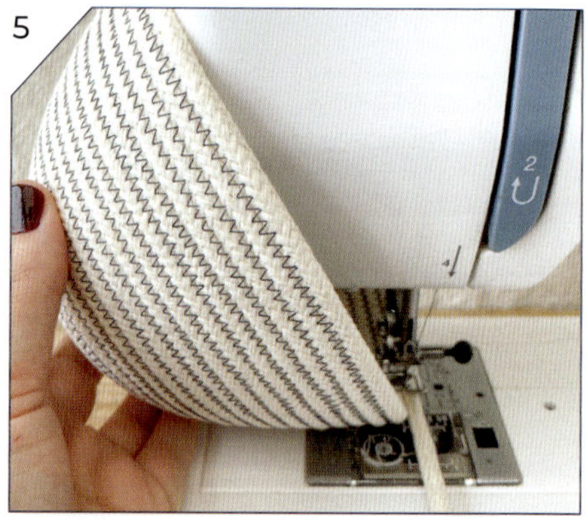

6

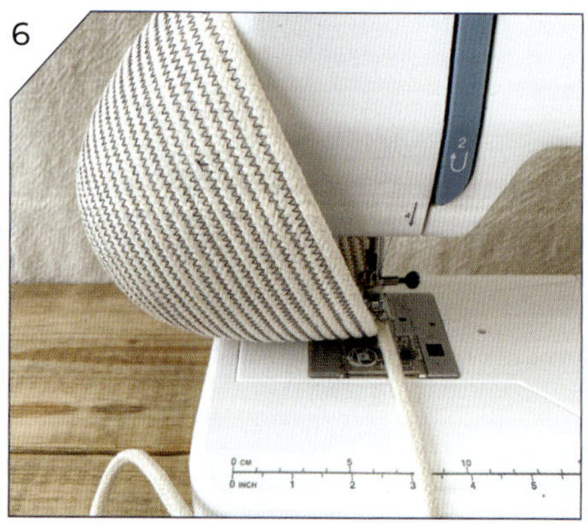

TIPP: Es ist kein Problem, wenn dein Faden zum Ende kommt, bevor du die Spirale abschließt. Das passiert zumindest bei größeren Projekten. Tausche einfach die Spule aus und fixiere den Faden mit einem kleinen Abschnitt im Blockstich. Lass den losen Faden beim Nähen deiner nächsten Runde hängen und schneide ihn ab, bevor er erneut durch die Maschine läuft. So musst du nicht den Faden finden, wenn er sich noch unter dem Füßchen befindet, aber er verfängt sich auch nicht bei den nächsten Runden.

7

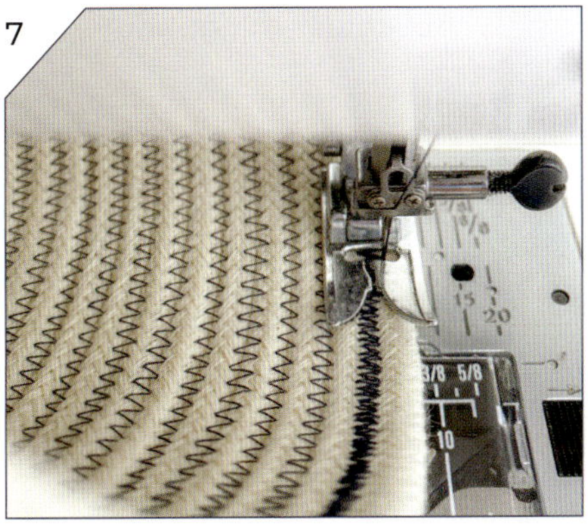

8

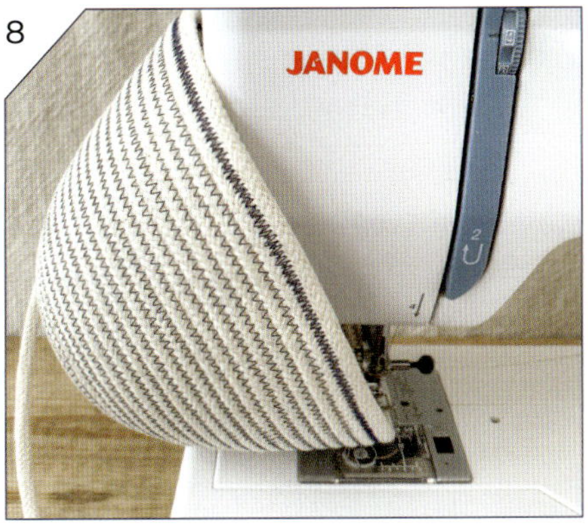

9

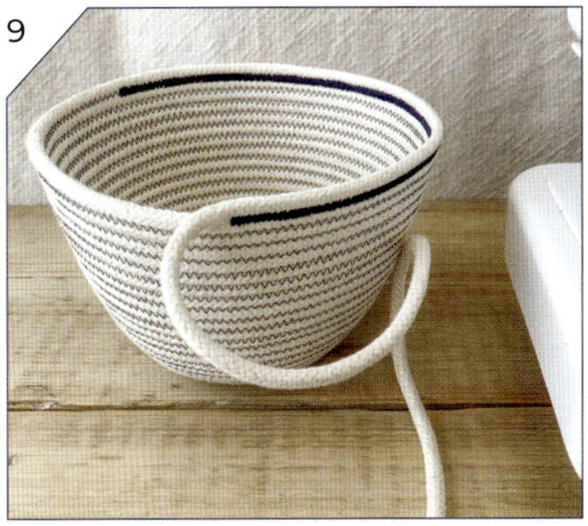

10

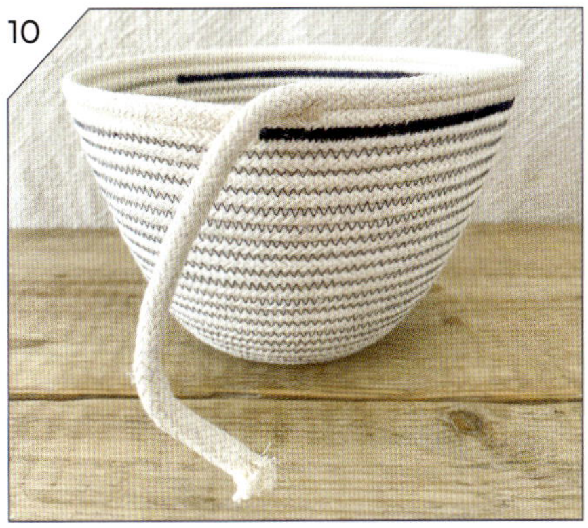

Baue die Form weiter auf, bis noch 10 cm Seil übrig sind **(7–10)**. Als interessantes Element kannst du eine längere Linie im Blockstich arbeiten. Nähe dazu über eine halbe Runde hin und zurück. Nähe noch einmal vorwärts und nimm die Arbeit aus der Maschine.

Wir wollen die Schale mit einer Variation des Quastenabschlusses fertigstellen.

11

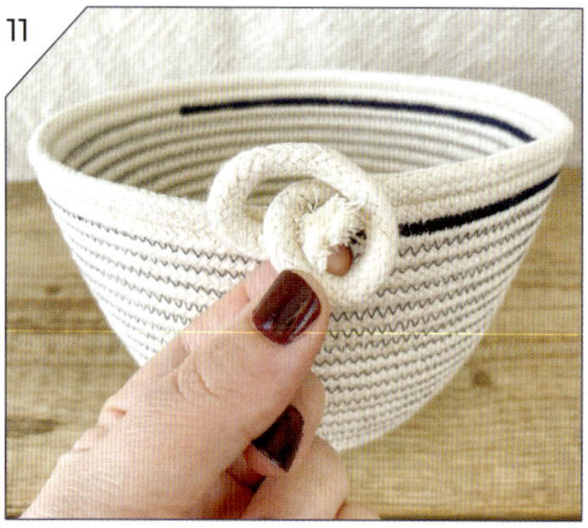

12

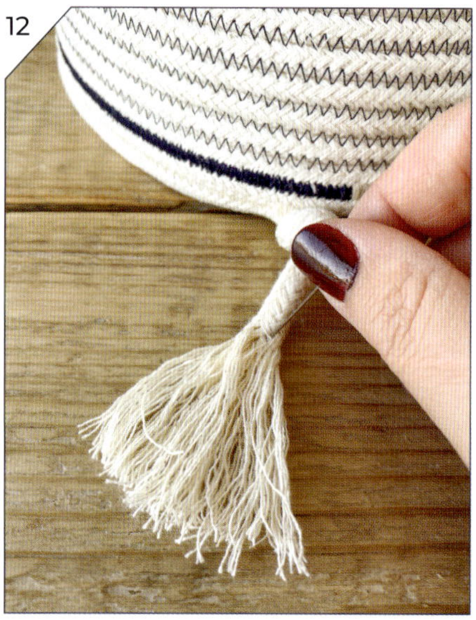

Abschluss mit geknoteter Quaste

Nimm das Ende des Seils und wickele es um sich selbst **(11)**. Drücke das Ende durch die Schlaufe und ziehe sie zu einem Knoten fest. Drücke diesen möglichst nahe an deinen letzten Stich, um einen sauberen Abschluss zu bilden.

Lege das Seil auf eine flache Oberfläche und franse das Ende mit einer geraden Nadel aus **(12)**. Achte auch auf die Unterseite, damit du alle Fasern erwischst. Schneide die Quaste zum Abschluss gerade zu.

Jetzt ist dein erstes 10-m-Projekt fertig. Du hast eine der schönsten Formen mit diesem Material gemeistert und bist gut geübt – bereit für das nächste Projekt.

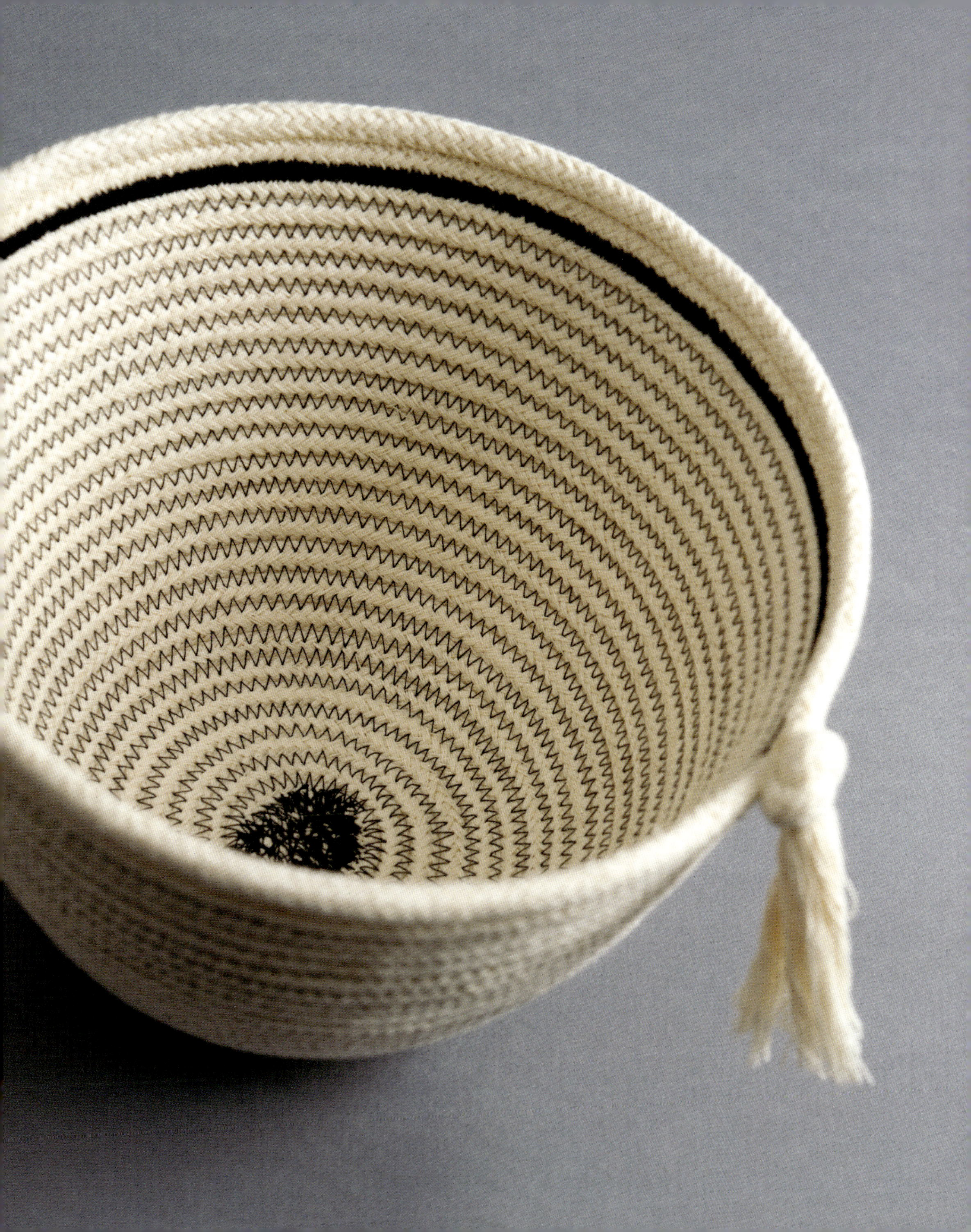

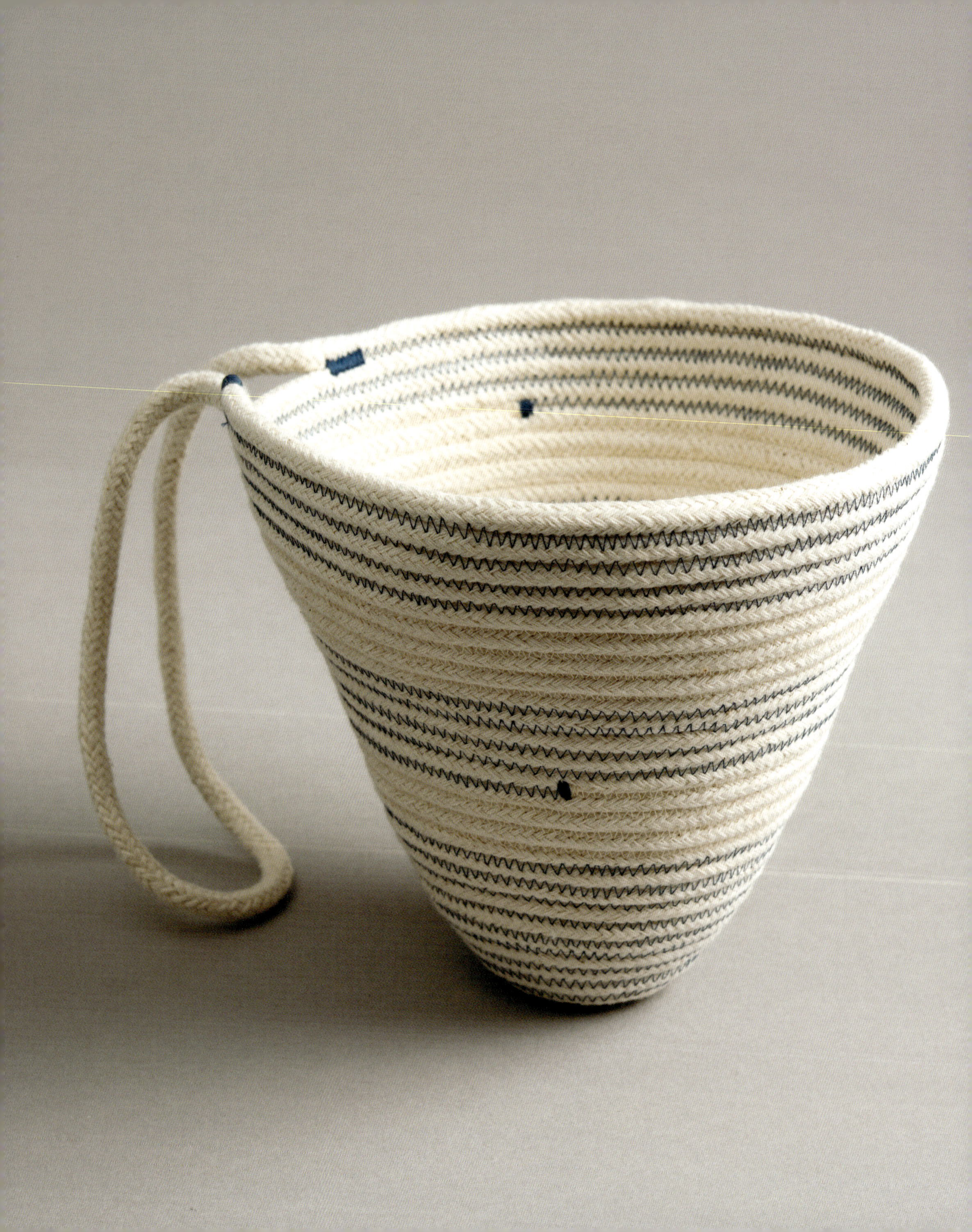

Kegel mit Schlaufe

Dieses Projekt stellt dich möglicherweise vor ein paar Herausforderungen – daher die ungewöhnliche Materialliste. Bei diesem Stück wirst du nämlich gegen die Form der Nähmaschine arbeiten. Außerdem läuft es etwas dem bisher Gelernten entgegen: Normalerweise näht man besser rhythmisch fließend , aber hier ist eher Stop-and-go angesagt. Kegel sind mit Haushaltsmaschinen schwieriger zu nähen, aber mit meiner speziellen Technik hast du gute Erfolgschancen.

Hinweis: Ich habe absichtlich relativ viele Garnwechsel in dieses Design aufgenommen. So hast du die Möglichkeit, die Arbeit aus der Maschine zu nehmen und deine Fortschritte zu prüfen. Wenn du im Flow bist und nicht unterbrechen willst, mache einfach weiter! Die Garnwechsel sind nur ästhetischer Natur und es beeinträchtigt die Struktur des Designs nicht, wenn du bei einer Farbe bleibst.

Bevor du beginnst, reinige deine Nähmaschine gründlich über dem Füßchen und unter dem Arm. Deine Spirale kommt nämlich mit diesen Bereichen in Kontakt und könnte sonst mit altem Öl oder fettigen Fusseln befleckt werden.

Material
10 m x 8 mm ungebleichtes Baumwollseil
blauer Faden
allgemeiner Nähbedarf
Faden in neutraler Farbe
+ massenweise Geduld

Techniken
Blockstich
genähter Abschluss
lange Schlaufe

Kegel mit Schlaufe

Methode

Aufbau der Form

Diesmal beginnt der Formaufbau direkt nach dem Fixieren der Spirale **(1–3)**. Verwende dazu den linken Zeige- und Mittelfinger, um die Spirale so stark wie möglich nach oben zu ziehen. Du wirst schnell feststellen, dass Teile des Füßchens dich behindern und das Nähen in diesem Winkel schwierig gestalten. Aber keine Sorge! Nähe langsam und gleichmäßig weiter, bis deine Spirale über diese Teile reicht **(4)**. Versuche, sieben Runden zu nähen, bevor du vom blauen Faden zur neutralen Farbe wechselst.

Um den Anfangswinkel beizubehalten, musst du etwas tun, das dem bisher Gelernten entgegenläuft **(5)**. Statt von unten mit der linken Hand hochzuziehen, musst du die Spirale zusammendrücken und durch die Maschine führen **(6)**. Du kannst vielleicht eine halbe Runde nähen. Dann musst du anhalten und die

1

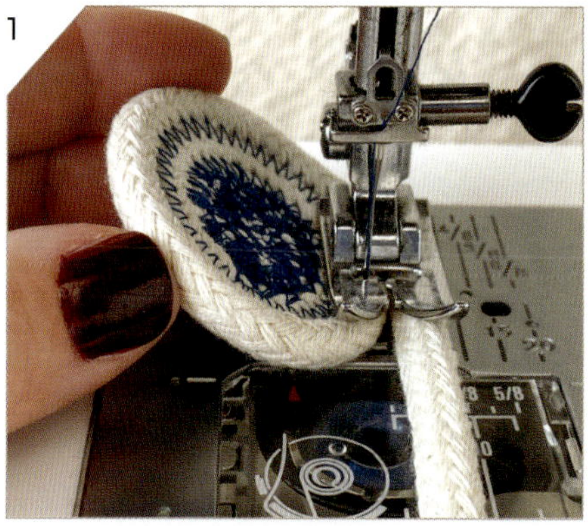

2

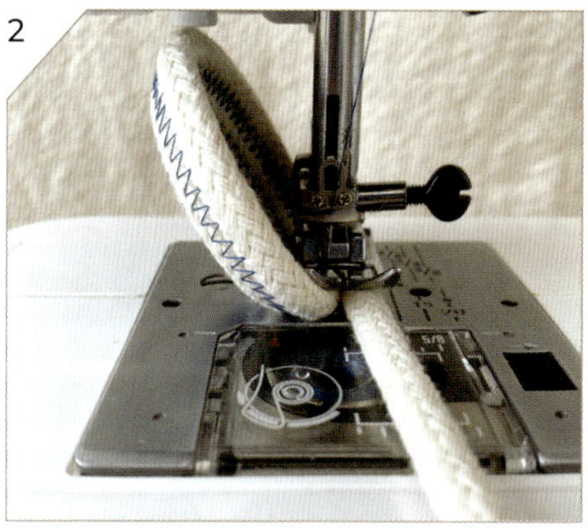

3

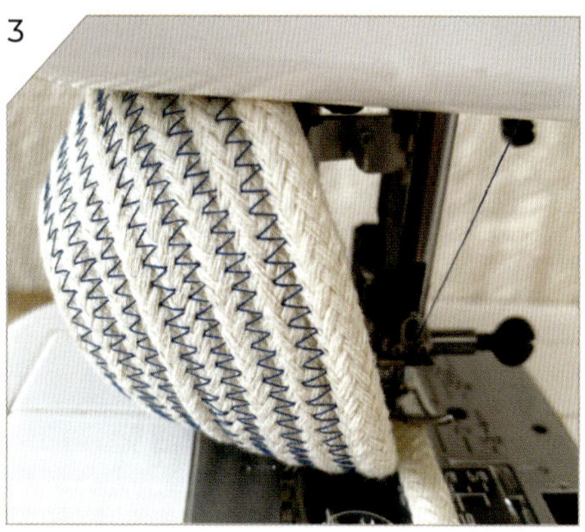

4

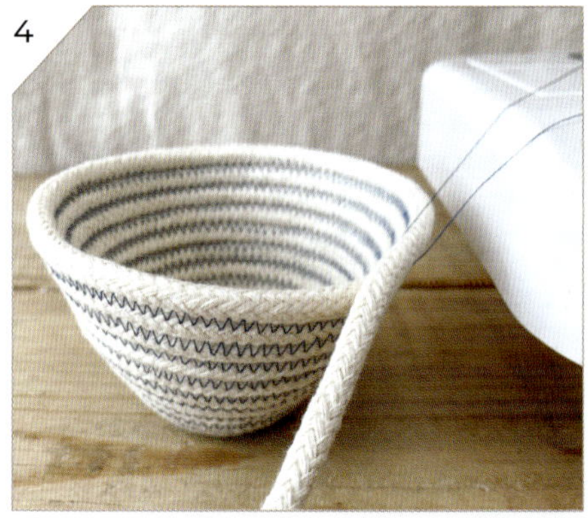

5

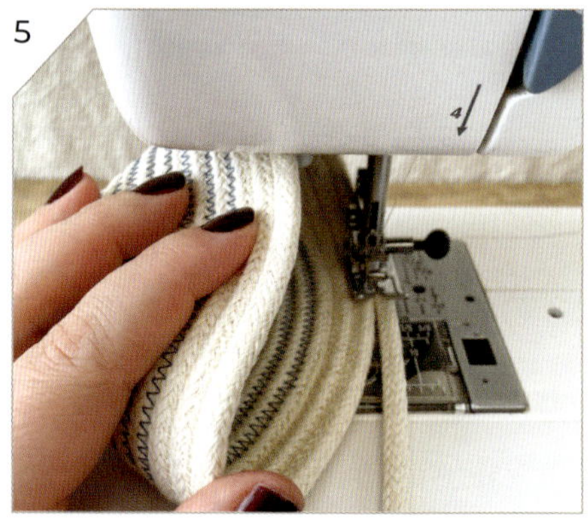

6

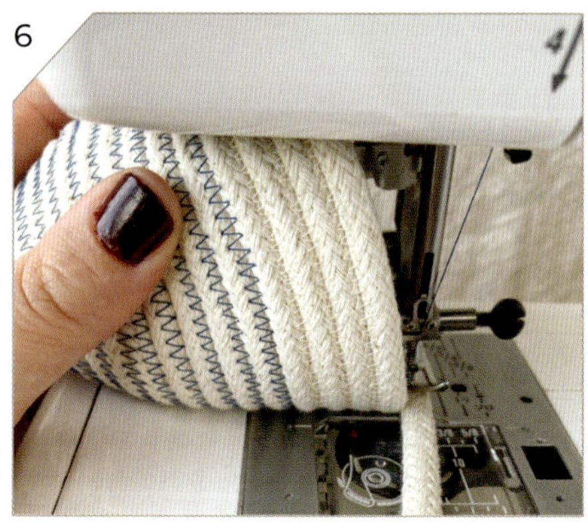

7

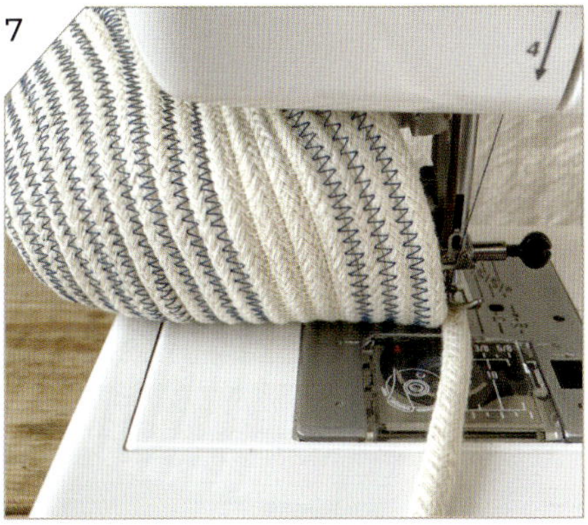

8

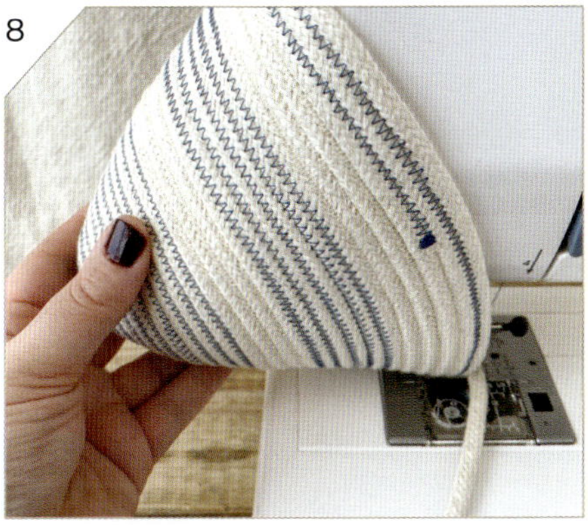

9

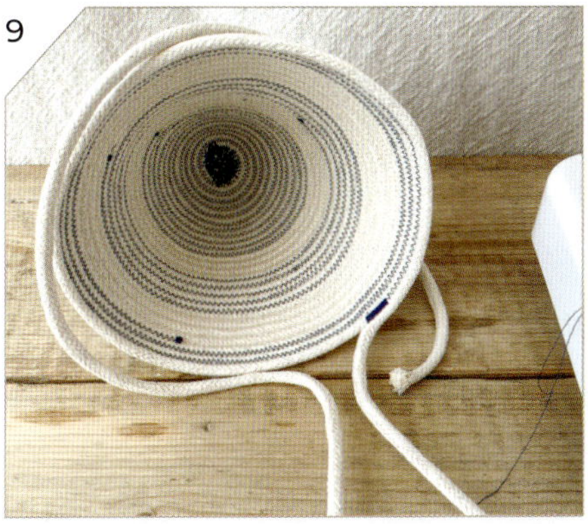

Spirale zurück durch die Maschine ziehen, um weiternähen zu können. Wichtig ist, dass das lose Seil auf die Spirale trifft und mit ihr verbunden wird.

Wechsele das Garn nach drei oder vier Runden wieder zu Blau **(7)**. Verwende für weitere vier oder fünf Runden die Technik des Zusammendrückens.

Jetzt sollte die Spirale weit genug sein, dass du die Form aufbauen kannst, während sie außerhalb der Maschine angewinkelt ist **(8)**. Der Winkel wird etwas breiter sein, aber wenn du die Spirale mit der linken Hand führst, solltest du problemlos nähen können.

Wechsele den Faden etwa alle fünf Runden, bis 1 m Seil übrig ist. Schließe mit einem Abschnitt in Blockstich ab und nimm die Spirale aus der Maschine.

Lange Schlaufe

Dieser Kegel soll an einer langen Schlaufe von einem Haken hängen **(9)**. Um die Schlaufe zu bilden, lasse eine 5 cm große Lücke von dem Punkt, an dem du im Blockstich genäht hast.

Miss 40 cm loses Seil ab – dies wird nicht angenäht und bildet die Schlaufe. Fixiere das Seil ab der 40-cm-Markierung mit Blockstich und nähe dann eine letzte Runde bis zum Anfang der Schlaufe.

Um deinen Kegel fertigzustellen, wollen wir eine vollständig genähte Abschlusstechnik verwenden.

Vollständig genähter Abschluss

Fixiere das Seil mit einigen Stichen und nimm es aus der Maschine **(10–11)**. Schneide mit einer scharfen Schere möglichst viel von dem überstehenden Seil ab. Lege den Kegel wieder in die Maschine und nähe immer wieder über diesen Bereich, bis er mit Garn überdeckt ist.

Erfahrungsgemäß verbiegt sich die Nadel hier am ehesten oder bricht. Es lohnt sich, sie nach ein paar Projekten zu wechseln, da sie durch dicke Fasern schnell stumpf wird.

Wenn du dieses 10-m-Projekt geschafft hast, gratuliere ich dir herzlich **(12)**. Hänge deinen Kegel mit Schlaufe an einem schönen Platz auf und fülle ihn mit hübschen Trockenblumen – im Wissen, dass du das einzige Projekt fertiggestellt hast, bei dem du gegen deine Nähmaschine arbeiten musst.

10

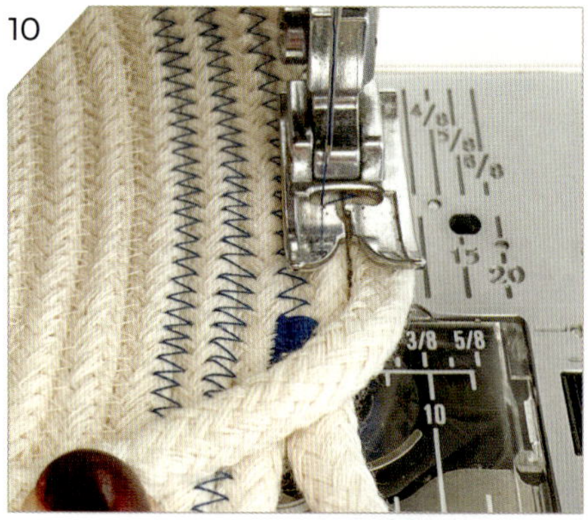

11

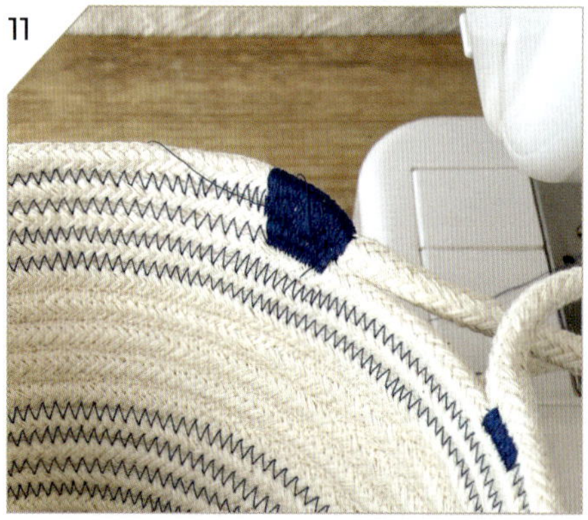

12

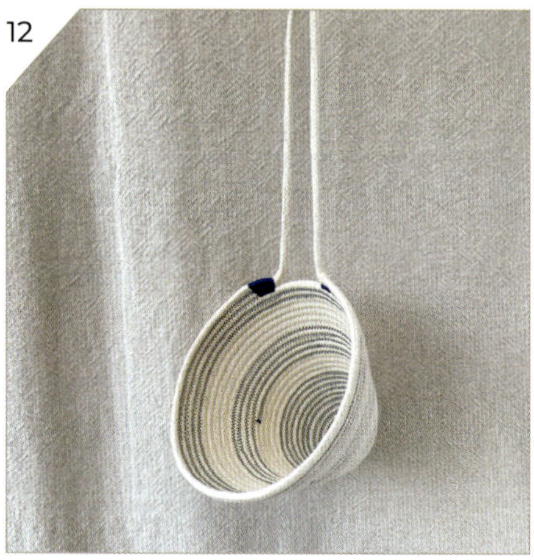

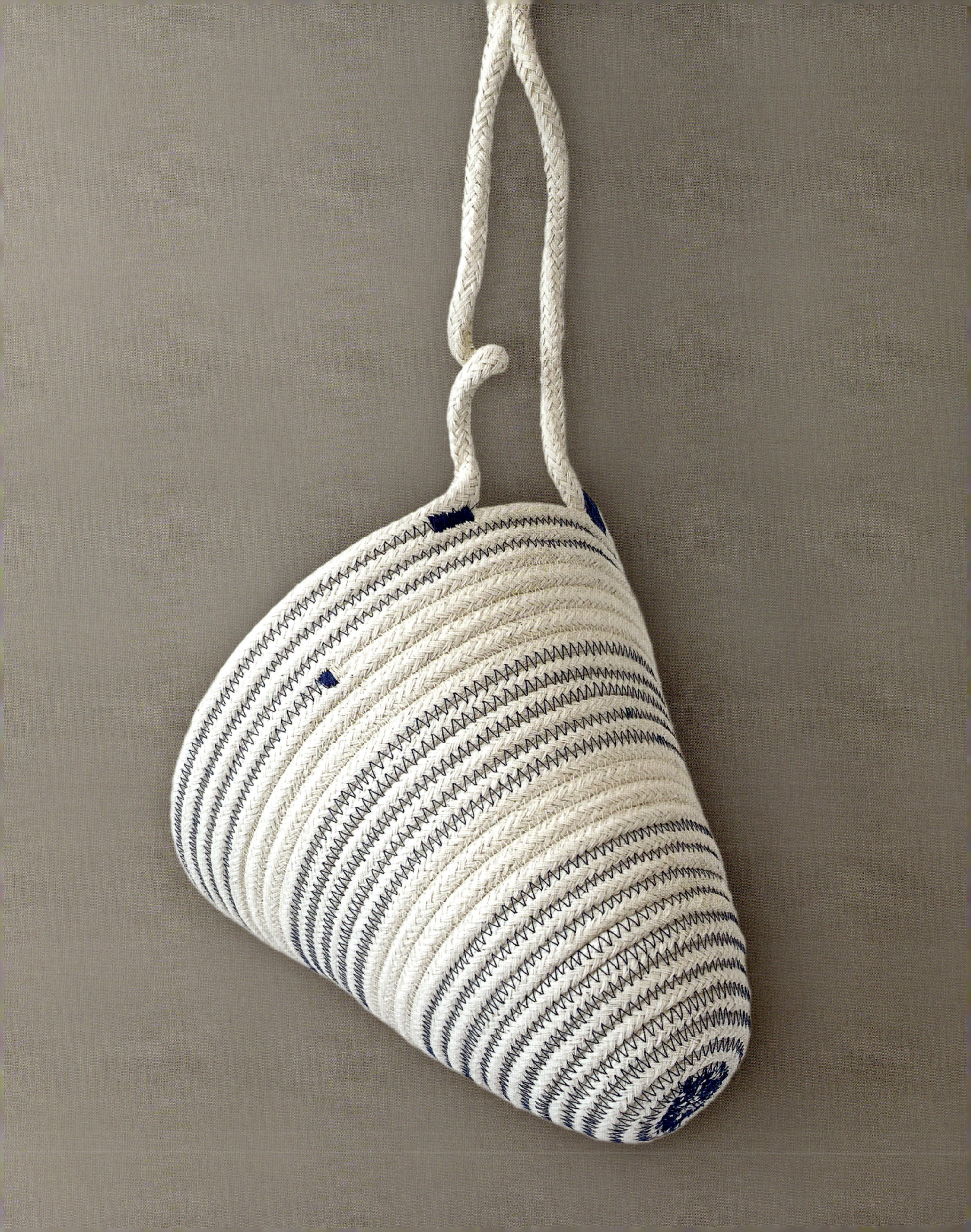

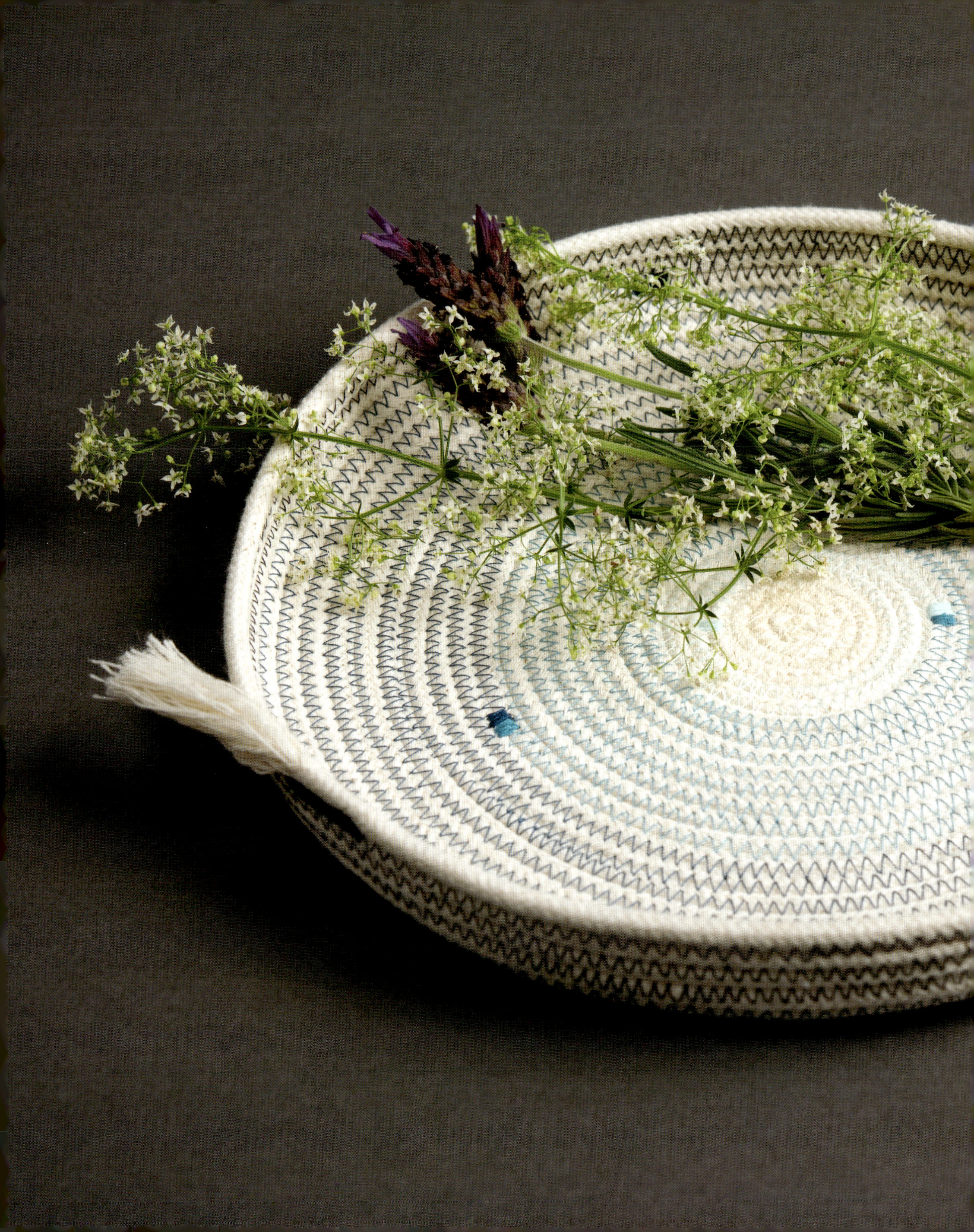

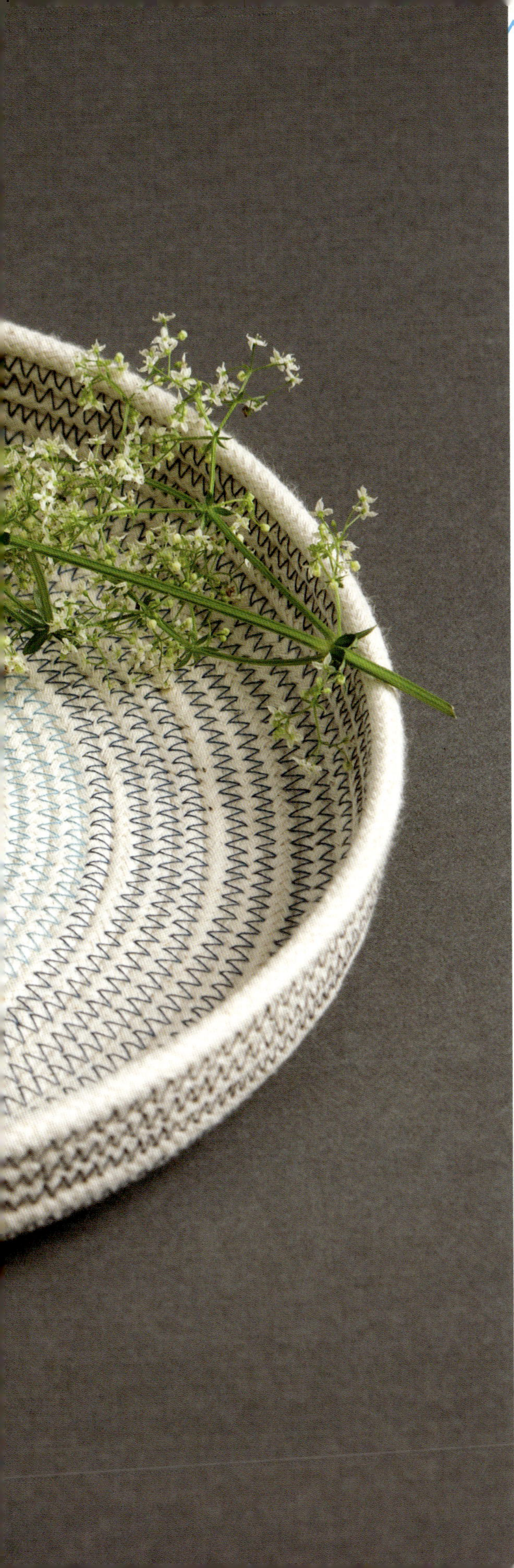

Mehrfarbige flache Schale

Dies ist das letzte der 10-m-Projekte und eine Rückkehr zu einer breiteren Spirale. Dieses Projekt soll dich dazu anregen, über Farbe und Design nachzudenken.

Material

10 m x 6 mm ungebleichtes Baumwollseil

allgemeiner Nähbedarf

Garn in neutraler Farbe

Garn in vier Blautönen

Technik

Blockstich

flacher Quastenabschluss

Mehrfarbige flache Schale

Methode

Diesmal fertigst du eine fast vollständig flache Spirale aus einem dünneren 6-mm-Seil **(1–2)**. Es kann schwieriger sein, dieses flach zu verarbeiten. Konzentriere dich also darauf, die Spirale mit der linken Hand flach zu halten, und achte auf den Winkel, der an der Nadel entsteht, damit sich die Form nicht zu früh aufbaut.

Neben der flachen Spirale spielt hier die Wahl der Farbpalette und der Farbabfolge die Hauptrolle **(3–4)**. Ich habe diesmal nur mit Blau gearbeitet und die Farben vom hellen Zentrum zu einem dunklen Rand abgestuft.

Stelle eine Farbpalette zusammen, die Dir gefällt – bei dieser Größe hast du Platz für bis zu vier Garnfarben. Wenn du genug Unterfadenspulen besitzt, spule sie vorher auf, damit du bei der Arbeit schnelle Garnwechsel vornehmen kannst.

1

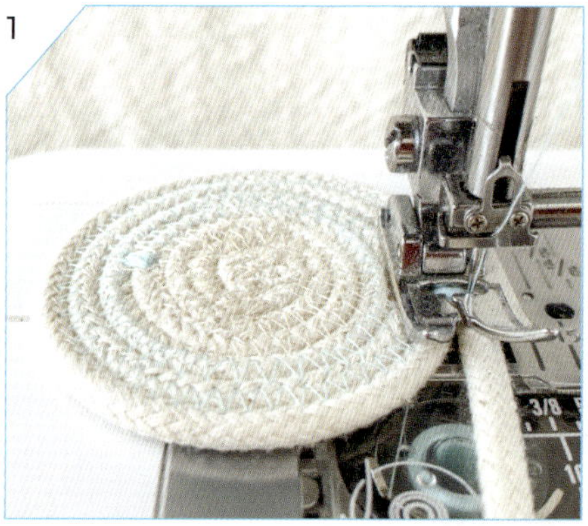

2

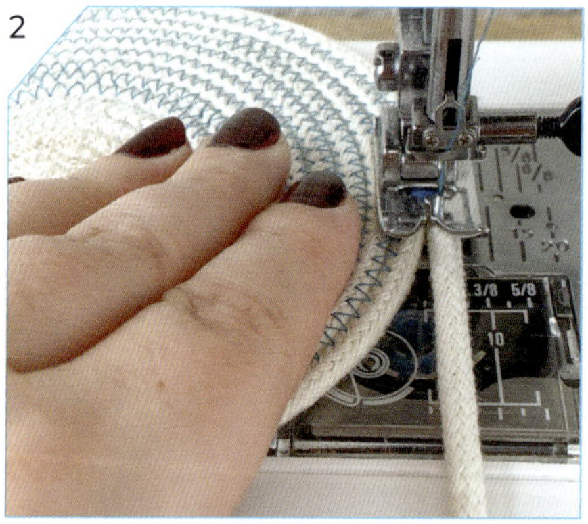

3

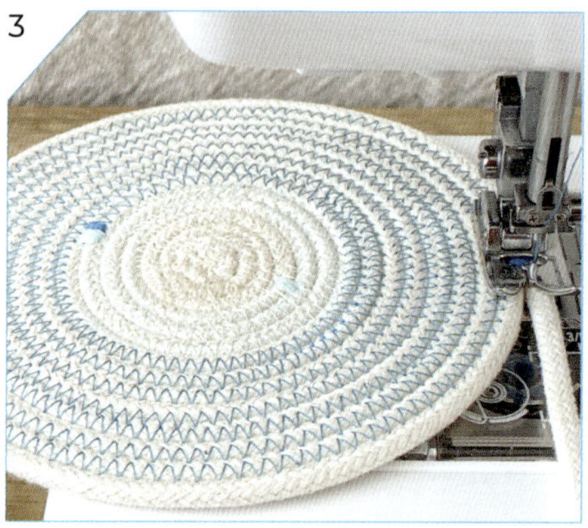

4

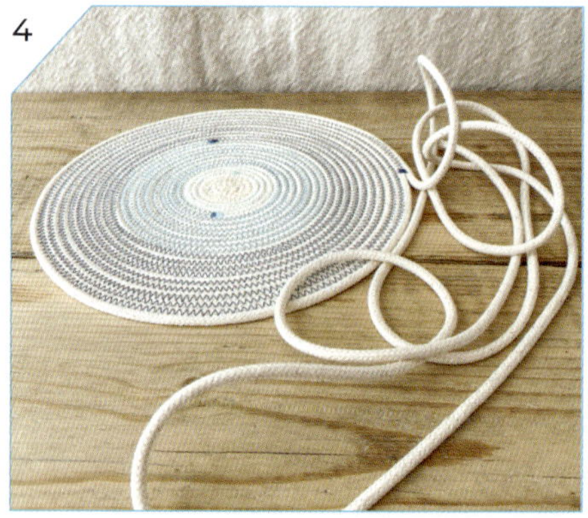

5

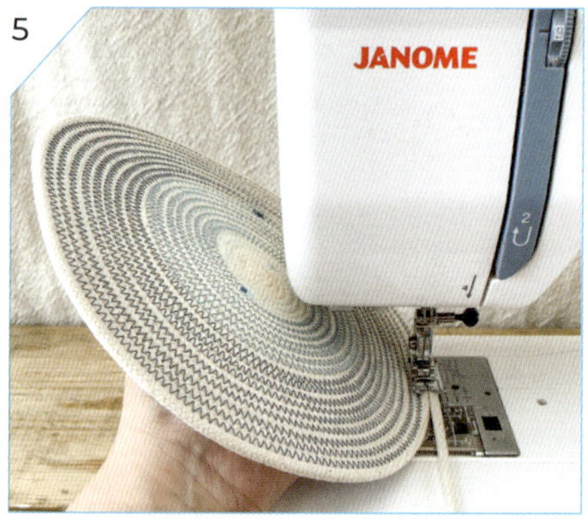

6

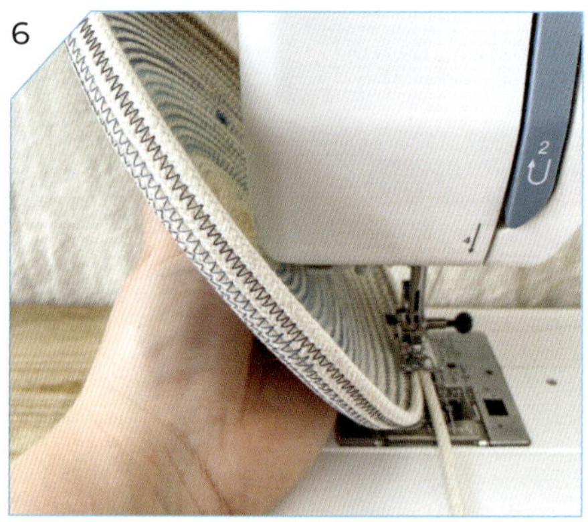

Dies sind die Punkte, an denen ich an der flachen Spirale die Farbe gewechselt habe:

Neutral bis 3 cm
Sehr helles Blau bis 5 cm
Hellblau bis 12 cm
Blau bis 20 cm

Aufbau der Form
Wenn die flache Spirale 20 cm groß ist, beginnt der Formaufbau **(5–6)**. Er ist kurz und steil, da nur noch wenig Seil übrig ist. Ziehe die Spirale in spitzem Winkel hoch. Nach nur einer Runde wechsele zur letzten Garnfarbe – in meinem Fall Dunkelblau.

Nähe weiter in dem spitzen Winkel, bis du zum Ende kommst **(7–8)**. Stelle die Schale mit dem flachen Quastenabschluss aus dem Schlüsselanhängerprojekt fertig (siehe Seite 37).

Das war das letzte der 10-m-Projekte **(9)**. Ist es nicht fantastisch, wie viele verschiedene Objekte man aus derselben Länge Seil anfertigen kann? Ab jetzt bauen wir auf den gelernten Techniken auf und erweitern sie.

7

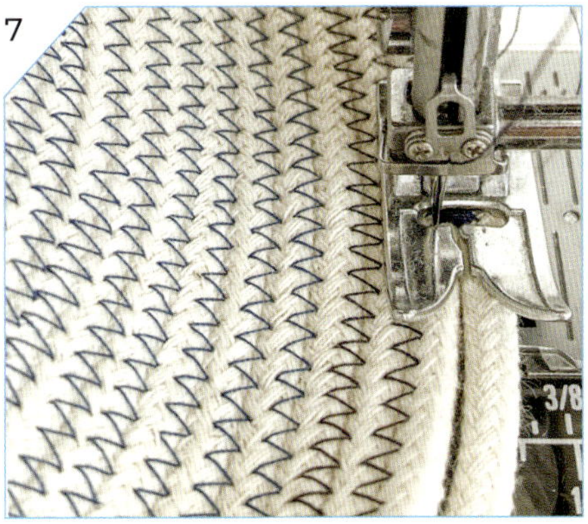

8

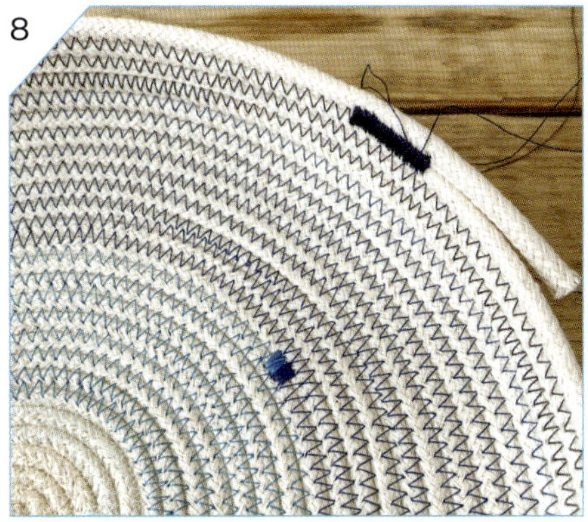

9

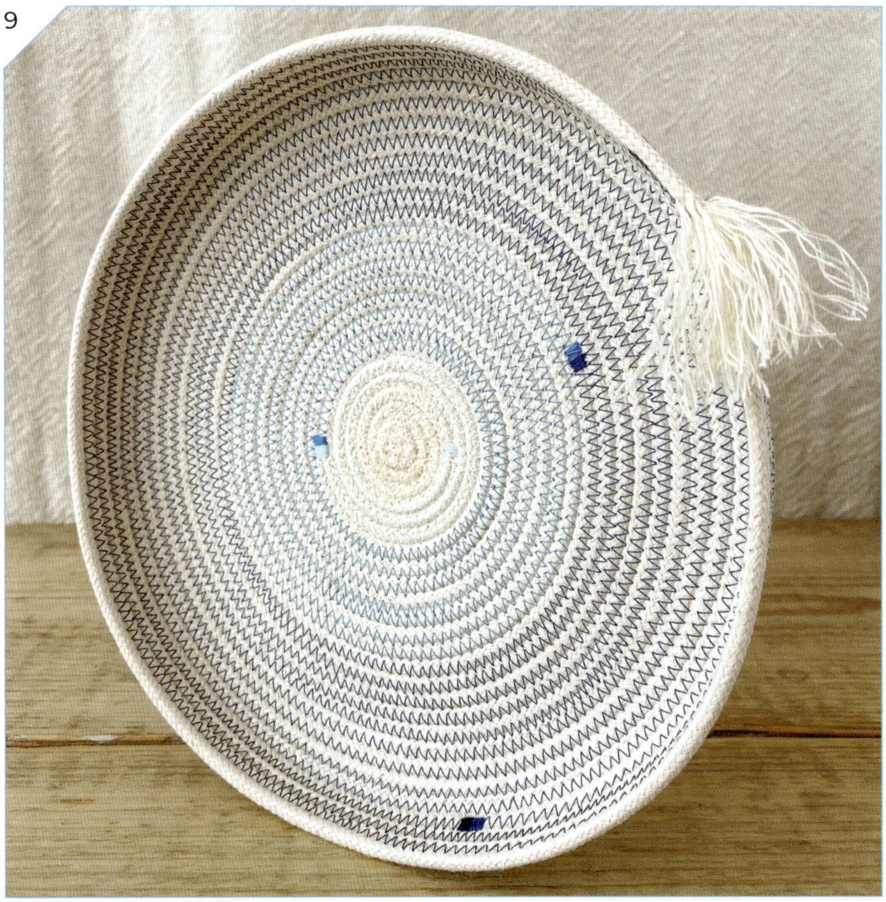

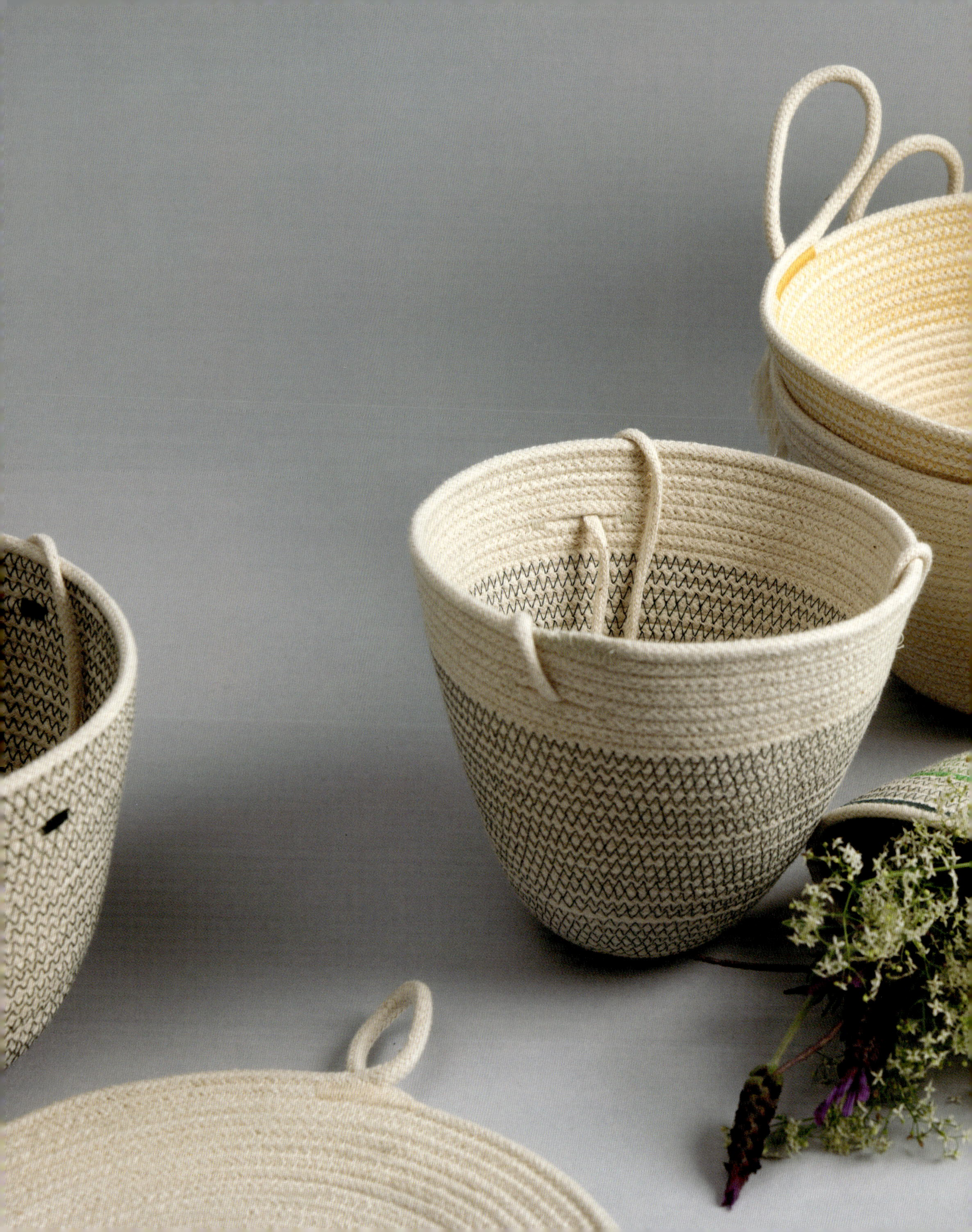

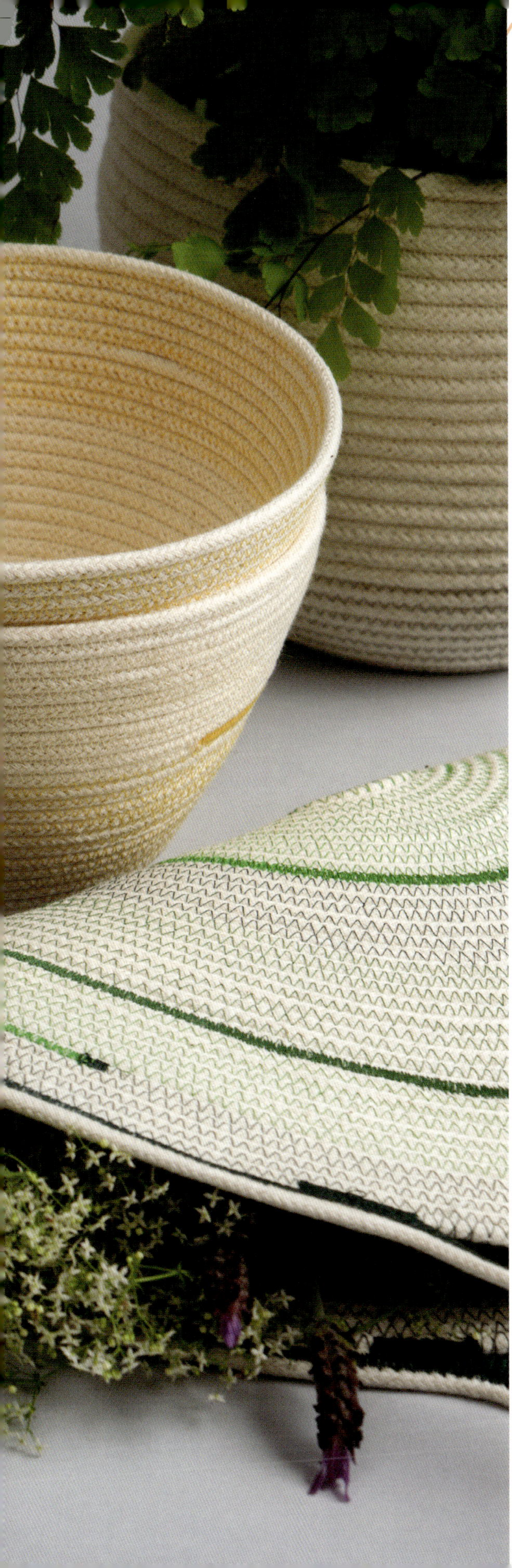

Projekte für Fortgeschrittene

Nachdem du die Einsteigerprojekte gemeistert und die Grundlagen der Spirale und des Formaufbaus geübt hast, ist es Zeit für fortgeschrittene Techniken. Die nächsten Projekte sollen das kreative Denken beflügeln und dir Fertigkeiten für weitere Seilarbeiten vermitteln.

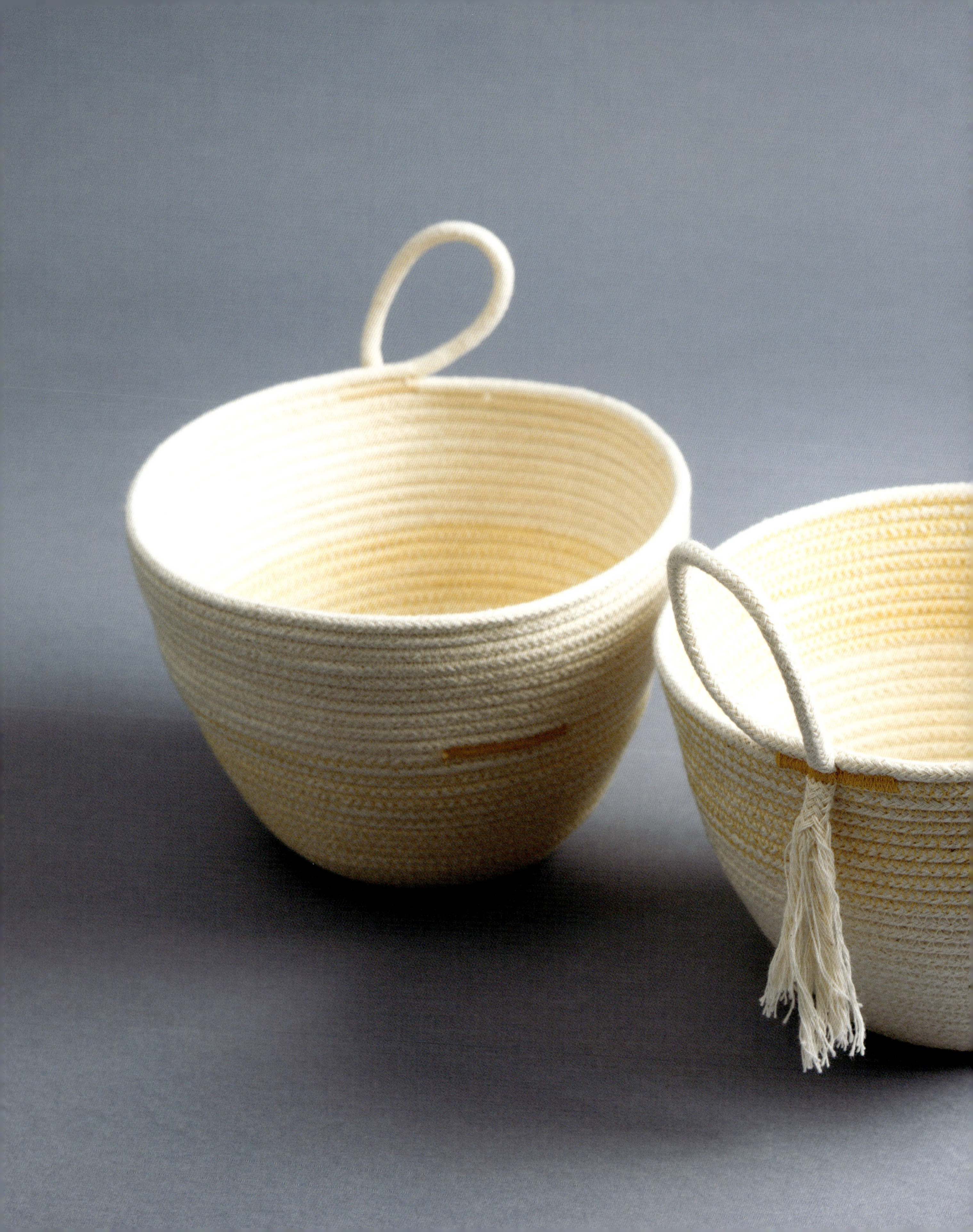

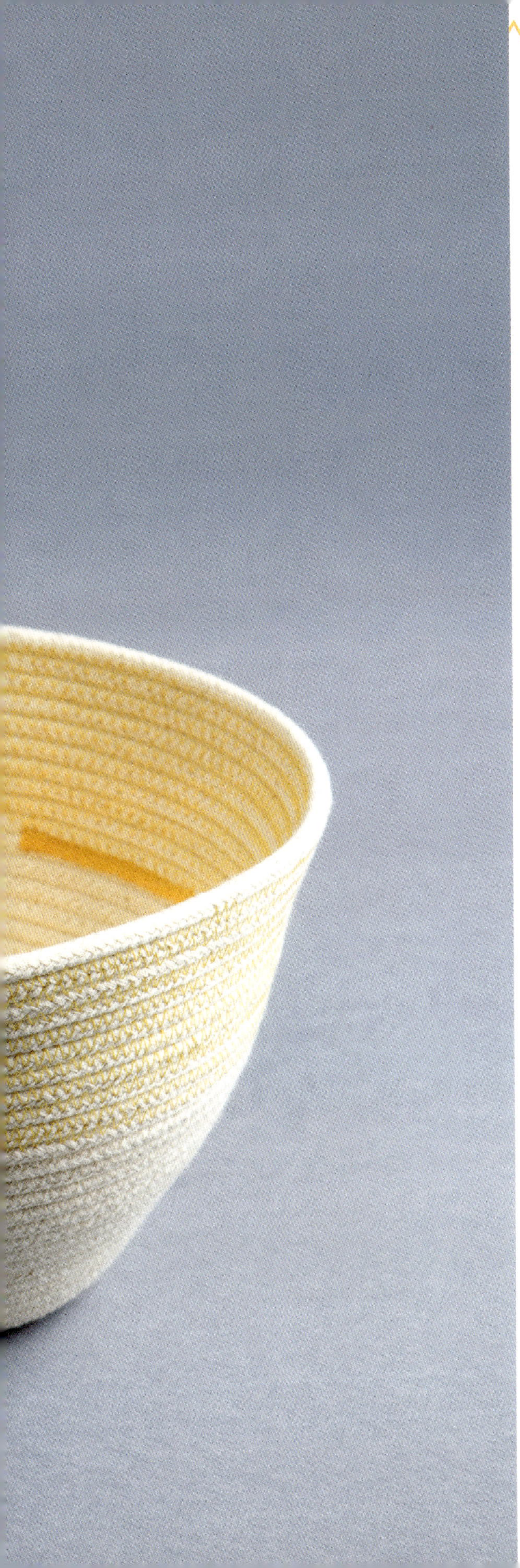

Gespiegelte Körbe

Körbe sind eines der Grundelemente in meiner Arbeit. Für dieses Projekt fertigst du zwei formgleiche Körbe an. Ich spreche von gespiegelten Körben, da die Farbwechsel in den Körben spiegelverkehrt sind: So entsteht der Eindruck, einer sei das Spiegelbild des anderen.

Material

413 m x 6 mm ungebleichtes Baumwollseil (für jeden Korb)
allgemeiner Nähbedarf
Garn in neutraler Farbe
gelber Faden

Techniken

Blockstich
Quaste mit gedrehter Schlaufe

Gespiegelte Körbe

Methode

Miss zunächst 6 m ab dem Seilende und markiere den Punkt mit einer Stecknadel.

Beginne mit dem gelben Faden und fertige eine 7 cm große Ausgangsspirale an **(1)**.

Formaufbau
Beginne die Form ab 7 cm aufzubauen **(2)**. Sie soll sich relativ steil nach außen wölben, so wie du es wohl beim Töpfern machen würdest. Die Spirale sollte gegen den Arm der Maschine lehnen. Verwende diesen Winkel als Grundlage und behalte ihn für den gesamten Korb bei.

Forme die Arbeit mit der linken Hand und halte mit der rechten die Spannung des losen Seils **(3)**.

Baue die Form weiter auf, bis du zur Nadel am 6-Meter-Punkt kommst **(4)**. Nähe eine 5 cm lange Linie aus Blockstich, bevor du zum Faden in neutraler Farbe wechselst. Gelb kann auf dem Seil relativ blass wirken. Dieser kleine Farbblock zieht den Blick richtig auf sich und lässt das Gelb strahlen.

Nähe mit dem Faden in neutraler Farbe weiter **(5–6)**. Du kannst die Spirale gegen den Arm der Maschine drücken, um den Winkel beizubehalten. Nähe weiter, bis noch 20 cm Seil übrig sind.

Um die Körbe fertigzustellen, verwenden wir eine Variation der Schlauftechnik – eine Quaste mit verdrehter Schlaufe.

Quaste mit verdrehter Schlaufe

Statt das Seilende in den Korb zu drücken und festzunähen, drehst du eine Schlaufe und erhältst so ein loses Stück Seil, das senkrecht vom Korb hängt **(7)**. Nähe es gut mit Blockstich fest und nimm den Korb aus der Maschine. Franse das Seilende aus und schneide die

1

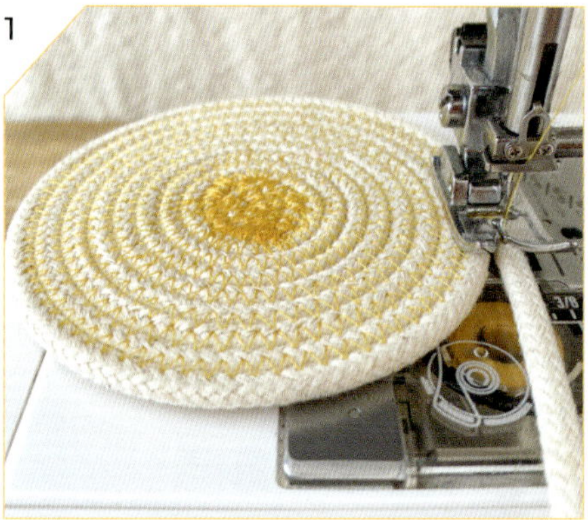

2

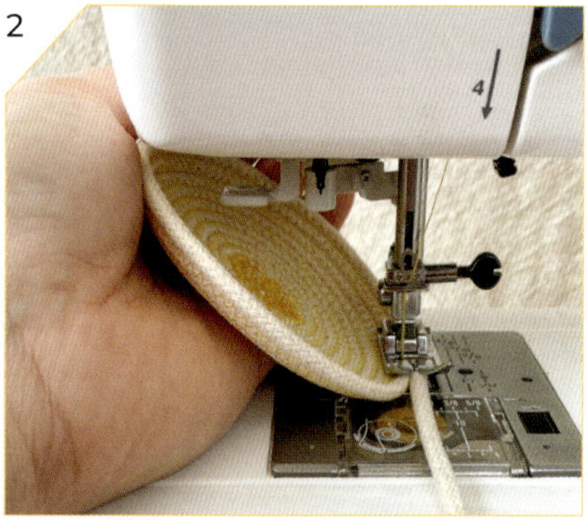

3

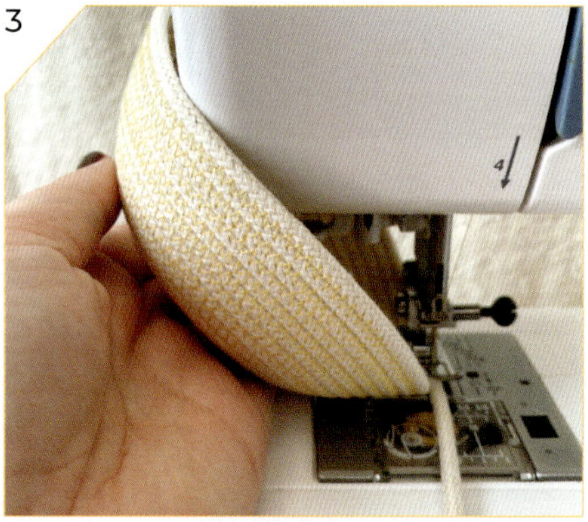

Quaste sauber zu. So erhältst du eine schöne Schlaufe, während die zusätzliche Struktur der Quaste den Blick auf die Höhe des Korbs lenkt.

Arbeite den zweiten Korb mit denselben Schritten, aber umgekehrtem Fadenwechsel: Du beginnst also mit neutraler Farbe **(8)**. Am 6-Meter-Punkt wechselst du zu Gelb, nähst aber die Linie aus Blockstich trotzdem in Gelb statt neutral, damit die beiden Körbe sich an dieser Stelle gleichen.

Durch Wiederholung dieser Arbeit perfektionierst du nicht nur deine Fähigkeiten. Vielmehr schaffst du dir so ein nützliches Sortiment dieser vielseitigen und schönen Körbe **(9)**. Sie machen sich zum Beispiel gut als Übertöpfe für Kakteen auf der Fensterbank. Experimentiere mit verschiedenen Farbkombinationen. Auf den Seiten 118 und 122 findest du weitere Inspiration.

4

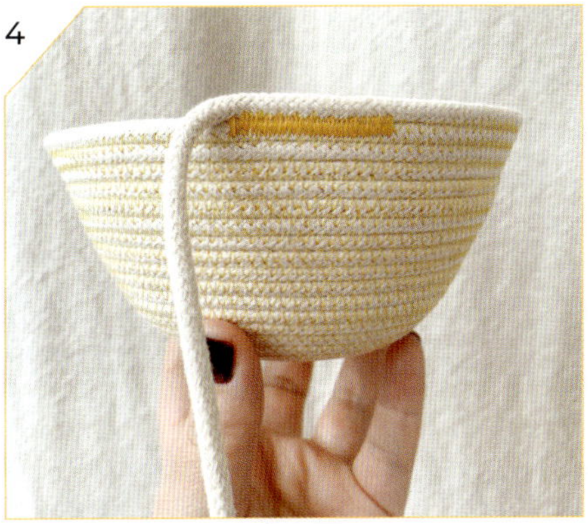

5

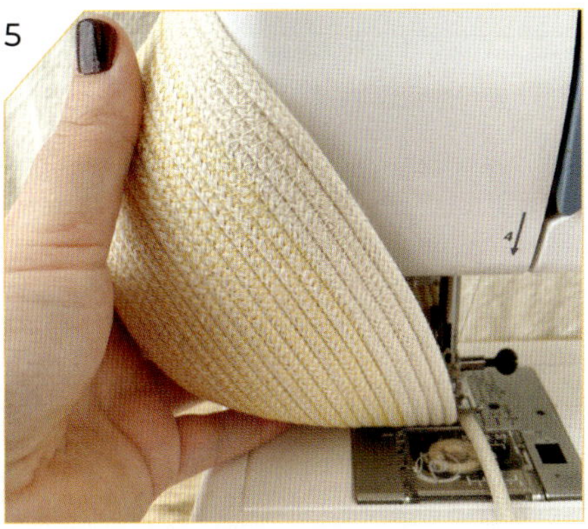

6

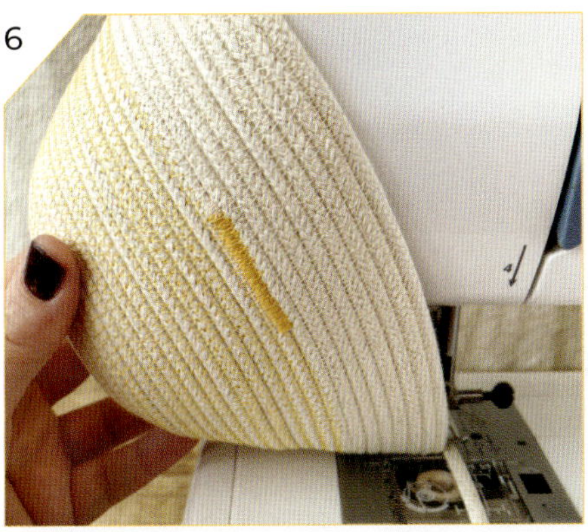

7

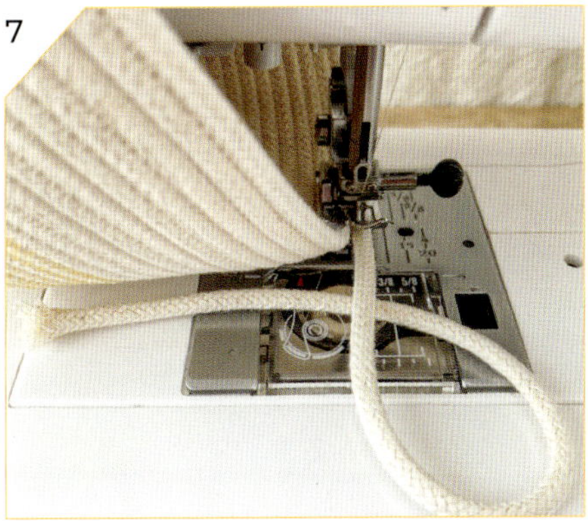

8

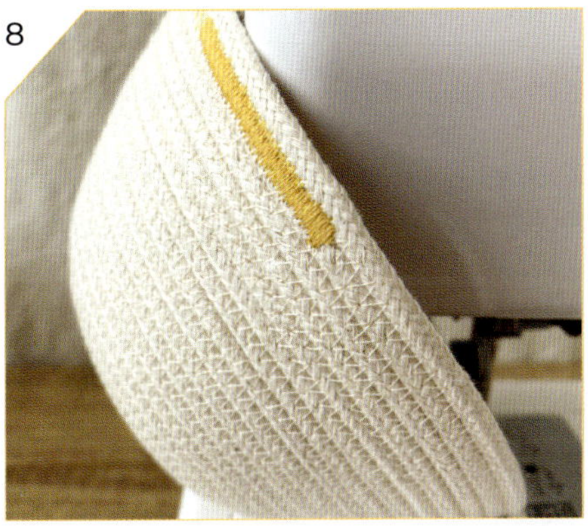

9

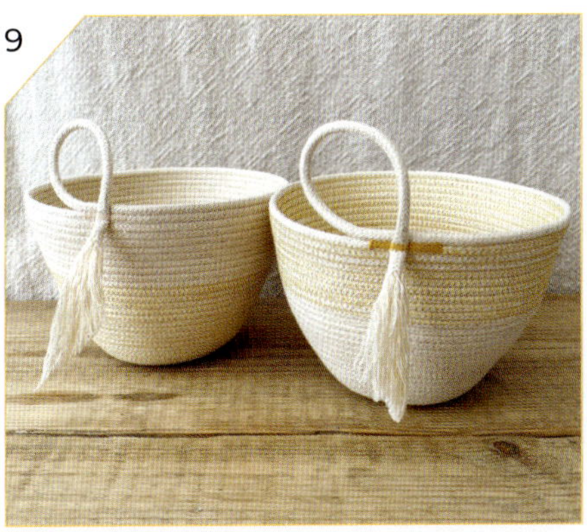

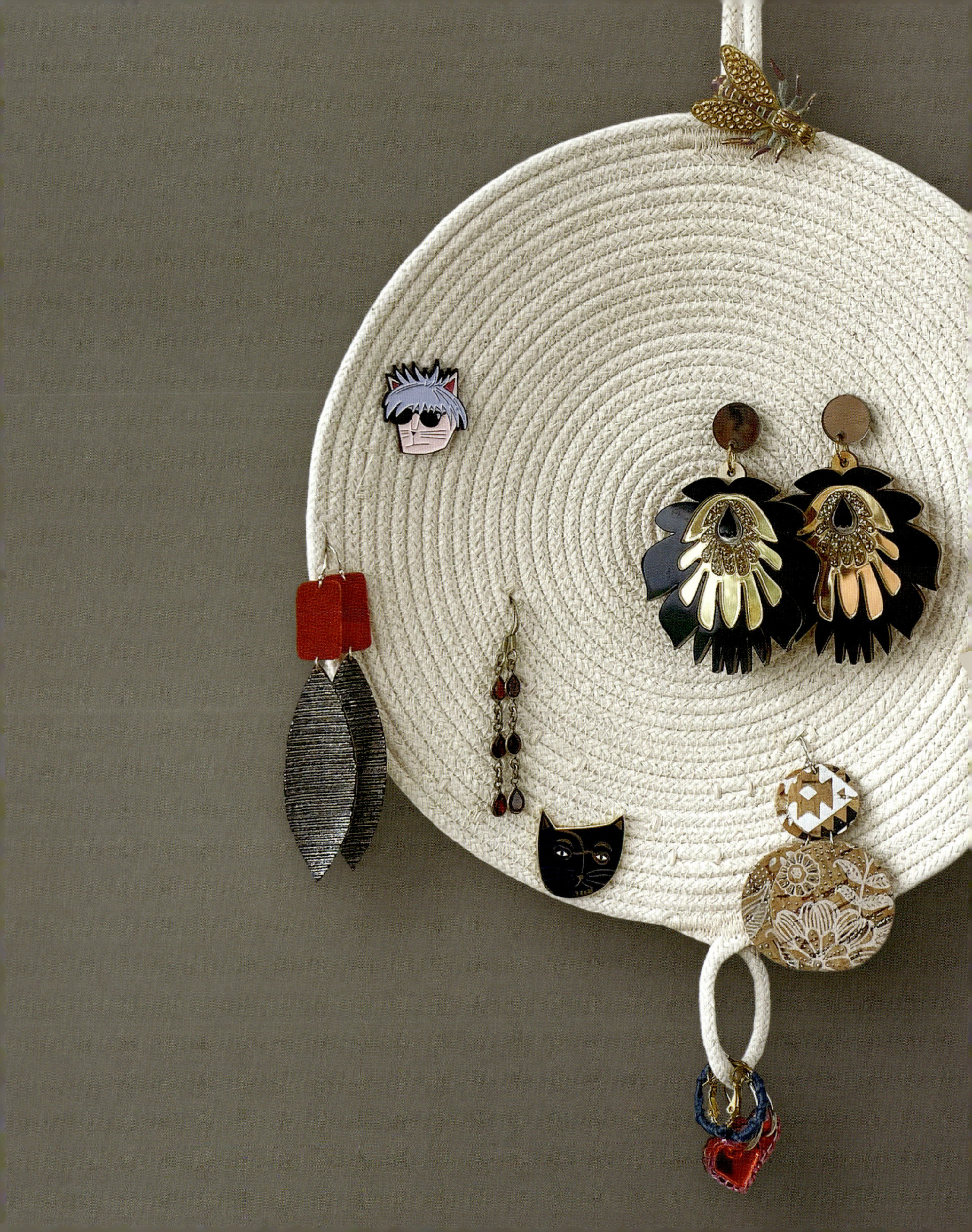

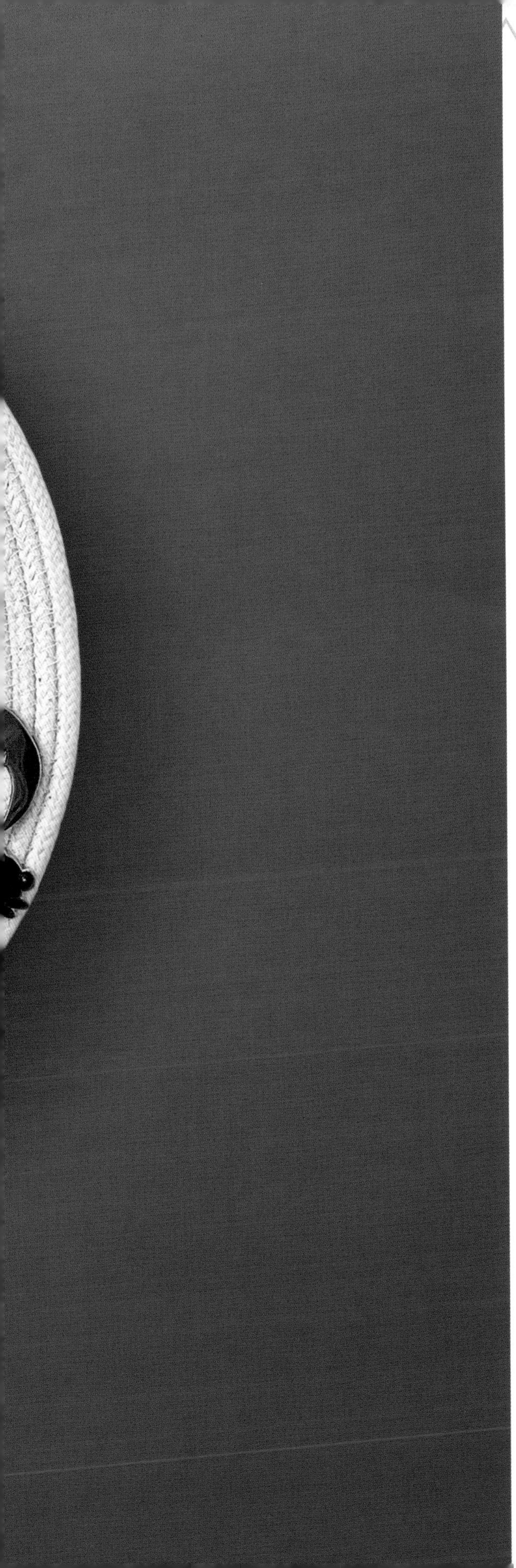

Schmuckhalter

Lückenabschnitte sind eine einfache, aber wichtige Technik beim Arbeiten mit Seil. Dieser Schmuckhalter bietet ideales Terrain, um diese Methode zu trainieren. Das Ergebnis: ein herrlicher Präsentierteller für deine schönsten Ohrringe und Anstecker.

Material

12 m x 6 mm ungebleichtes Baumwollseil
allgemeiner Nähbedarf
Faden in neutraler Farbe

Techniken

Blockstich
Lückenabschnitte
verdrehte Schlaufe

Schmuckhalter

Methode

Fertige eine 10 cm große Ausgangsspirale an **(1).** Dieses Design ist eine vollkommen flache Spirale mit Lückenabschnitten in verschiedenen Abständen. Wir wollen uns diese Technik genauer ansehen.

Lückenabschnitte

Lückenabschnitte sind ein wichtiges Element: bei Taschen bieten sie Platz für Griffe, bei Körben geben sie eine perfekte Aufhängung ab (**2**). Bei diesem Design arbeitest du kleine Abschnitte ein, die groß genug zum Aufhängen von Schmuck sind.

Doch wie macht man das? Indem man das Seil nicht direkt an der Spirale annäht, sondern an beiden Seiten eines kleinen Abschnitts mit Blockstich fixiert **(3)**.

Um eine Lücke zu arbeiten, nähe im Blockstich ihren Ausgangspunkt. Je mehr du im Blockstich nähst, desto solider wird die Lücke. Ziehe das lose Seil mit der rechten Hand etwas weg und nähe entlang der Spirale, ohne dabei das lose Seil anzunähen. Sobald du die richtige Länge für die Lücke erreicht hast, lege das lose Seil wieder an und fixiere es mit Blockstich an der Spirale.

1

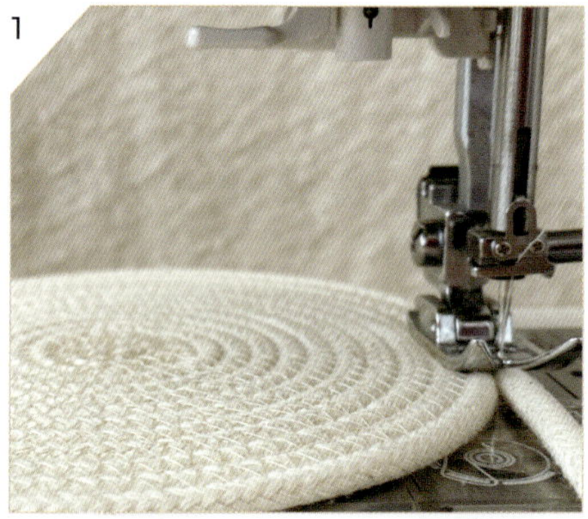

2

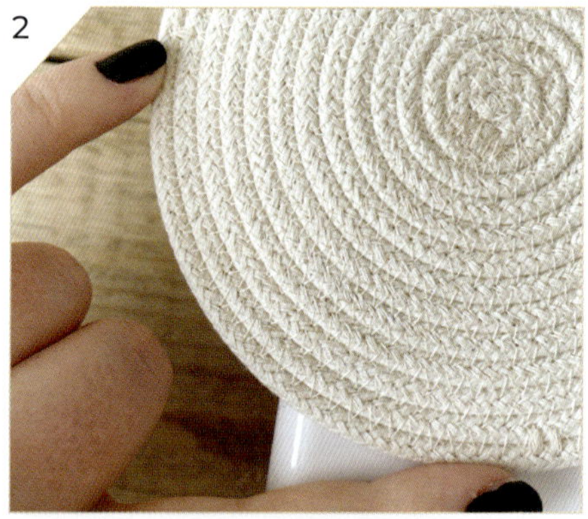

3

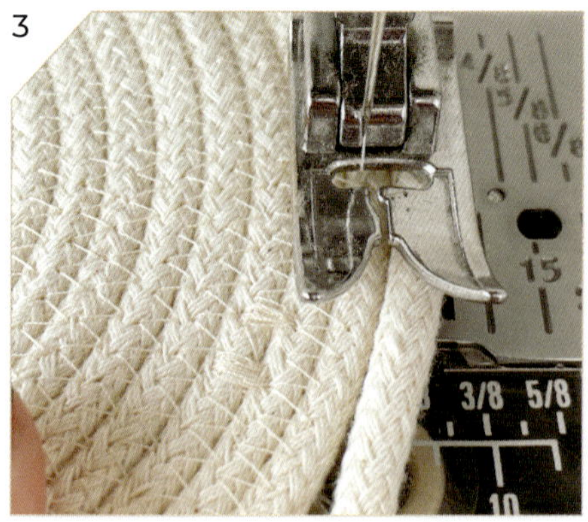

4

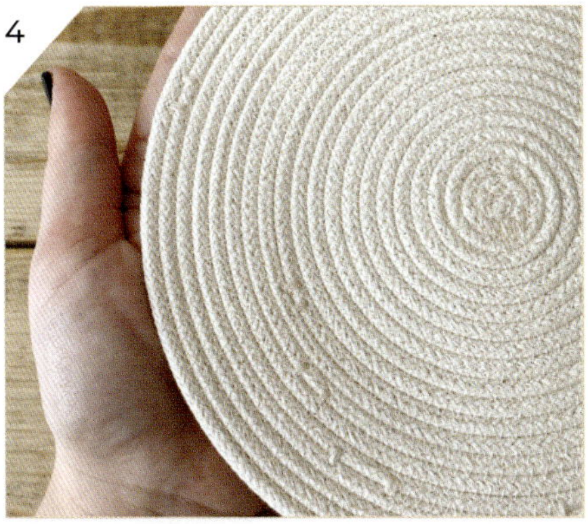

5

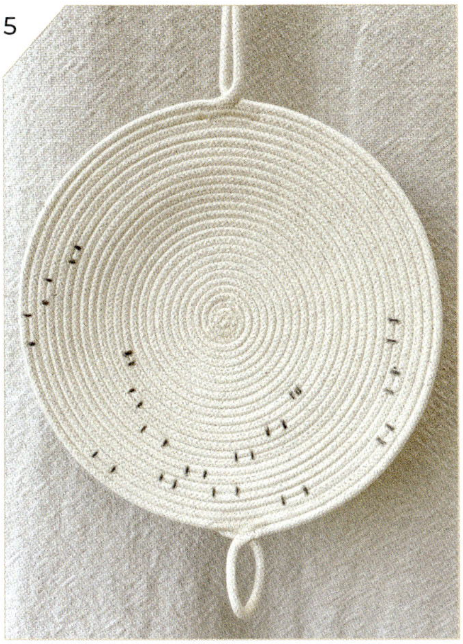

Bei diesem Objekt sollen die Lückenabschnitte recht klein sein – zwischen 1 und 1,5 cm **(4)** – da sie zum Aufhängen von Ohrringen oder Befestigen von Broschen und Ansteckern dienen. Je mehr Lückenabschnitte du in die Spirale einarbeitest, desto mehr Schmuck kannst du aufhängen.

Ab einer Spiralbreite von 10 cm kannst du beginnen, Lückenabschnitte einzuarbeiten. Versuche, in jeder Runde einen neuen Abschnitt einzufügen, und zwar so versetzt, dass dein Schmuck von verschiedenen Stellen der Spirale hängt. Ich habe insgesamt 17 Abschnitte auf die unteren zwei Drittel der Spirale verteilt **(5)**. Auch wenn es dir zunächst viel vorkommt: Du wirst sehen, dass man gar nicht genug Stellen zum Aufhängen der Schmuckstücke haben kann!

Versuche deine Lücken etwa gleich groß zu machen – es ist einfach, einen Rhythmus zu finden und die Breite der Abschnitte abzuschätzen oder die Anzahl der Stiche zu zählen, während das lose Seil nicht an der Spirale anliegt, um eine gleichmäßige Größe zu erreichen. Nähe und füge Lücken ein, bis noch 1 m Seil übrig ist.

Mit dem Seilende musst du zwei Schlaufen einfügen: eine große oben und eine kleinere unten. Verwende dazu eine Variation der Schlaufentechnik.

6

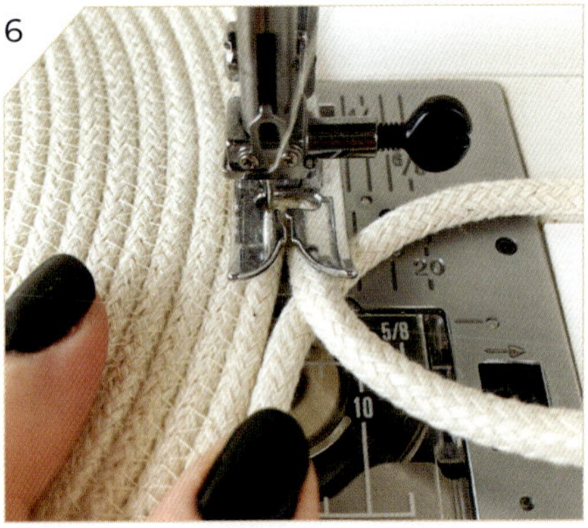

7

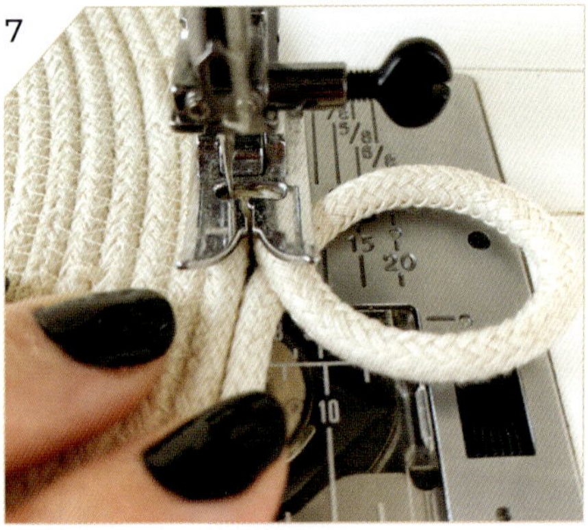

8

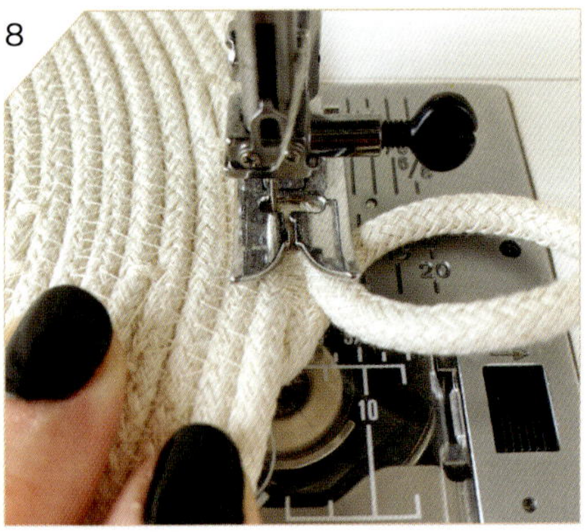

Verdrehte Schlaufe

Dies ist eine einfache Abwandlung der Schlaufentechnik des Kegels mit Schlaufe (siehe S. 52) **(6–8)**. Statt eine Lücke zu arbeiten und das lose Seil wieder anzunähen, drehe eine Schlaufe so, dass sie wie eine halbe Acht aussieht. Du brauchst keine Lücke zu lassen – bilde die Schlaufe, verdrehe sie und fixiere sie mit Blockstich, bevor du weiterarbeitest.

Markiere mit einem Lineal, wo die zweite Schlaufe liegen soll **(9)**: nämlich genau gegenüber der ersten Schlaufe. Nähe, bis du diesen Punkt erreichst. Bilde eine kleinere Version der ersten verdrehten Schlaufe.

Beende die Spirale nach der zweiten Schlaufe. Lege das lose Seil unter die Spirale und nähe es gut fest.

9

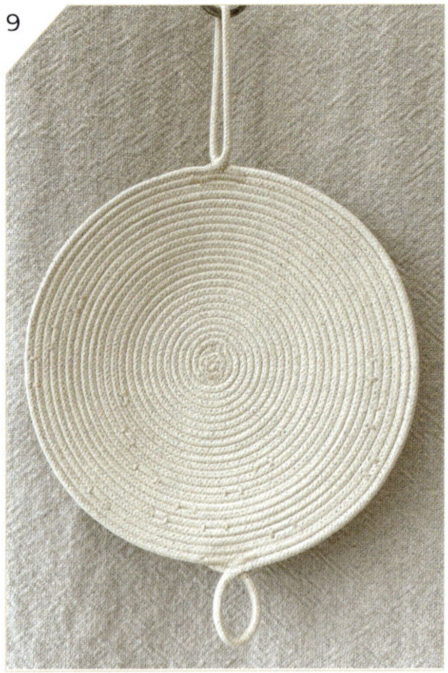

Jetzt hast du einen schmucken Platz für deine Ohrringe – und du bist in der Technik der Lückenabschnitte geübt, was bei den kommenden Projekten nützlich ist.

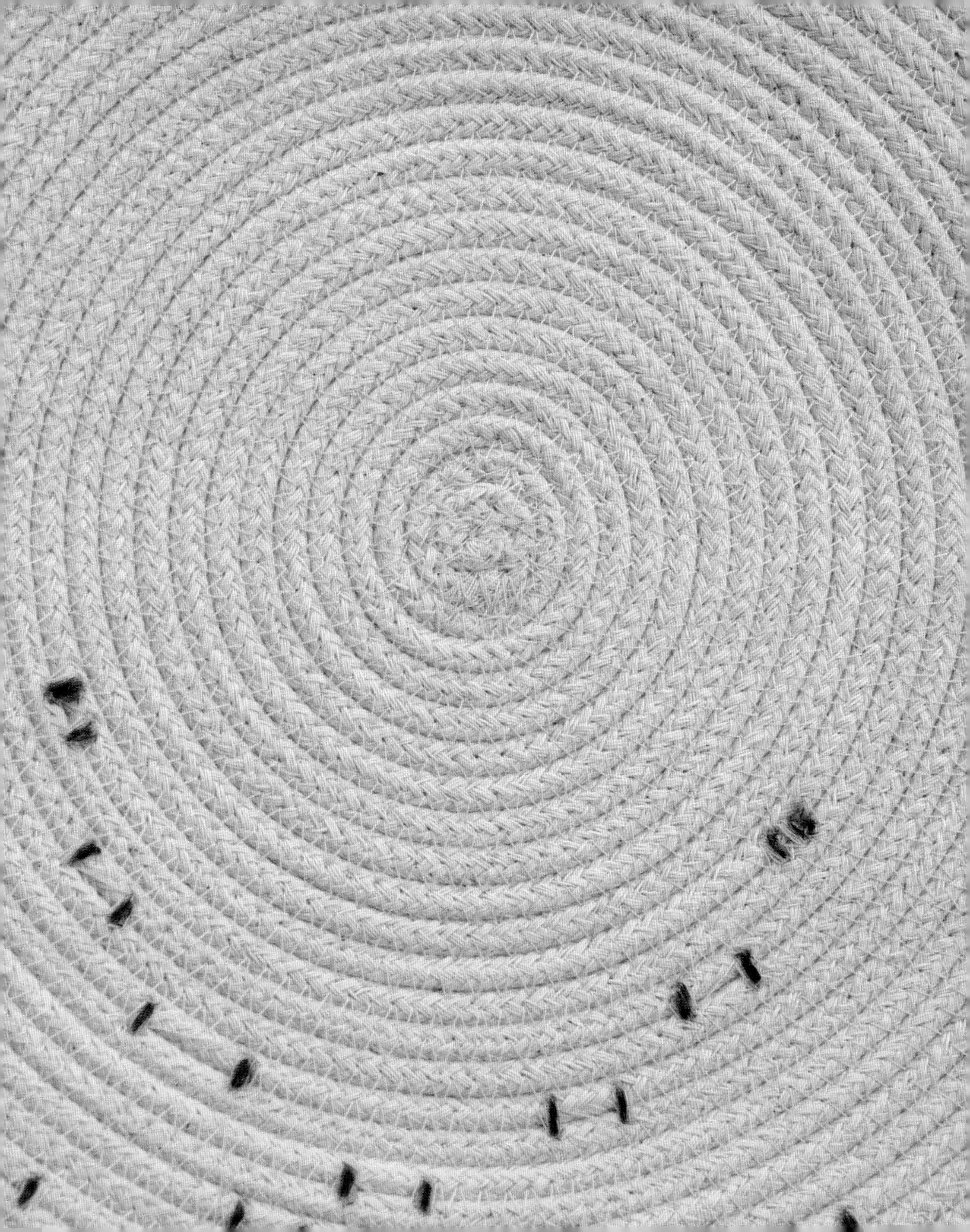

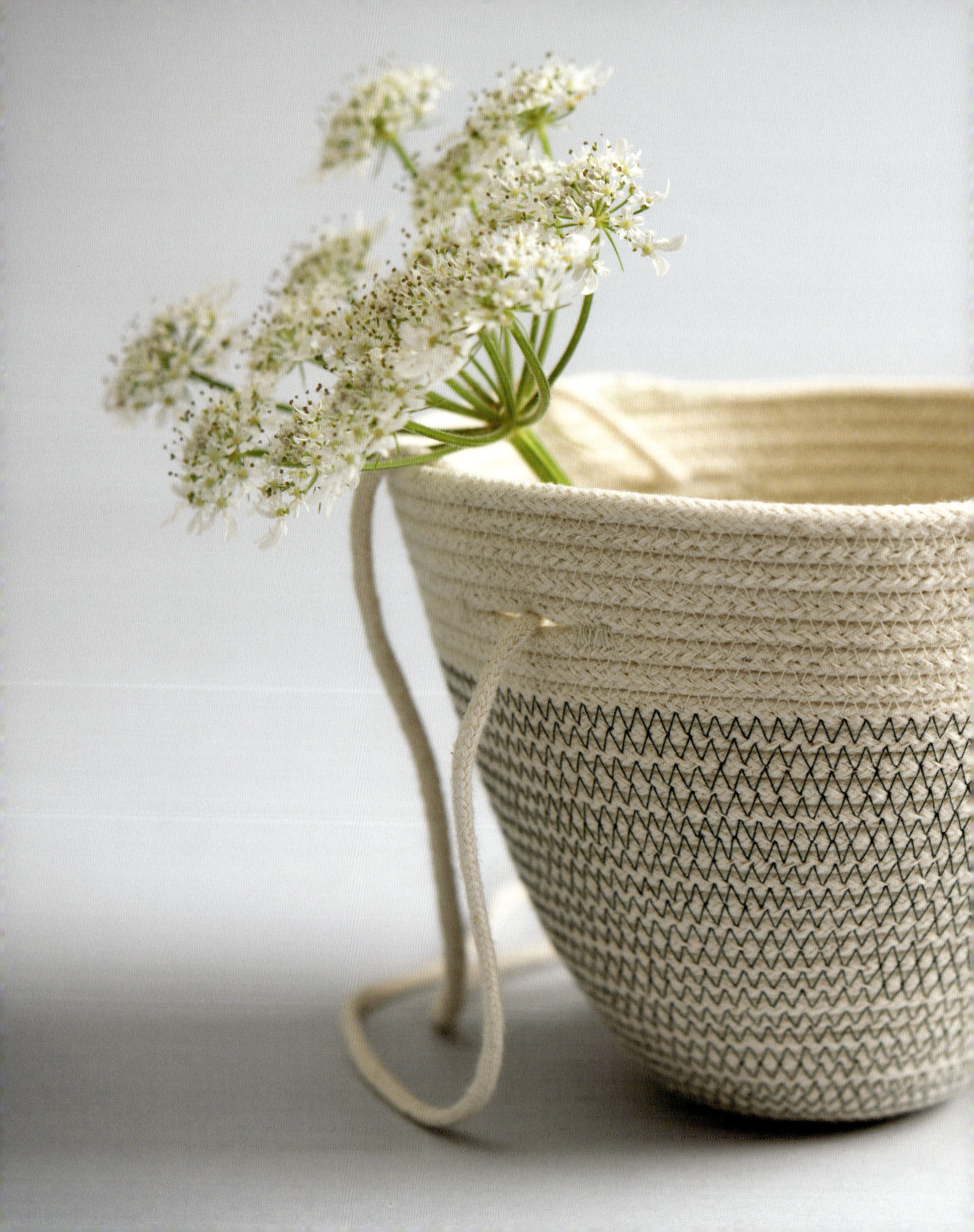

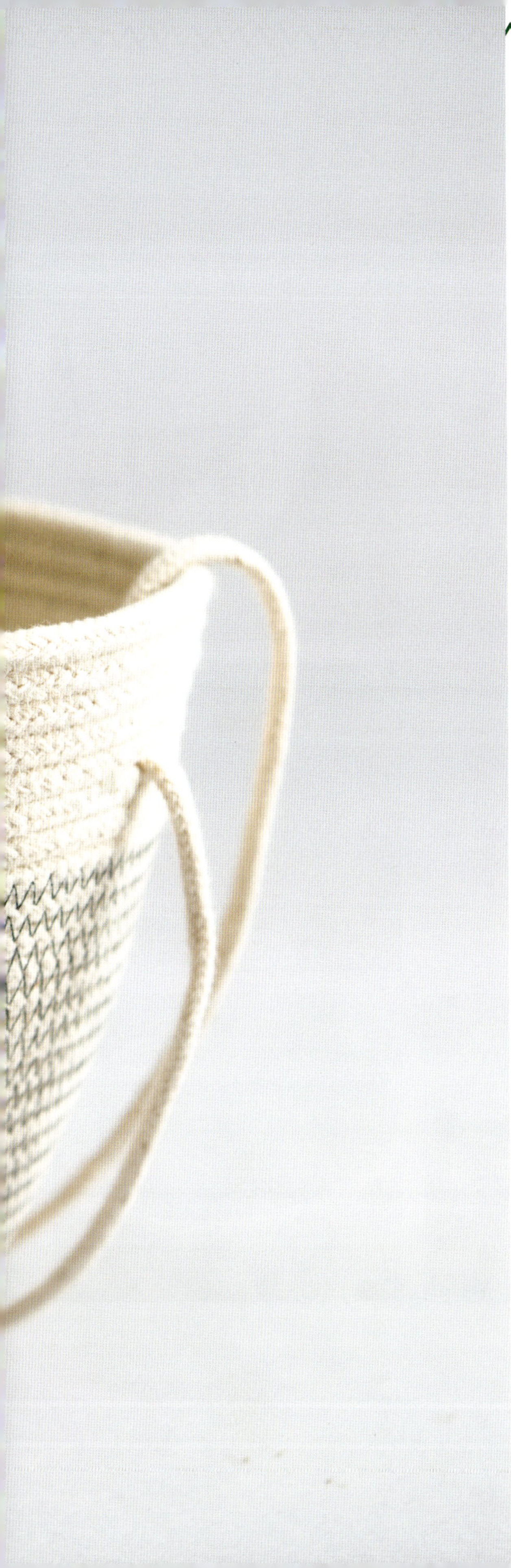

Hängekorb

Hängekörbe sind wunderbare Objekte für fast jedes Zimmer. Dieses Design ist eine moderne Version des Makramee der 70er-Jahre und setzt dabei auf die raffinierte Lückentechnik des Schmuckhalters.

Material

ungebleichtes Baumwollseil:

11 m x 6 mm

4,5 m x 3 mm

allgemeiner Nähbedarf

Faden in Grün (oder in einer Farbe deiner Wahl)

Faden in neutraler Farbe

breite Lochscheibe oder Metallring

Techniken

Blockstich

Lückenabschnitte

Hängekorb

Methode

Miss zunächst 2 m vom Seilende ab und markiere den Punkt mit einer Stecknadel.

Beginne mit dem grünen Faden und bilde eine 6 cm große Ausgangsspirale **(1)**.

Formaufbau
Die aufzubauende Form ist eine Wölbung nach außen, die den Winkel über den ganzen Korb beibehält **(2)**.

Arbeite mit dem Arm deiner Nähmaschine, indem du die Spirale nach außen wachsen lässt, bis du den Maschinenarm als Stütze für die Form verwenden kannst **(3)**.

Hilf mit der linken Hand leicht nach, dass sich die Spirale dreht und durch die Maschine läuft. Der Nähmaschinenarm wiederum unterstützt beim Formaufbau. Du wirst dich wundern, wie schnell die Spirale wächst, wenn du erst einmal richtig im Flow bist. Denke daran, das lose Seil mit Rechts stramm zu halten, während es kontinuierlich durch die Maschine läuft.

Nähe bis zur Nadel am 2-m-Punkt in einer Fadenfarbe (bei mir ist es Grün) und schließe mit einem kleinen Abschnitt im Blockstich ab **(4)**. Nimm deine Arbeit aus der Maschine – Zeit für einen Lückenabschnitt!

2

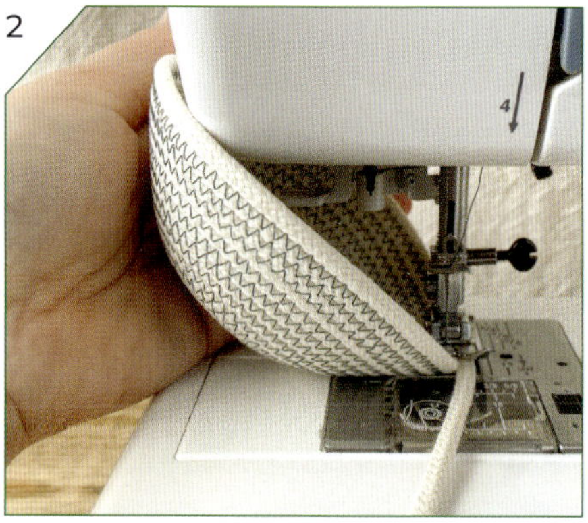

3

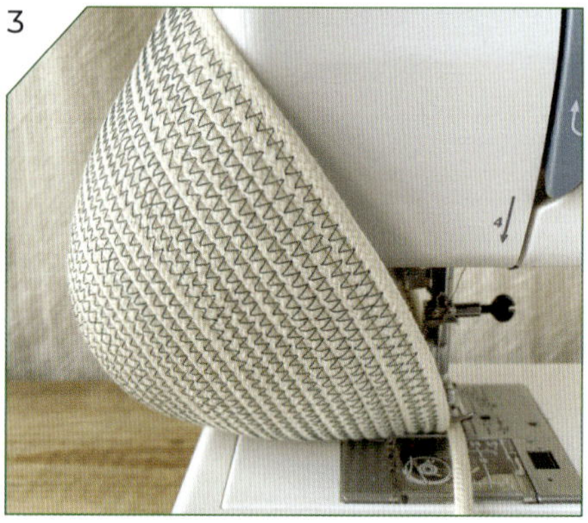

1

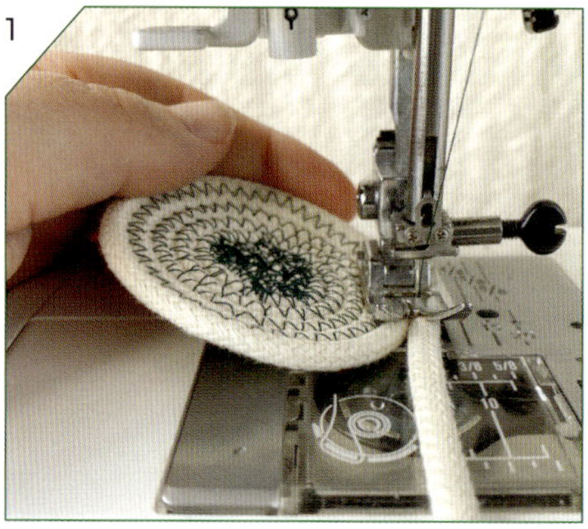

4

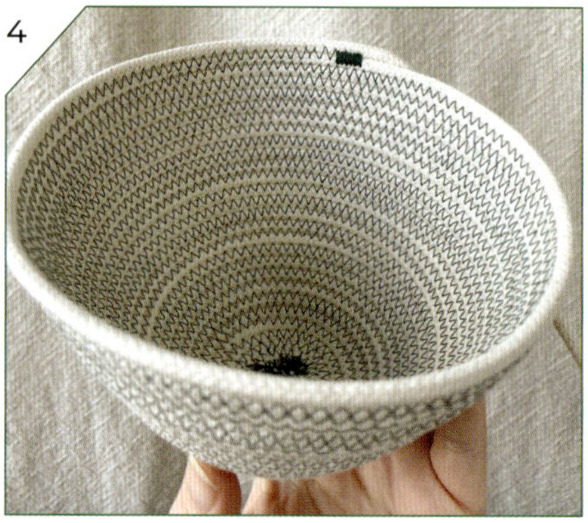

Lückenabschnitte hinzufügen

Bei diesem Design gibt es drei Lückenabschnitte **(5)**. Sie müssen nicht sehr breit sein, da das durchzuführende Seil nur 3 mm dick ist. Du solltest sie jedoch 3 cm breit machen. Der erste Lückenabschnitt wird da gebildet, wo du gerade die Naht beendet hast **(6)**. Miss mit einem Lineal eine V-Form von der ersten Lücke. Markiere mit Stecknadeln, wo du die anderen Abschnitte platzieren möchtest. Dazu unterteilst du den Korb quasi in Drittel.

Lege deine Arbeit wieder in die Maschine. Nähe die drei Lückenabschnitte (siehe den Schmuckhalter für eine genaue Erläuterung der Lückenabschnitte, S. 66) **(7)**. Fixiere dabei beide Seiten der Lücken im Blockstich, damit sie stabil werden. Wenn du alle drei Lücken fertiggestellt hast, nähe bis zum Ende des Seils weiter **(8–9)**. Verwende zum Schluss den vollständig genähten Abschluss des Kegels mit Schlaufe (siehe S. 52).

5

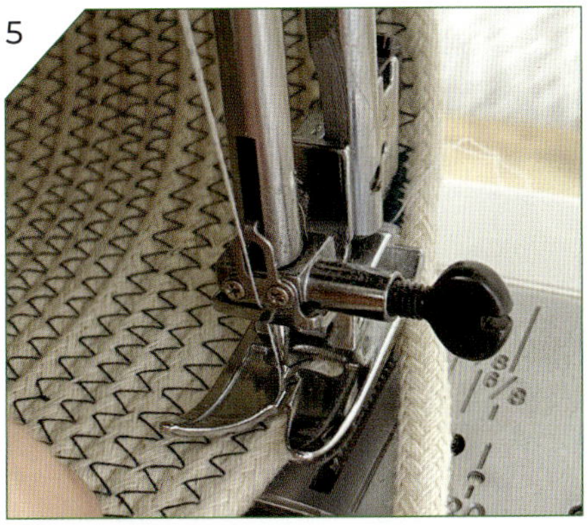

6

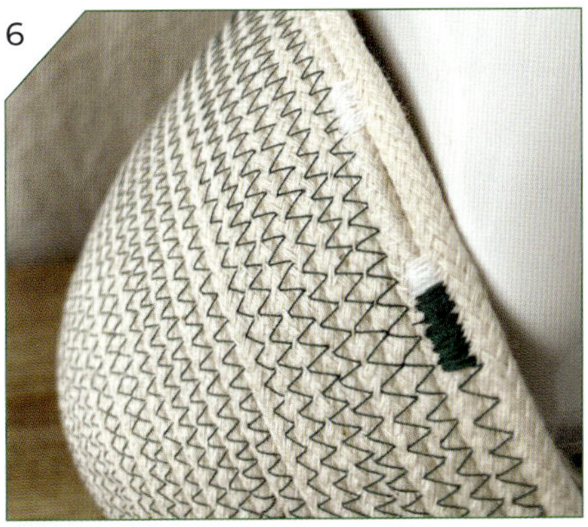

7

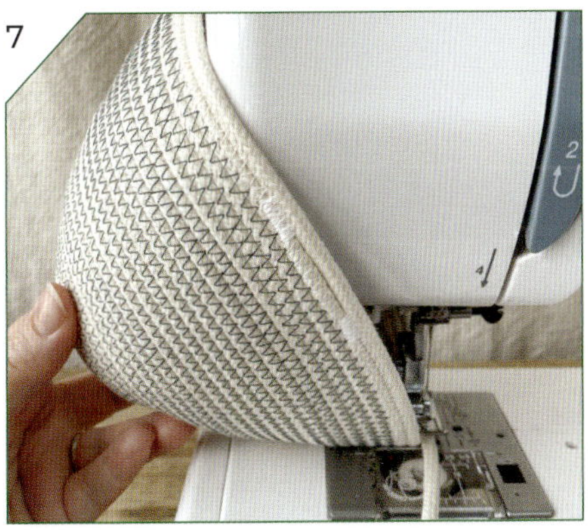

8

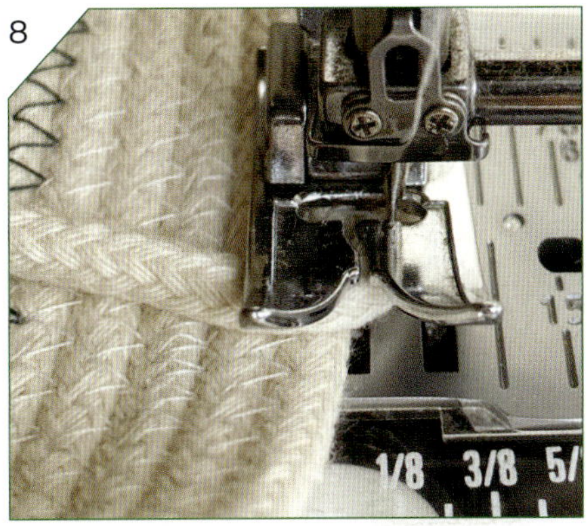

9

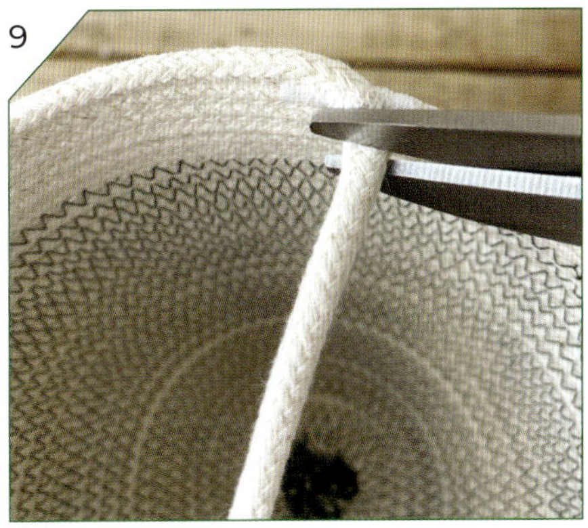

Eine Aufhängung anbringen

Um die Aufhängung des Korbs anzubringen, nimm das 4,5 m lange und 3 mm dicke Seil **(10)** und schneide es in drei gleich lange Abschnitte **(11)**. Führe ein Stück Seil durch jeden Lückenabschnitt und achte darauf, dass alle Enden gleich lang sind.

Halte den Metallring/die Lochscheibe bereit. Drehe den Korb um, sodass die Seile zum Boden hängen. Bringe die Seile mit der anderen Hand in der Mitte zusammen und schiebe deine Finger so nach unten, dass die Seile mittig liegen und straff sind.

Drehe den Korb wieder um und halte die Seile hoch. Die Seile sollten jetzt gleichmäßig verteilt sein. Nun schiebst du den Metallring/die Lochscheibe auf die Seile.

10

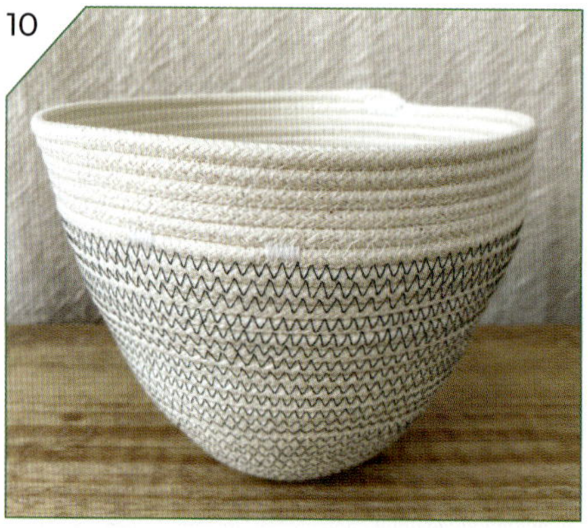

11

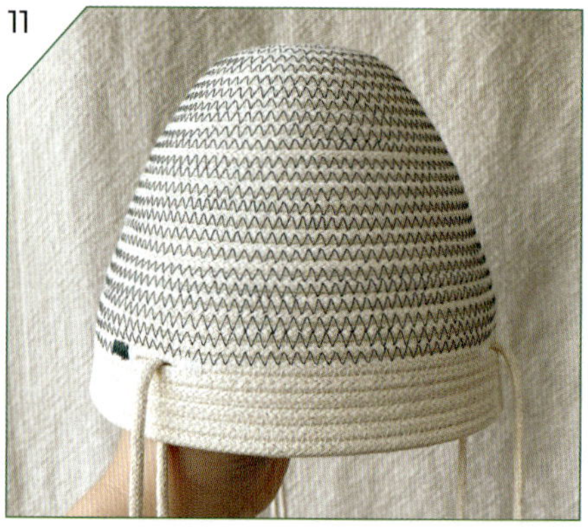

12

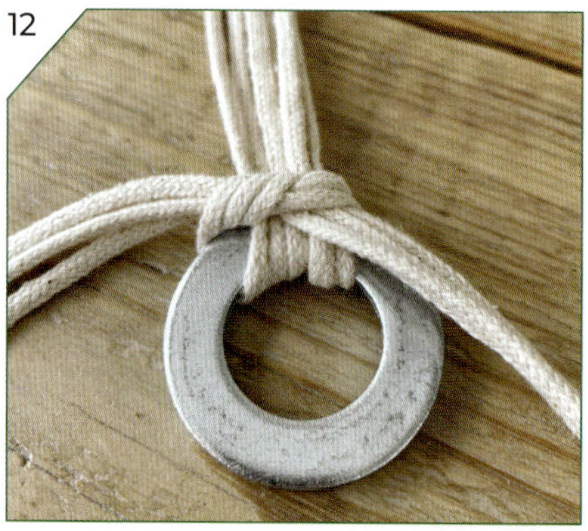

13

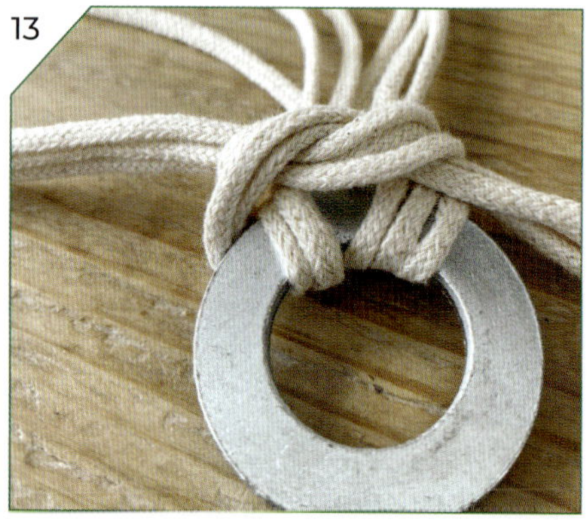

14

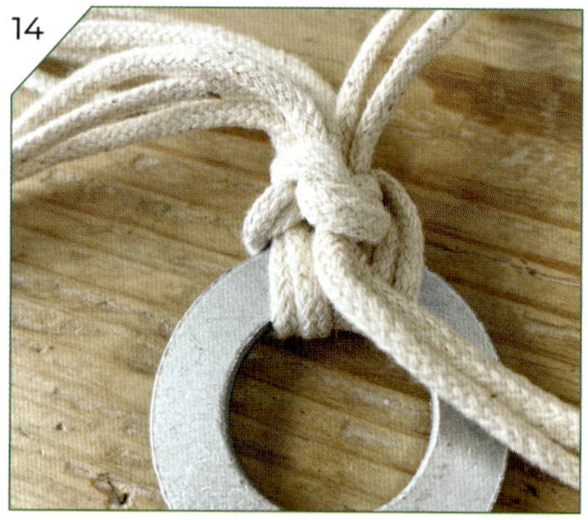

15

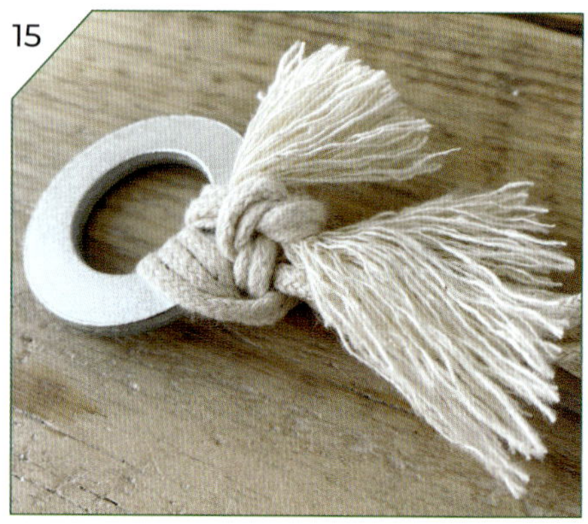

Du kannst die Seile mit verschiedenen Makramee-Knoten **(12–15)** fixieren. Ich teile sie dazu in zwei Bündel zu je drei Seilen. Als Nächstes ziehe ich sie zurück um den Ring und befestige sie mit einem einfachen Knoten. Dann führe ich die beiden Seilbündel wieder durch den Ring und verknote sie auf der anderen Seite zweimal so fest wie möglich. Zum Schluss schneide ich die Enden kurz ab. Du kannst sie auch ausfransen, wenn du einen Quasteneffekt möchtest.

Dein Hängekorb ist fertig und kann jetzt Luftpflanzen und Kakteen aufnehmen oder als Aufbewahrung für Knoblauch oder Zwiebeln in der Küche dienen.

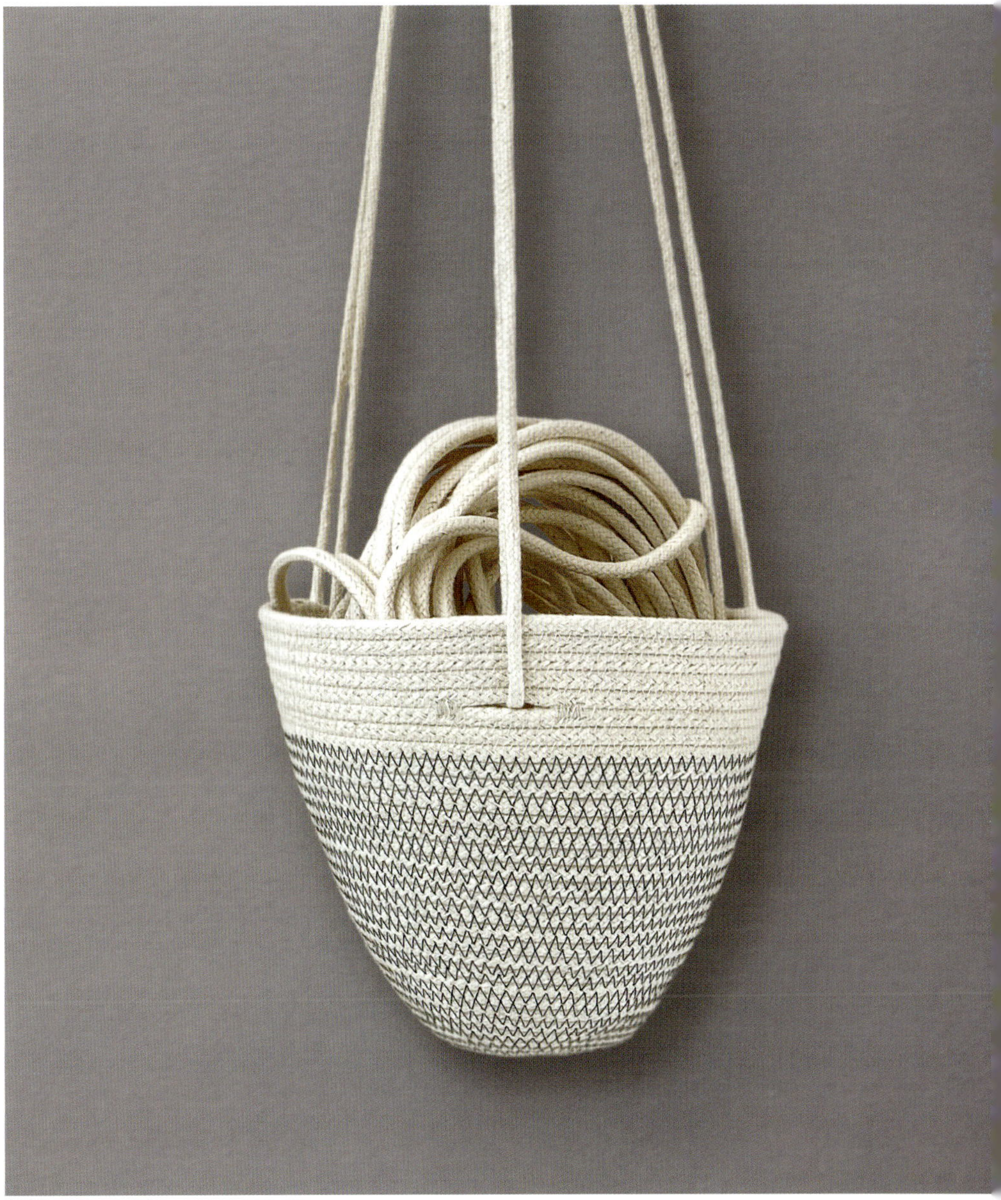

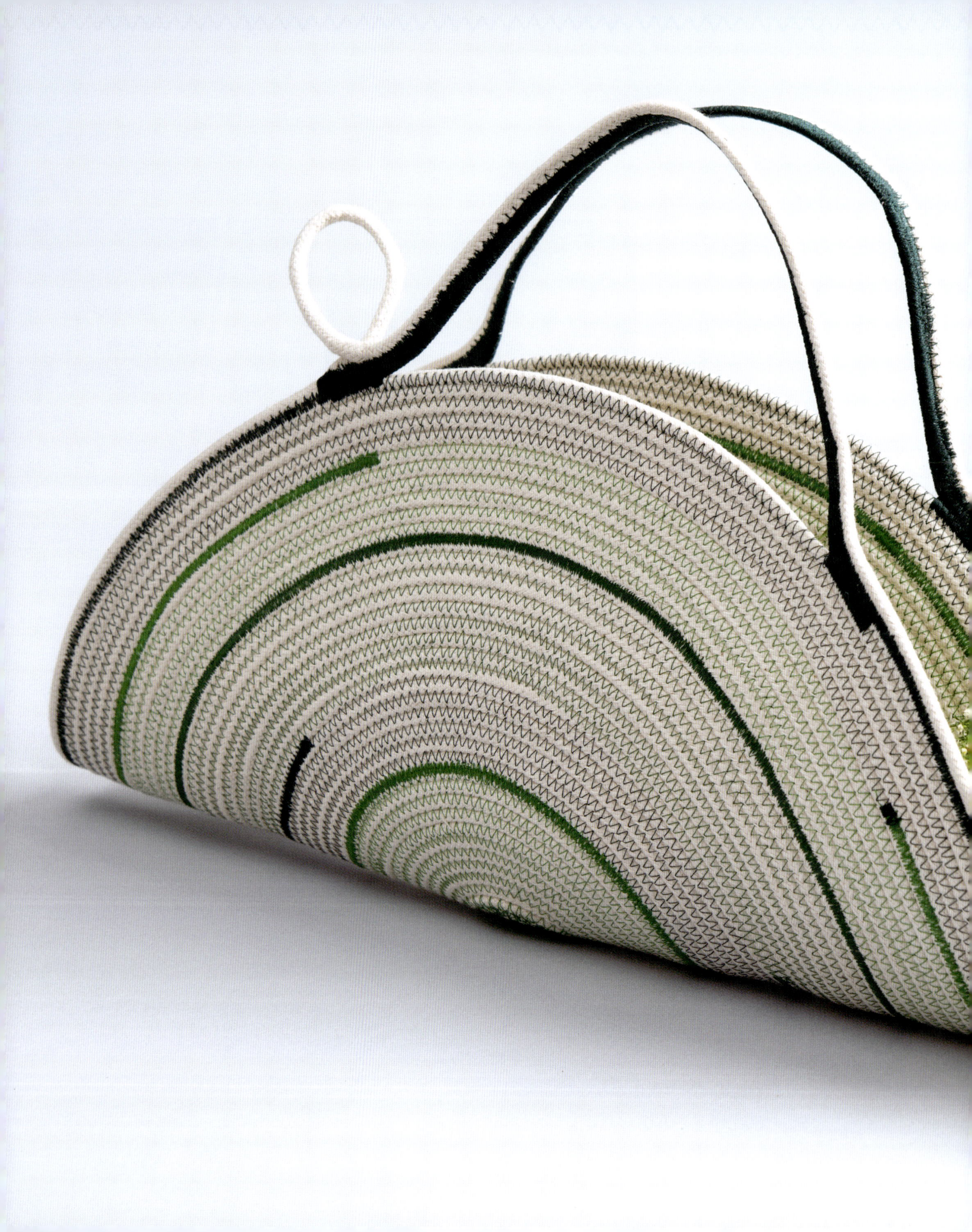

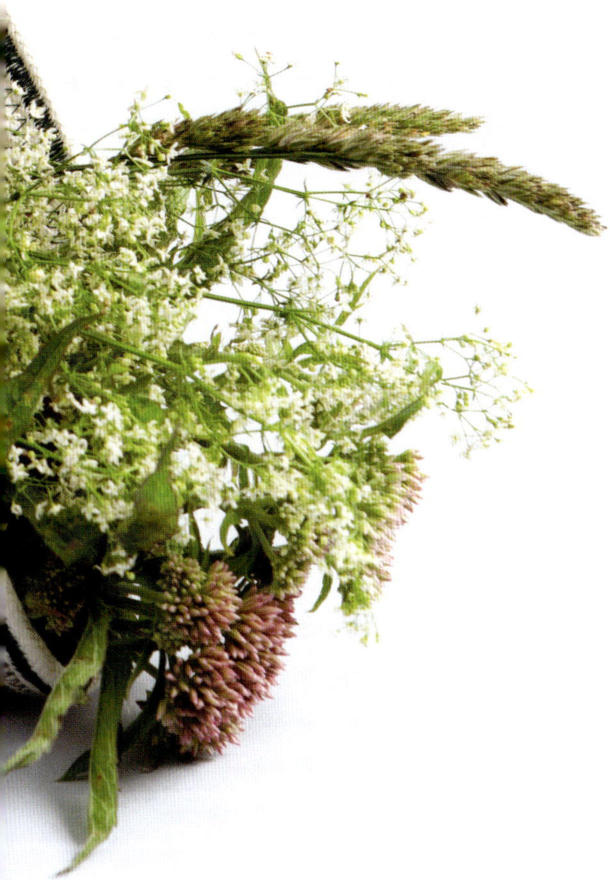

Erntekorb

Bei einem langen Spaziergang in meiner Umgebung habe ich wunderschöne Blumen am Straßenrand gesehen. Wie gerne hätte ich etwas dabei gehabt, in dem ich diese Naturschönheiten hätte sammeln können. Als ich zu Hause war, habe ich dieses Design entwickelt.
Der Korb ist im Grunde eine große Spirale, allerdings mit Griffen und vielen Garndetails, um ihn interessanter zu gestalten. Ich habe einen Schlaufenabschluss gearbeitet, um die Gartenschere einzuhängen. So ist man für jedes Gartenabenteuer gerüstet.

Material

25 m x 6 mm ungebleichtes Baumwollseil
Garn in 3 Grüntönen
allgemeiner Nähbedarf

Techniken

Blockstich
Griffe
Schlaufenabschluss

Erntekorb

Method

Wechsle deine grünen Fäden ab und nähe eine 37 cm große flache Spirale **(1)**. Ich habe die folgenden Garnwechsel verwendet:

- Hellgrün bis 13 cm
- Dunkelgrün bis 20 cm
- Mittelgrün bis 27 cm
- Hellgrün bis 33 cm
- Dunkelgrün bis 37 cm

Nähe bei jedem Fadenwechsel eine Linie Blockstich, die über zwei Drittel der letzten Runde reicht **(2–4)**. Dadurch wird die Farbe wesentlich wirkungsvoller und der Korb insgesamt robuster.

Nach 37 cm beginnst du mit der Herstellung der Griffe **(5)**. Nimm die Arbeit aus der Maschine und miss einen 18 cm großen Lückenabschnitt ab dem Punkt, bis zu dem du genäht hast. Suche die Mitte des

1

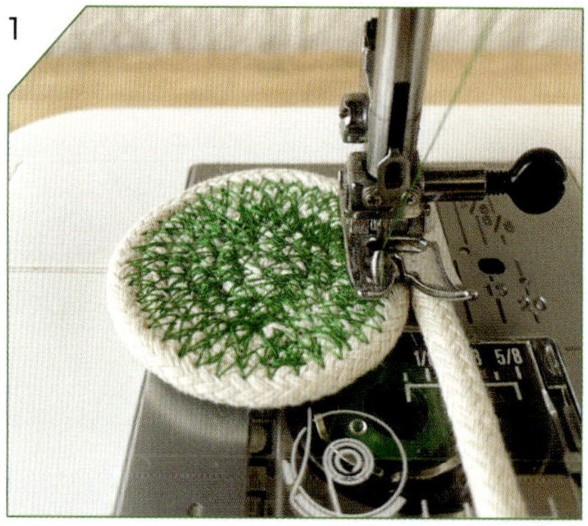

2

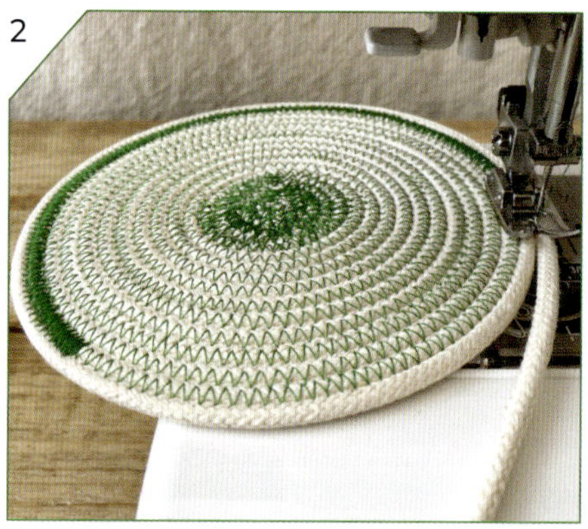

3

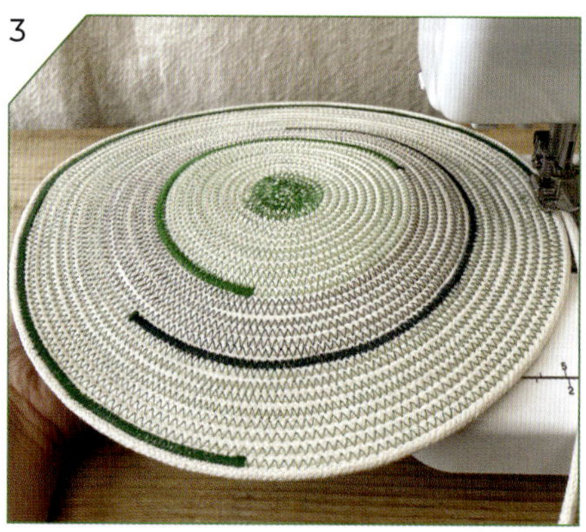

4

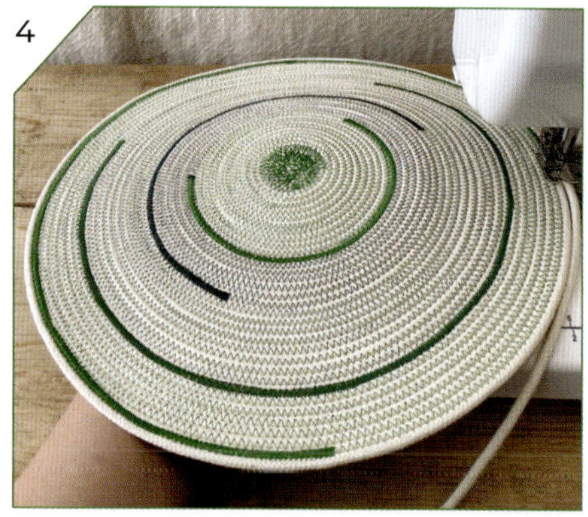

5

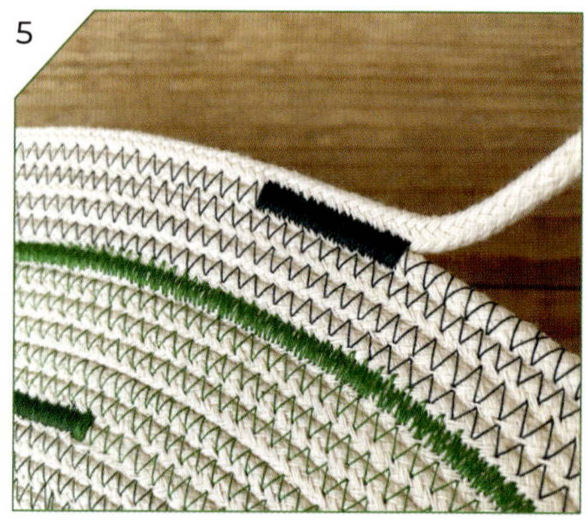

6

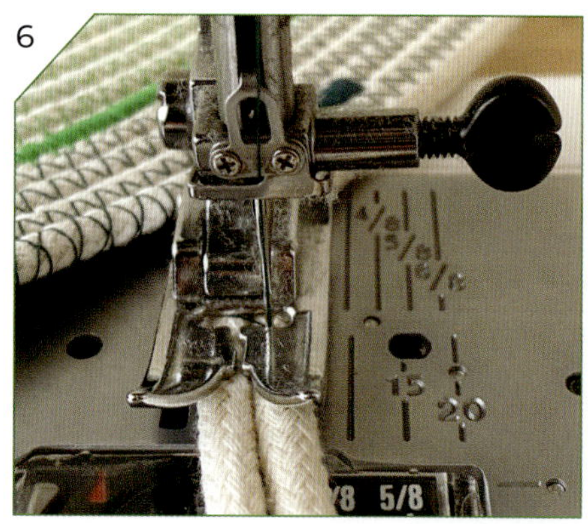

7

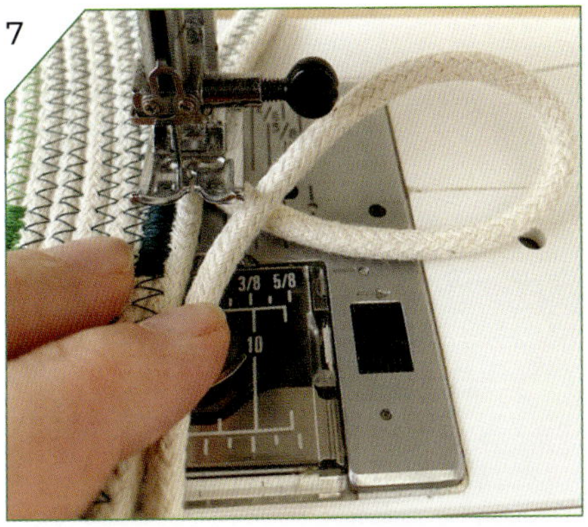

8

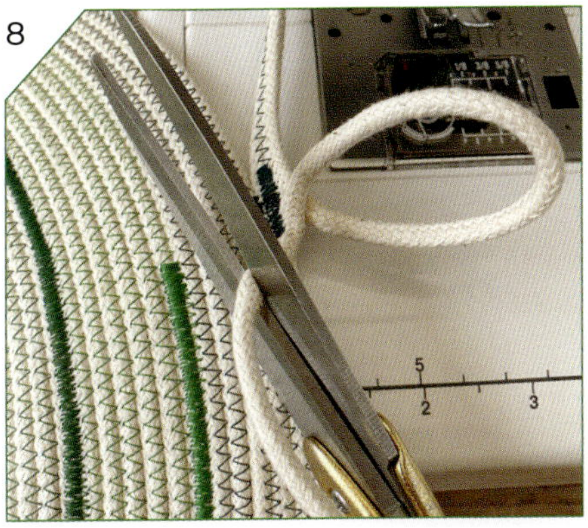

9

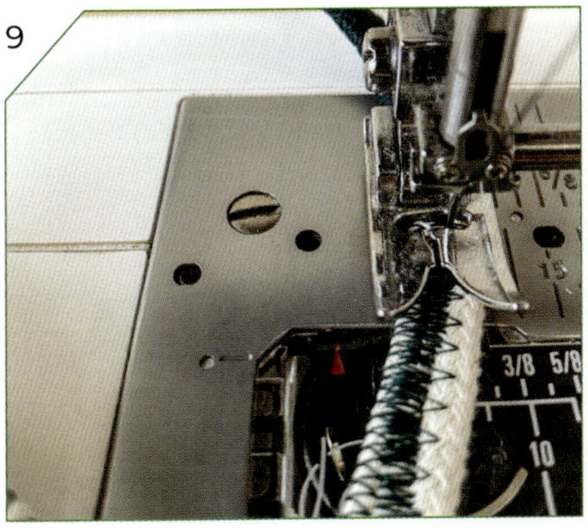

Abschnitts (bei 9 cm) und miss mit deinem Lineal gerade über die Mitte der Spirale zur anderen Seite. Lege einen weiteren 18 cm großen Abschnitt fest. Das werden die Griffe. Markiere die Abschnitte mit Stecknadeln.

Nähe einen Blockstich am Anfang des ersten Abschnitts. Ziehe dann das lose Seil zur Seite und nähe nur an der Spirale, bis du die Stecknadel am 18-cm-Punkt erreichst. Halte deine Nadel in der Spirale und miss 30 cm am losen Seil ab. Nähe das lose Seil am 30-cm-Punkt mit Blockstich am Ende des Lückenabschnitts an und nähe weiter. Wiederhole das auf der anderen Seite.

Nähe eine letzte Runde, damit beide Griffe aus zwei Seilreihen bestehen **(6)**. Bilde am Ende des zweiten Griffs eine Schlaufe und nähe sie fest an **(7–8)**. Schneide überstehendes Seil ab und fixiere die losen Fasern.

Nähe mit einer dicken Linie Blockstich über deine letzte Runde. Wenn du die Griffe erreichst, nähe ihre Unterseite im Blockstich **(9)**. Nimm dir dafür Zeit und achte darauf, dass das ganze Seil abgedeckt ist. Dadurch werden die Griffe robust und schön.

Dein Erntekorb ist bereit, dich auf vielen glücklichen Abenteuern in der Natur zu begleiten.

TIPP: Wenn es dir schwerfällt, die Spirale flach zu halten, und deine Maschine steht auf einem Tisch, lege einen Stapel Bücher neben die Maschine, um deinen Arbeitsbereich zu erweitern. Dadurch ist es leichter, die Spirale mit der linken Hand zu regulieren und mit der rechten Hand die Spannung im Seil zu halten.

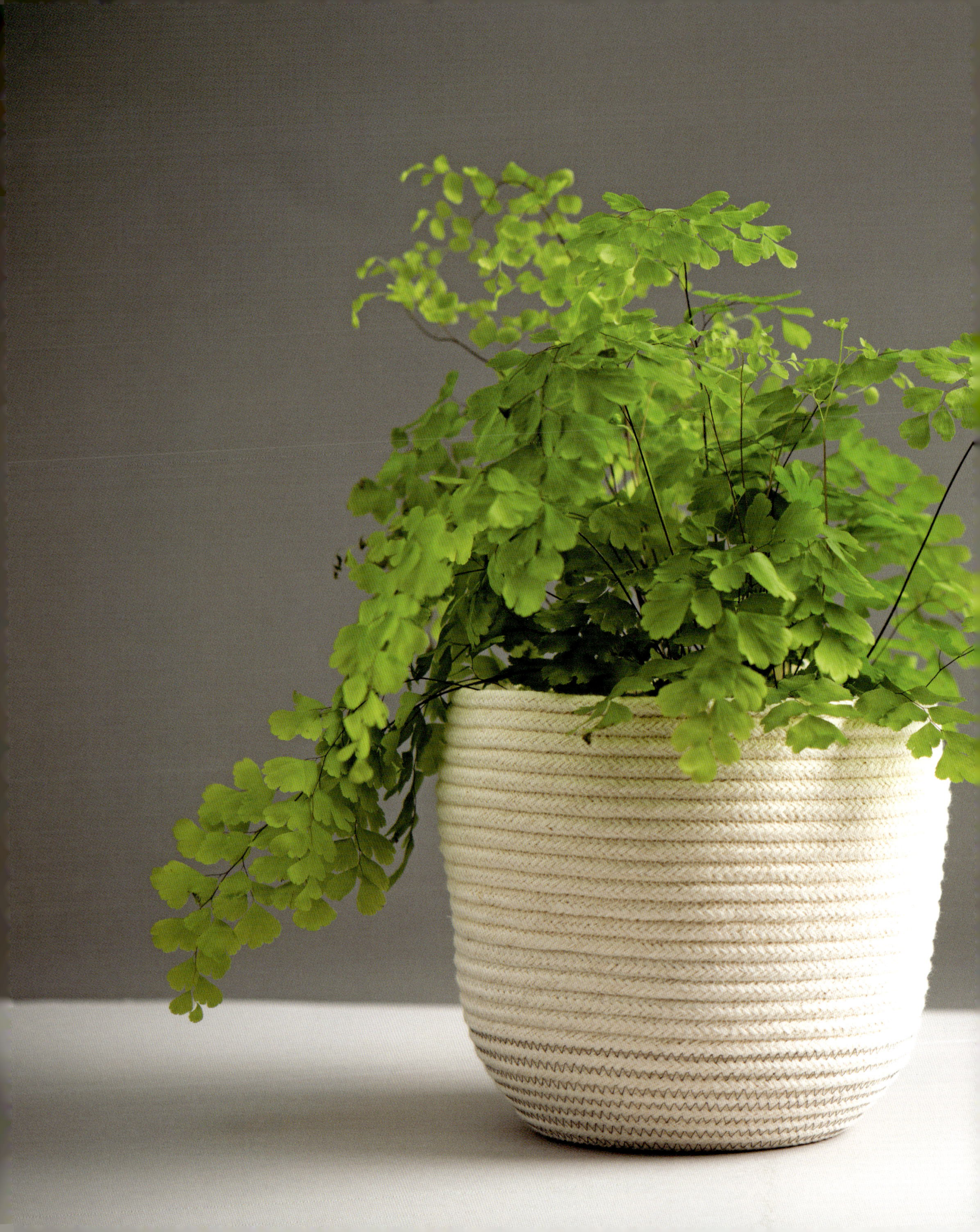

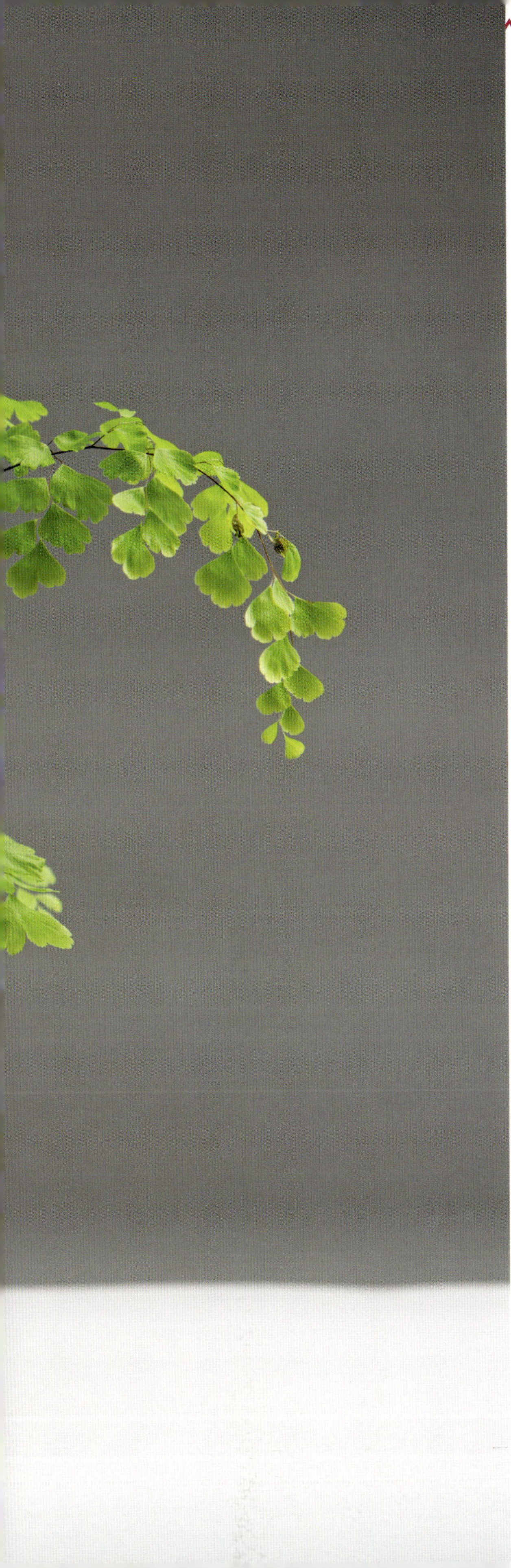

Blumentopfbehälter

Bei diesem Behälter formen wir erstmals ein bereits bestehendes Objekt nach. Ich habe einen schlichten, etwas gedrungenen Blumentopf gewählt, der in einer Seilumhüllung sitzen soll. Hier zeige ich dir, wie ich die richtige Form für dieses Projekt angefertigt habe. Such dir zu Hause etwas aus, das du »umgarnen« möchtest, und befolge dann die Schritte, um eine Hülle dafür zu erstellen.

Material

8 mm ungebleichtes Baumwollseil (Länge entsprechend deiner gewählten Form)
allgemeiner Nähbedarf
Garn in verschiedenen neutralen Farbtönen

Techniken

Blockstich
flacher Quastenabschluss

Blumentopfbehälter

Methode

Planung

Im ersten Schritt misst du dein gewähltes Objekt aus und entwirfst einen Plan für deine Ausgangsspirale und die gewünschte Form **(1)**.

Der Blumentopf, mit dem ich gearbeitet habe, hat folgende Größe:

- unten 10,5 cm breit
- oben 14 cm breit **(2)**
- 13 cm hoch **(3)**

Meine Basis muss also nach diesen Maßen mindestens 10,5 cm breit sein. Das ist also auch die Größe meiner Ausgangsspirale: 10,5 cm.

Außerdem muss meine Hülle entsprechend dem Vasendurchmesser oben mindestens 14 cm breit sein. Meine Form muss ich also nach außen und oben wachsen lassen.

Die Höhe beträgt 13 cm. Damit das Gefäß am Ende nicht übersteht, sondern ganz in der Hülle verschwindet, muss diese etwas höher sein.

Aufgrund meiner Erfahrung mit Seilarbeiten konnte ich abschätzen, dass 20 m Seil für diese Form ausreichen würden. Ich rate dir, eine großzügige Länge Seil bereitzuhalten, damit du ohne Sorge nähen kannst. Nichts ist frustrierender, als wenn auf halber Strecke das Seil ausgeht!

1

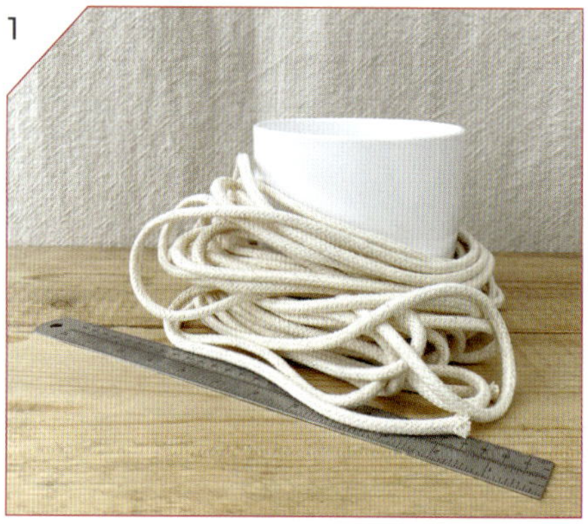

2

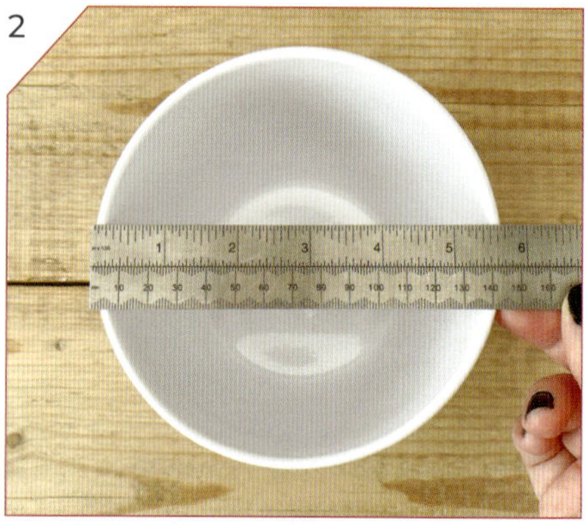

3

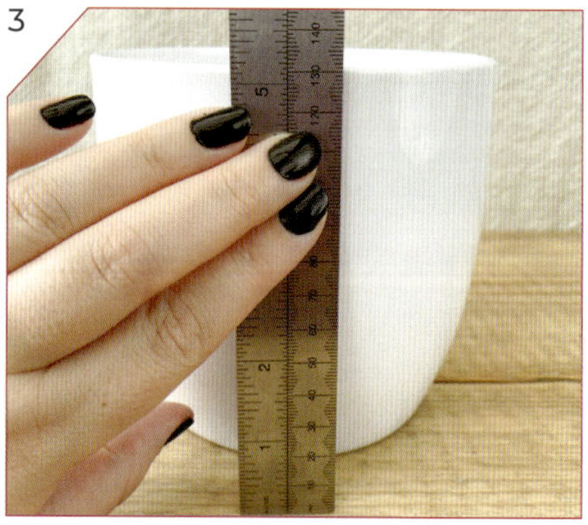

4

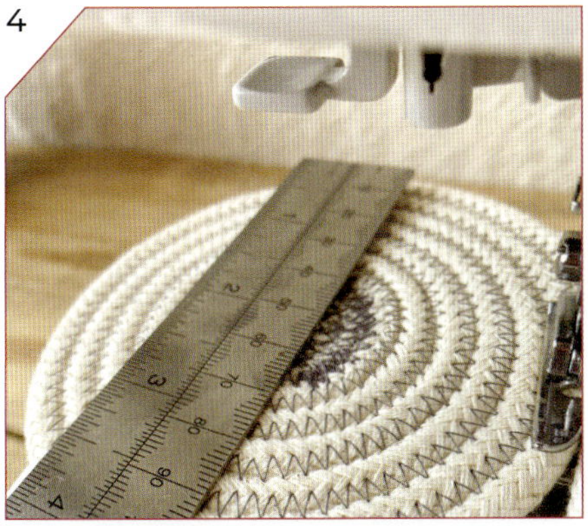

5

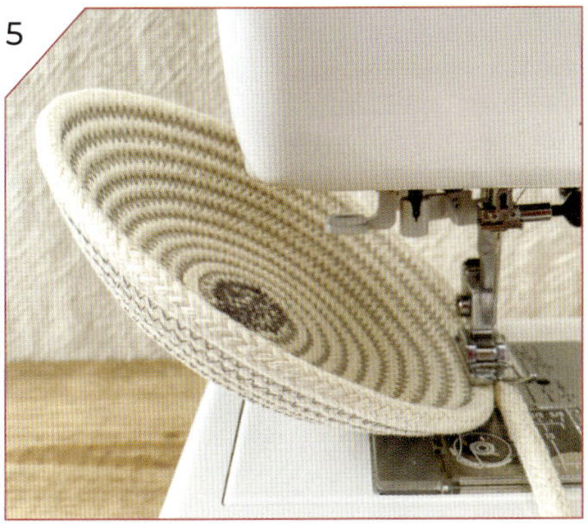

6

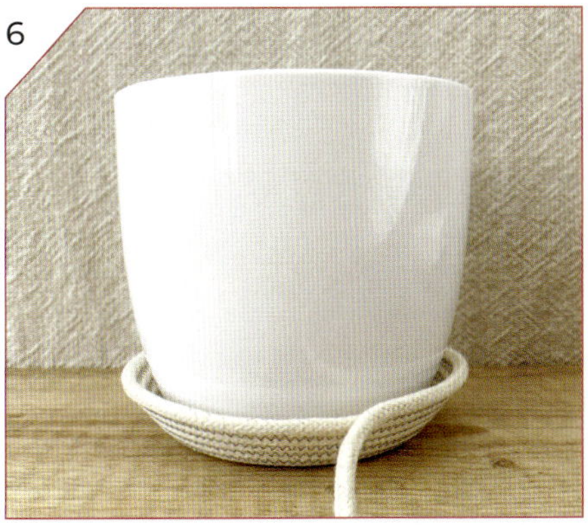

Mit meiner maßgefertigten Hülle will ich zwar dem Blumentopf eine andere Textur verleihen. Trotzdem sollen aber die Blumen die Hauptrolle spielen. Deshalb habe ich mich für eine neutrale Farbpalette entschieden, und zwar:

- Hellgrau
- Naturweiß
- Zartgrau

Außerdem sollten meine Fadenwechsel auf dem Behältnis in einer Linie liegen, damit sie nach hinten gedreht werden können, um einen möglichst klaren Look zu erzielen. Ich entschied mich auch gleich zu Anfang, dass ich einen Blockstich-Abschluss mit einer sehr kurzen, flachen Quaste machen würde.

Nähen

Ich habe eine 11 cm große Ausgangsspirale genäht und die Form dann von da aus aufgebaut **(4–6)**. Nach acht Runden mit hellgrauem Faden habe ich zu Zartgrau gewechselt. Mit diesem Garn habe ich weitere fünf Runden gearbeitet, bevor ich die letzte Farbe, Naturweiß, eingesetzt habe.

Es bietet sich an, beim Fadenwechsel die Breite zu überprüfen. So wusste ich nach etwa der Hälfte, dass ich nicht mehr weiter nach außen aufbauen durfte, da meine Seilumhüllung mit 18 cm bereits etwas zu breit war **(7–11)**.

Ich entschied mich, die Höhe weiter aufzubauen und dann den Behälter über die Maschine zu bringen, um die Breite für die letzten Runden der Spirale etwas schmaler zu machen **(12–14)**.

Meine fertige Hülle hatte die folgenden Maße:

- unten 11 cm
- oben 17 cm (aber 18 cm in der Mitte)
- 16 cm hoch

Um das fertige Ergebnis zu präsentieren, habe ich unten in den Blumentopf eine Kugel aus Kaninchengitter gelegt und einen schönen großen Strauß Trockenblumen

7

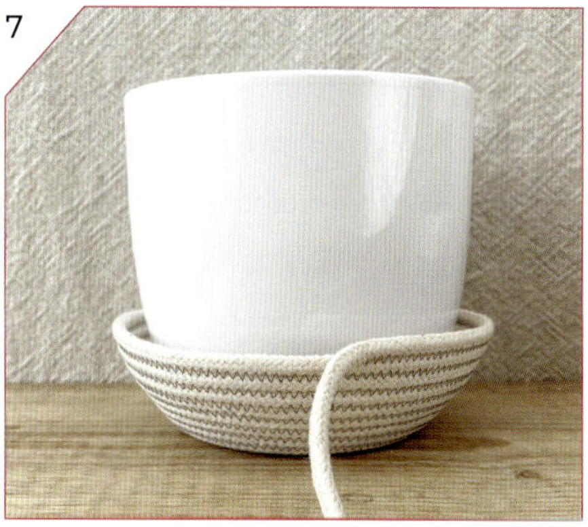

8

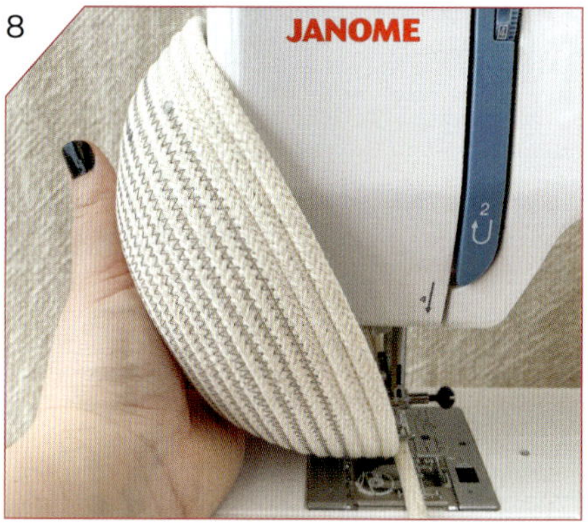

9

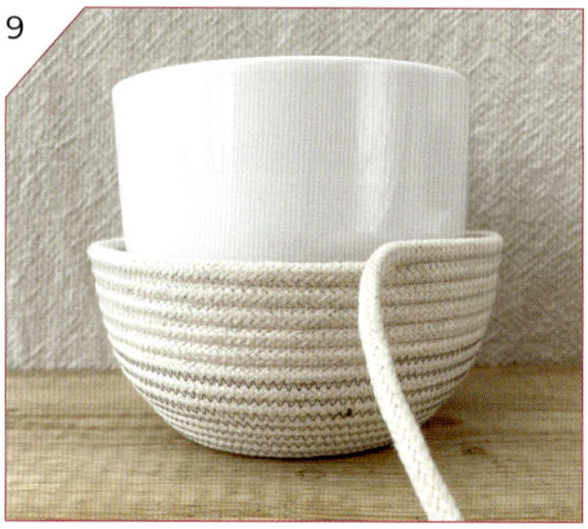

10

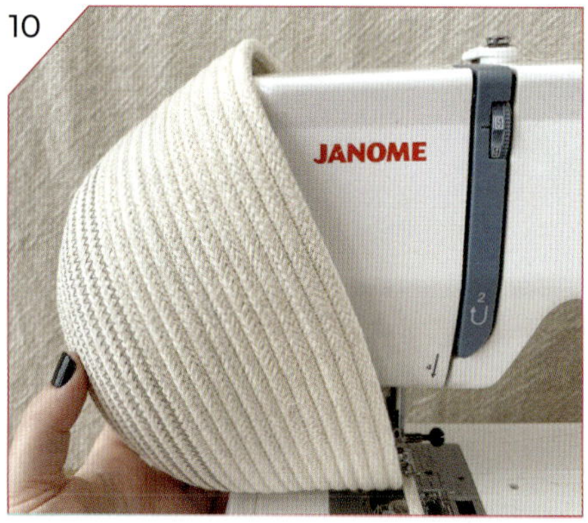

11

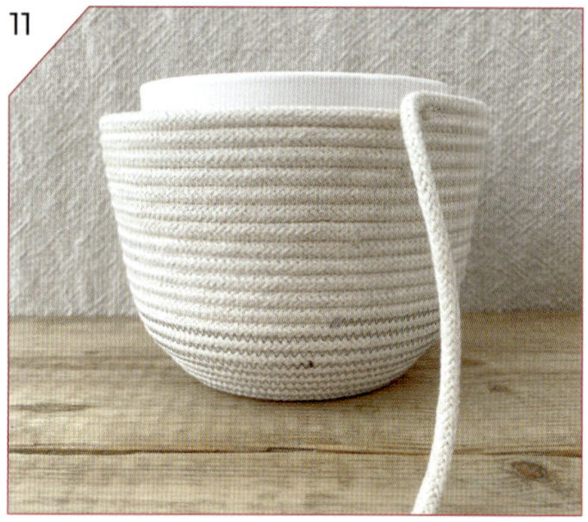

12

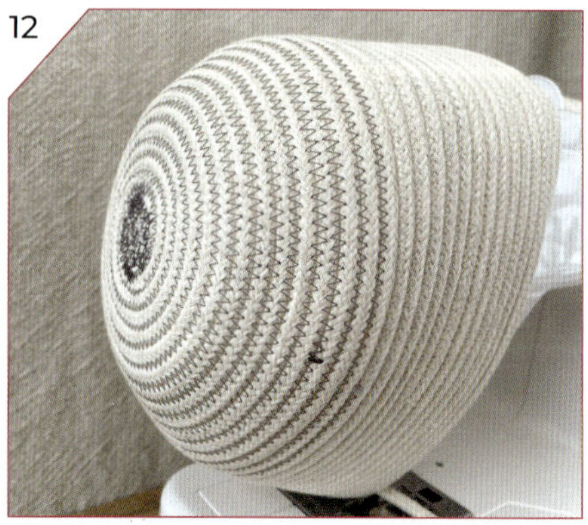

13

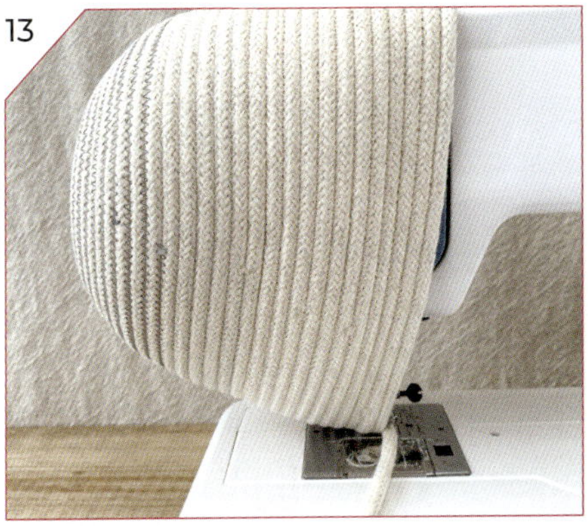

14

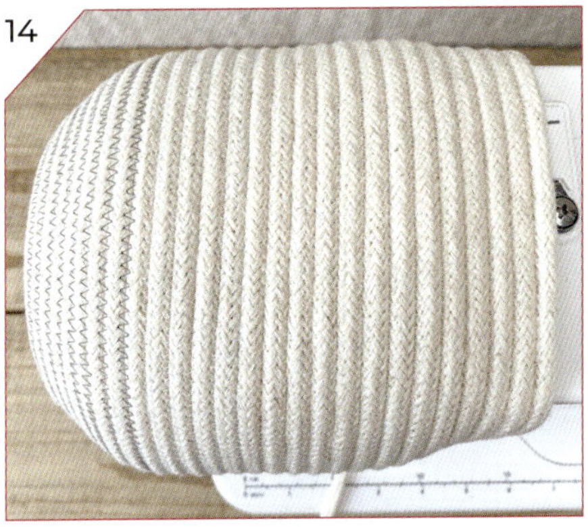

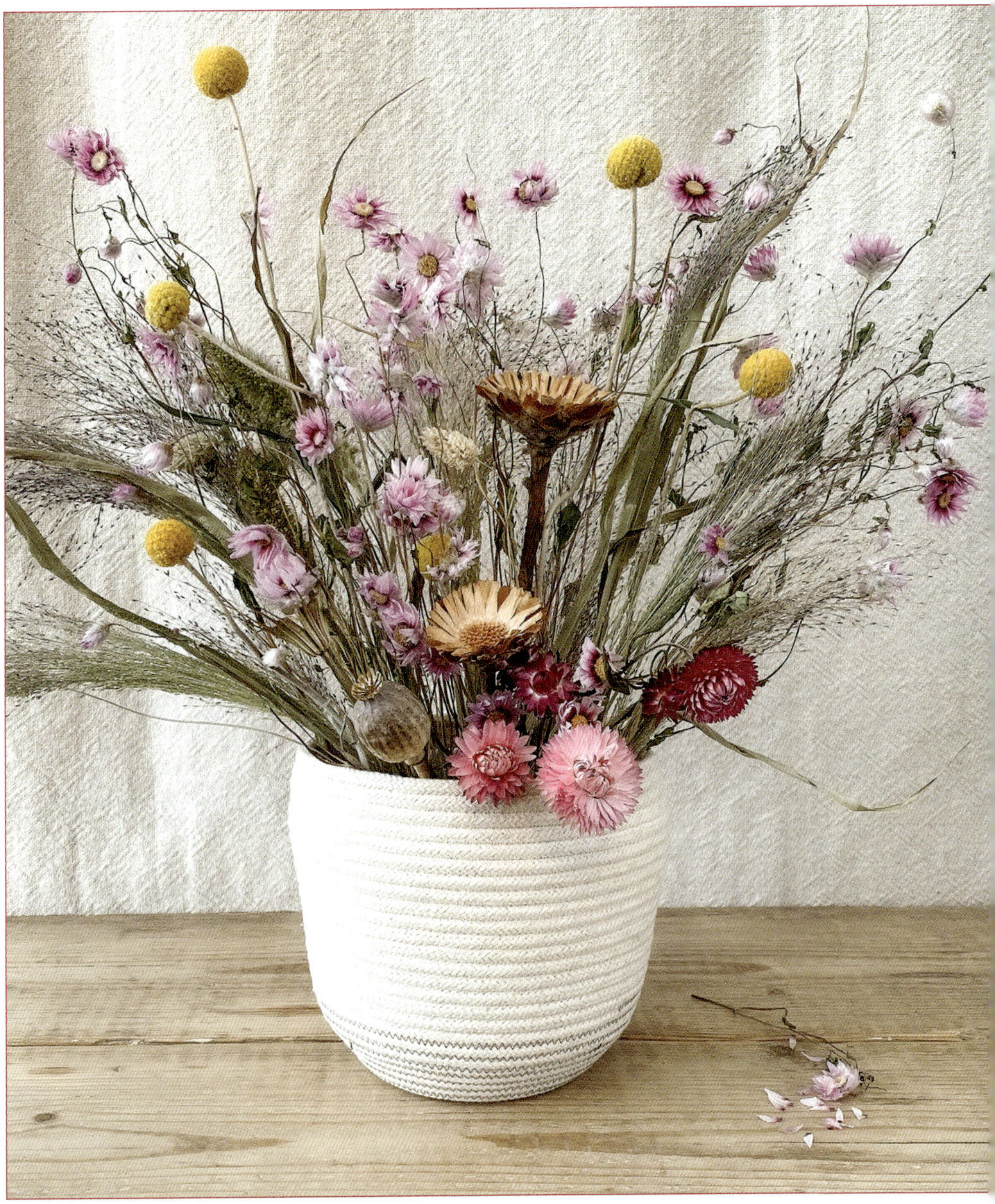

darin arrangiert. Jetzt steht der tolle Blumentopf auf meinem Kaminsims.

Ich hoffe, dies hat dich inspiriert, einen Seilbehälter für einen Blumentopf oder ein Glas zu nähen. Merke: erst Objekt aussuchen, abmessen und diese Maße auf dein eigenes Projekt übertragen!

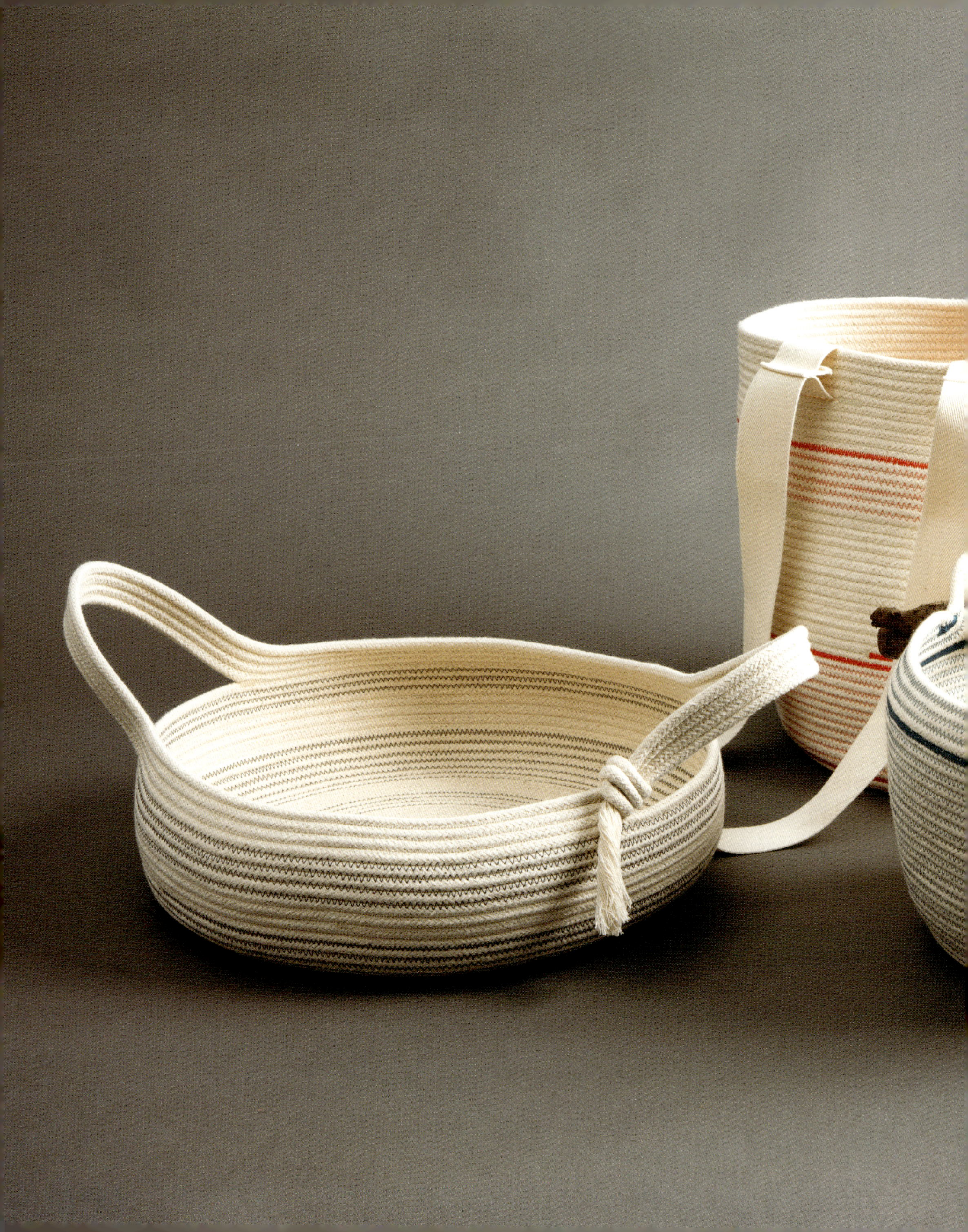

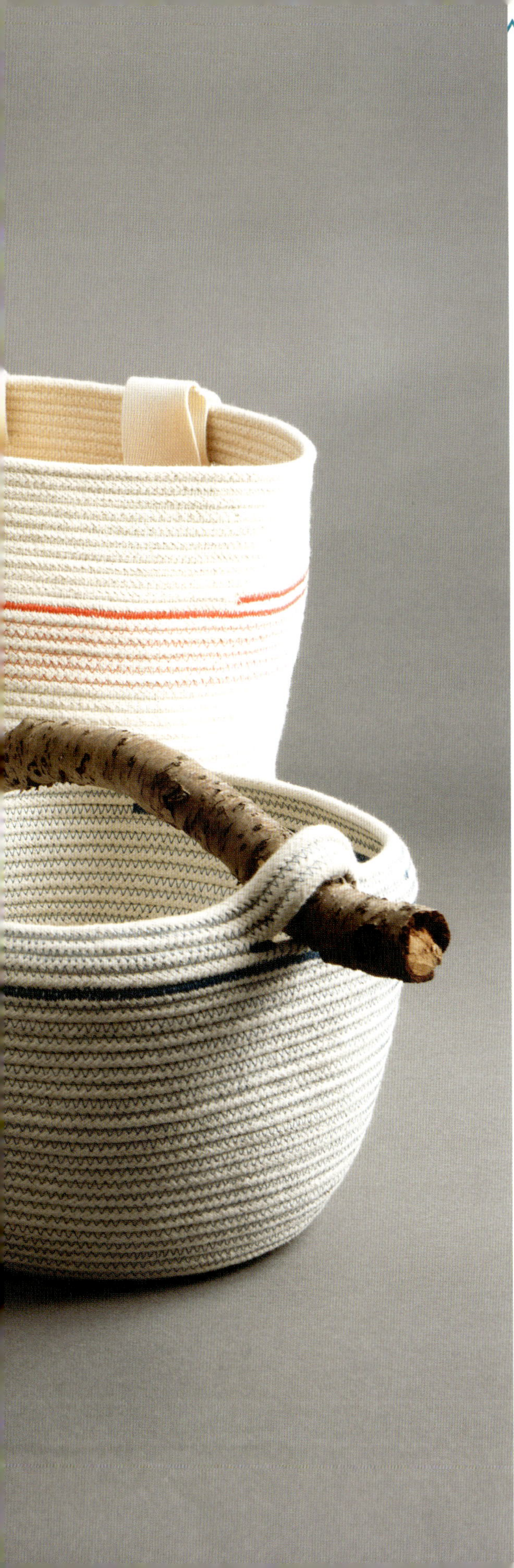

Projekte für Experten

Ein großes Lob für deine bisherige Arbeit! Da du nun die grundlegenden Fähigkeiten gemeistert hast und mit der Spiralarbeit vertraut bist, ist es Zeit für ein paar größere Formen. Bei diesen Projekten liegt der Schwerpunkt auf Fähigkeiten wie dem Arbeiten von Griffen und dem Halten der Form.

Als letztes Projekt fertigst du eine Strandtasche an, um all deine neuen Fähigkeiten praktisch umzusetzen. Wenn sie fertig ist, hast du eine wunderschöne, nützliche Korbtasche, die dich über Jahre begleitet.

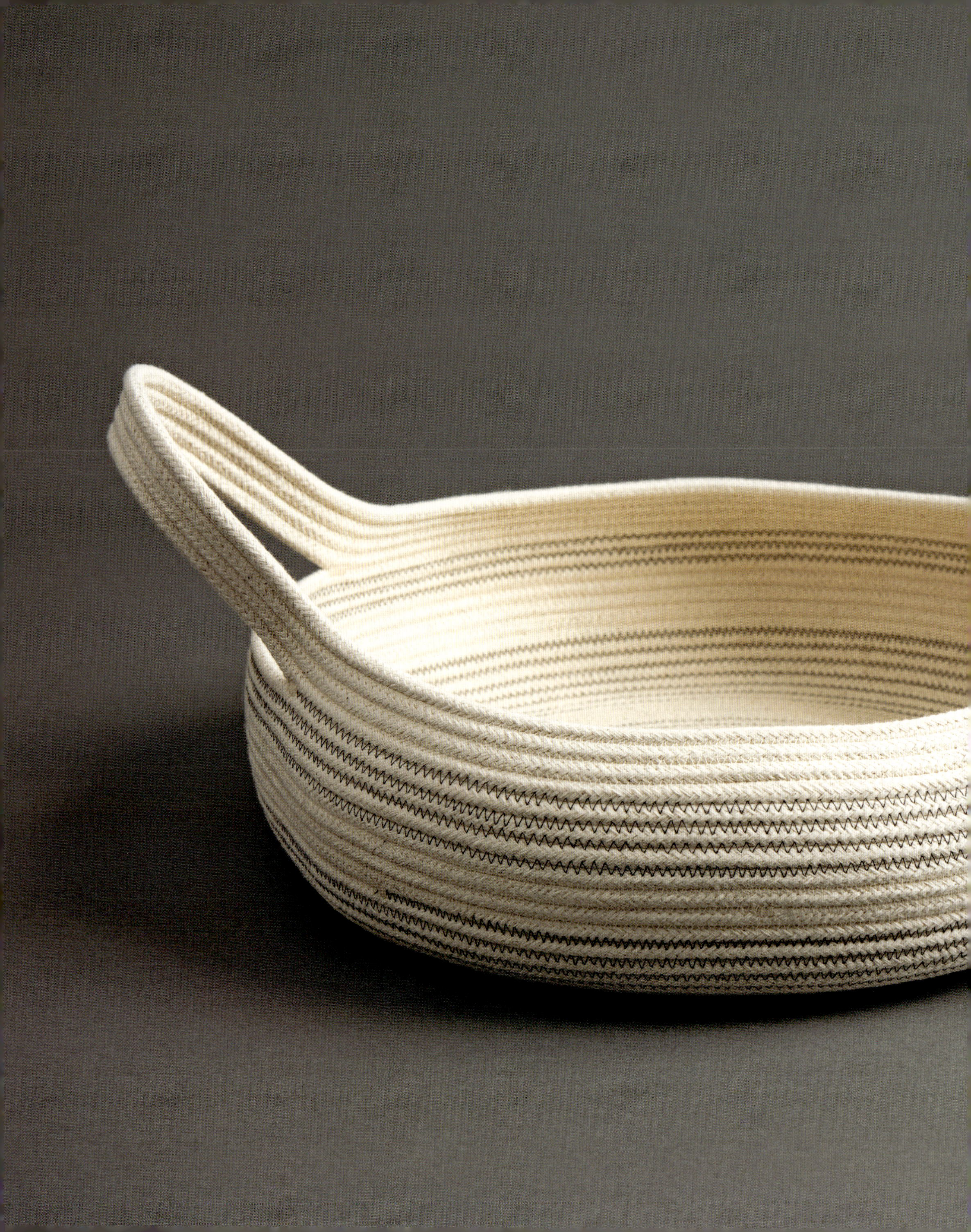

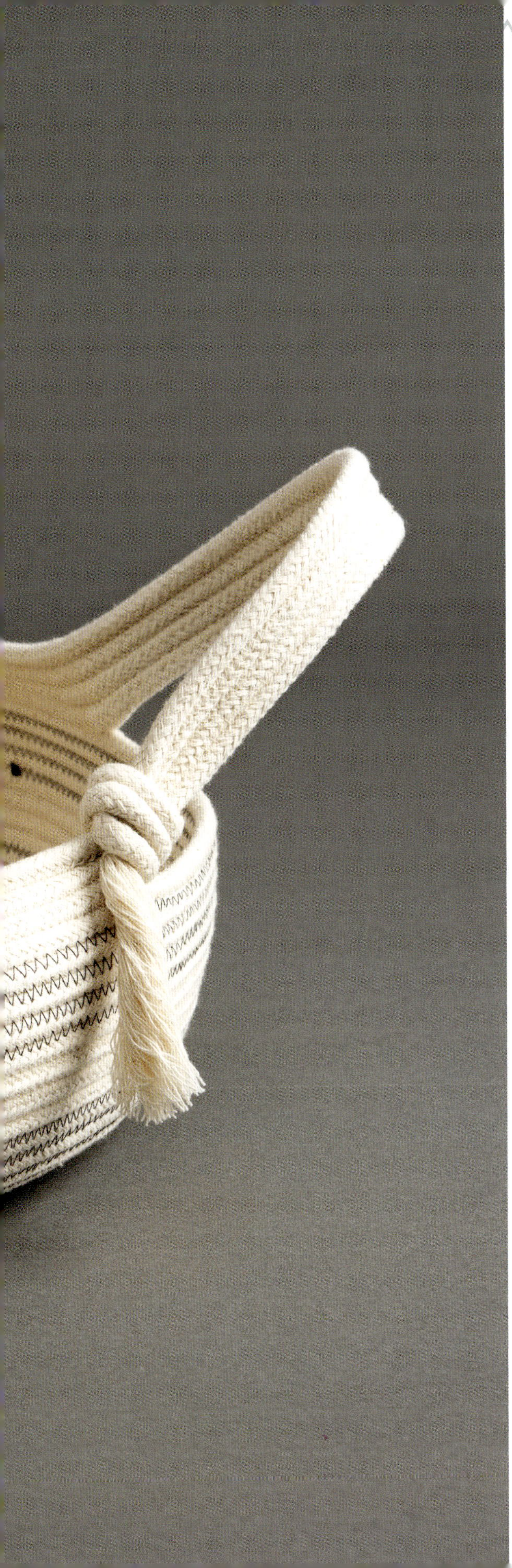

Monochromer Aufbewahrungskorb mit Griff

Dieser Korb ist ein sehr vielseitig einsetzbarer Behälter. Da er zu den größeren Projekten in diesem Buch gehört, habe ich ihn so entworfen, dass du dabei den Formaufbau mit einer breiteren Spirale sowie das Einarbeiten von Griffen üben kannst.

Material
30 m x 8 mm ungebleichtes Baumwollseil
Faden in dunkler neutraler Farbe
(z. B. Grau/Schwarz)
Faden in heller neutraler Farbe
allgemeiner Nähbedarf

Techniken
Blockstich
Griffe
gewickelter Quastenabschluss

Monochromer Aufbewahrungskorb mit Griff

Methode

Markiere zu Beginn 5 m ab Seilende mit einer Stecknadel. Dies ist der Punkt, an dem du die Griffe arbeitest.

Nähe eine 30 cm breite Ausgangsspirale **(1)**. Um sie interessanter zu gestalten, wechsle dabei die Fadenfarben. Ich habe das an den folgenden Punkten getan:

- Neutral bis 19 cm
- Schwarz bis 24 cm
- Neutral bis 28 cm
- Schwarz bis 30 cm

Formaufbau

Für diesen Korb willst du eine gebogene Form arbeiten, die sich nach außen wölbt und ab den Griffen nach innen verengt **(2)**. Stütze die Spirale mit deiner linken Hand von unten ab und winkle sie nach oben ab, damit sie beim Nähen nach außen und oben wächst **(3)**.

1

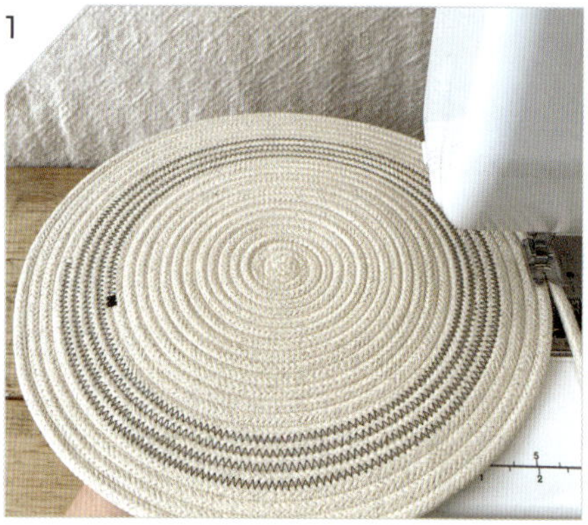

2

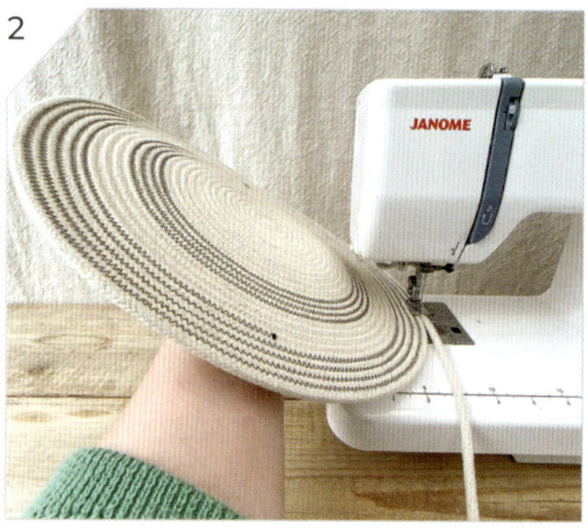

3

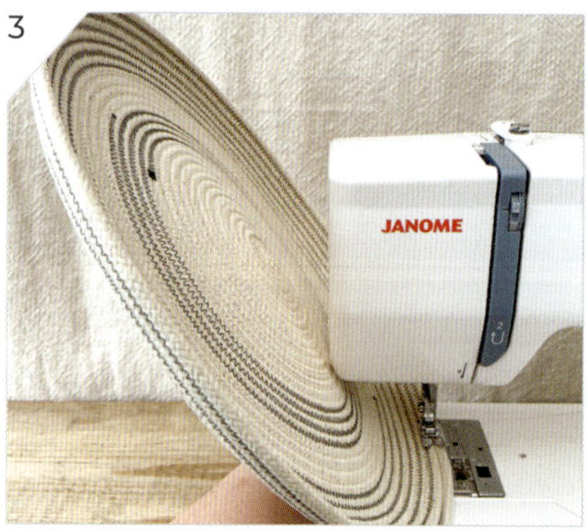

4

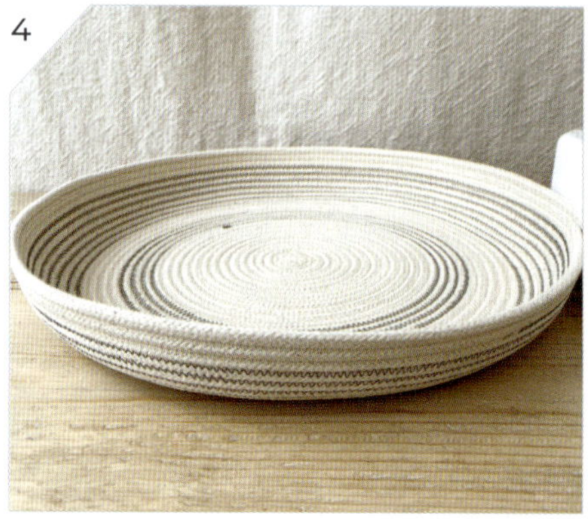

5

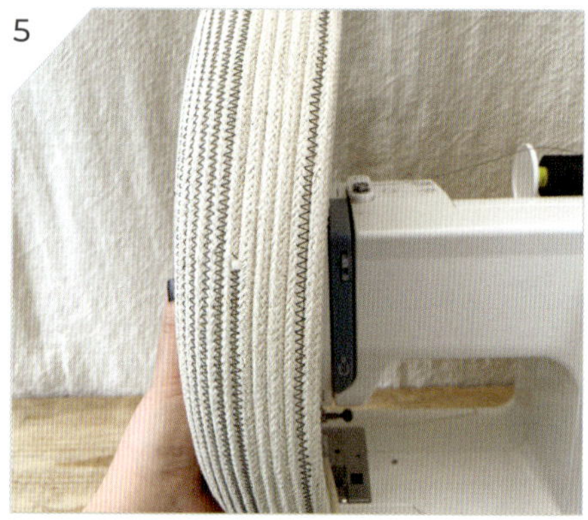

6

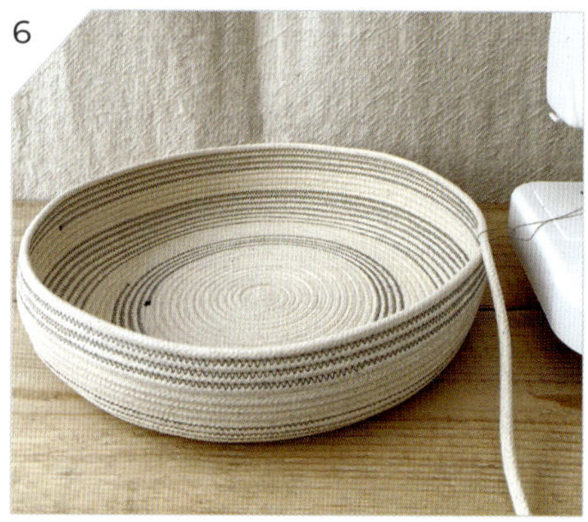

7

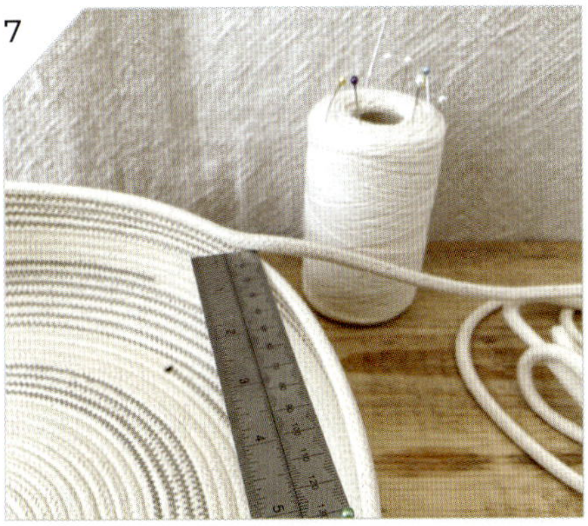

8

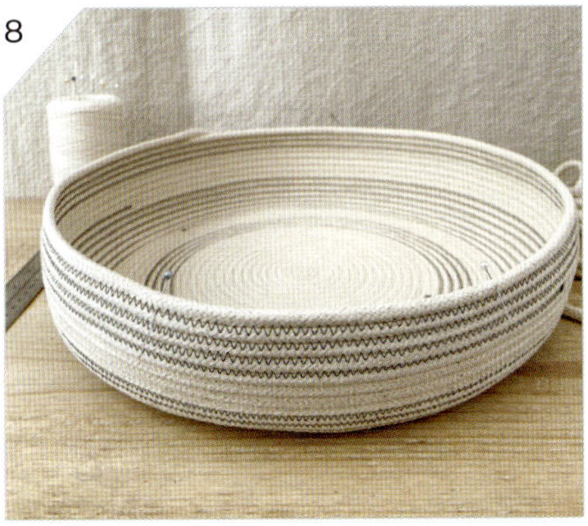

9

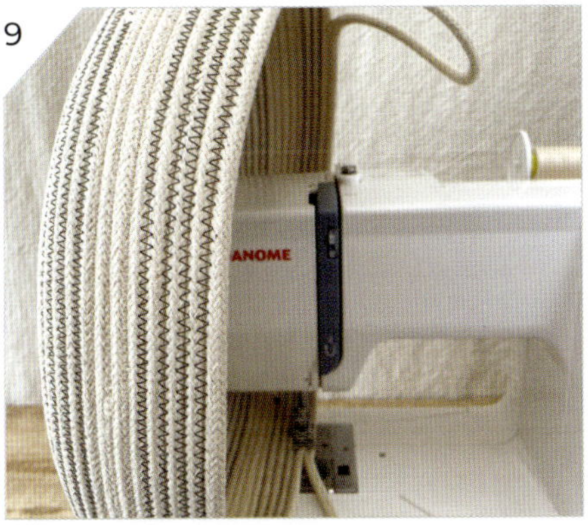

Nähe etwa drei Runden in diesem Winkel und wechsele dann zur neutralen Farbe **(4)**. Lasse die Form in den nächsten ca. drei Runden mehr nach oben als nach außen wachsen. Sie soll sich jedoch noch nicht nach innen verengen **(5)**. Wechsele zum schwarzen Faden und nähe weiter bis zur Stecknadel am 5-m-Punkt. Jetzt beginnst du mit den Griffen und lässt die Form nach innen enger werden.

Griffe arbeiten

Nimm deine Arbeit aus der Maschine und miss 15 cm ab dem Punkt, an dem du zu nähen aufgehört hast **(6)**. Setze hier eine Stecknadel. Drehe den Korb jetzt so, dass der gerade gemessene Lückenabschnitt dir gegenüber liegt **(7)**. Suche mit einem Lineal die Mitte des Abschnitts (in diesem Fall 7,5 cm) und halte das Lineal dann gerade über die Mitte des Korbs zur anderen, vor dir liegenden Seite. Achte darauf, dass du wirklich den Mittelpunkt der Spirale schneidest, damit der Korb symmetrisch wird. Du hast jetzt die Mitte des gegenüberliegenden Griffs ermittelt. Miss 7,5 cm auf beiden Seiten von dem Punkt und markiere die Stellen mit Stecknadeln.

Jetzt hast du die Positionen für die beiden Griffe **(8)**. Prüfe noch einmal, ob du mit ihrer Positionierung zufrieden bist, bevor du die Arbeit wieder in die Maschine legst.

Wechsele zur neutralen Farbe und nähe im Blockstich über den schwarzen Faden, wo du mit dem Nähen aufgehört hast. Ziehe jetzt das lose Seil weg, damit es nicht an die Spirale angenäht wird. Nähe sorgfältig entlang dem Lückenabschnitt, bis du die Nadelmarkierung erreichst. Lasse die Nähmaschinennadel in der Spirale und hebe das Füßchen an.

Um die Griffe gleichmäßig zu gestalten, verwendest du für beide genau die gleiche Seillänge **(9)**. Miss dafür mit dem Lineal das lose Seil von dem Punkt, an dem es sich im Lückenabschnitt trennt, und ziehe es vorsichtig stramm, um 25 cm abzumessen. Verbinde das lose Seil an diesem Punkt, indem du es mit Blockstich annähst.

Somit ist der erste Griff genäht. Denke jetzt daran, dass sich die Form wieder verengen soll. Während du zur nächsten Markierungsnadel nähst, ziehe den Korb mit der linken Hand über die Oberseite der Maschine. Wenn du die nächste Nadel erreichst, arbeitest du den zweiten Griff nach dem gleichen Verfahren wie den ersten.

Mit dem letzten Stück Seil baust du die Griffe auf und lässt die Spiralform nach innen enger werden **(10)**. Nähe langsam und ziehe die Spirale mit der linken Hand über die Nähmaschine, während du das lose Seil mit der rechten Hand stabilisierst.

Du musst die Griffe bei deiner zweiten Runde formen **(11)**. Im Moment ist der Griff nur ein einzelner Strang loses Seil, der an die Spirale angenäht ist. Um ihm Form zu verleihen, musst du ihn mehrmals umnähen.

Wenn du den ersten Griff erreichst, führe die beiden losen Seile mit der rechten Hand zusammen **(12)**. Schiebe mit der linken Hand den Korb aus seinem aktuellen Winkel, damit du die Griffform nähen kannst. Ziel ist eine umgekehrte U-Form.

Forme das Seil beim Nähen nach oben. Wenn du die Mitte des Griffs erreichst, verändere den Winkel so, dass du zurück nach unten zur Spirale nähst. Es sind keine weiteren Blockstiche nötig. Nähe also einfach weiter wie zuvor, wenn du die Hauptspirale erreichst, und ziehe sie wieder über die Maschine, um die Wölbung zu erhalten.

10

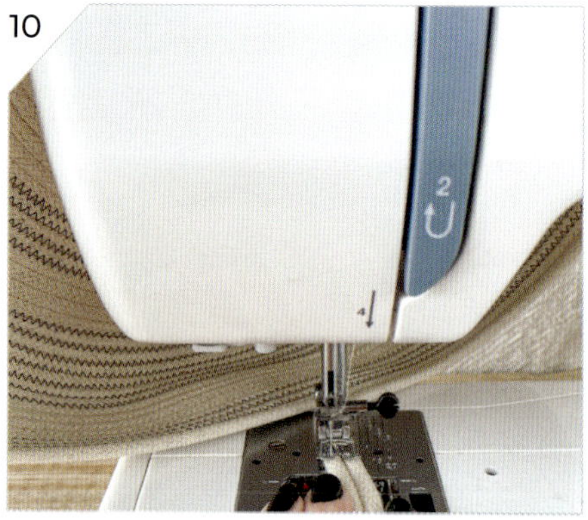

11

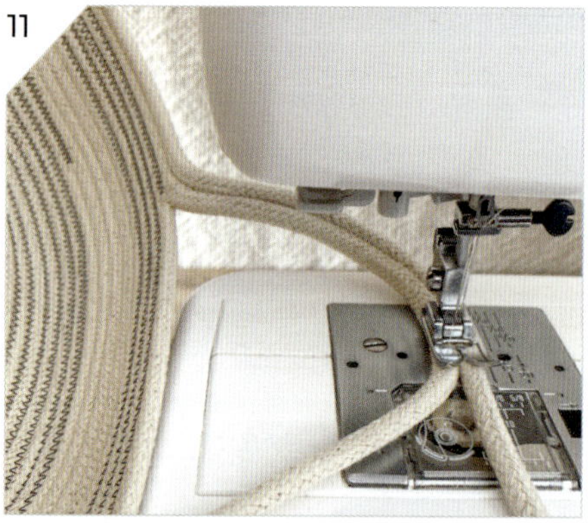

12

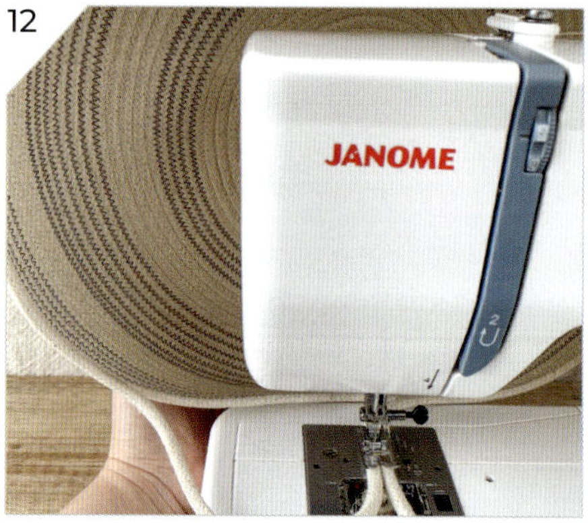

Wiederhole dies am zweiten Griff **(13)**. Du solltest genug Seil für insgesamt drei Runden haben. Es wird bei jedem Mal einfacher, da die Form bestimmt ist. Beende die Naht nach Möglichkeit am Ende des zweiten Griffs **(14)**. Nähe dann im Blockstich und nimm den Korb aus der Maschine.

Du kannst mit einer der Techniken von den vorherigen Projekten abschließen. Ich zeige dir jedoch meinen Lieblingsabschluss für Körbe mit Griffen.

Umwickelter Quastenabschluss

Wickele das Seil dreimal um den Griff und führe das Ende zurück durch alle drei Schlaufen **(15–17)**. Ziehe das Seil fest und franse das Ende aus.

Nachdem du diesen schönen Korb fertiggestellt hast, bist du in der Arbeit mit größeren Spiralen geübt.

13

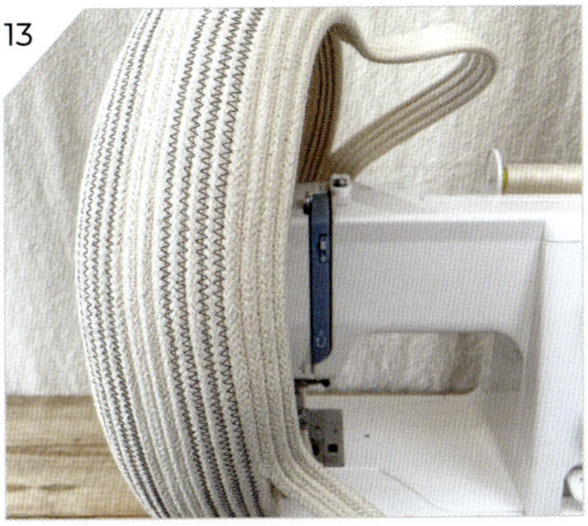

14

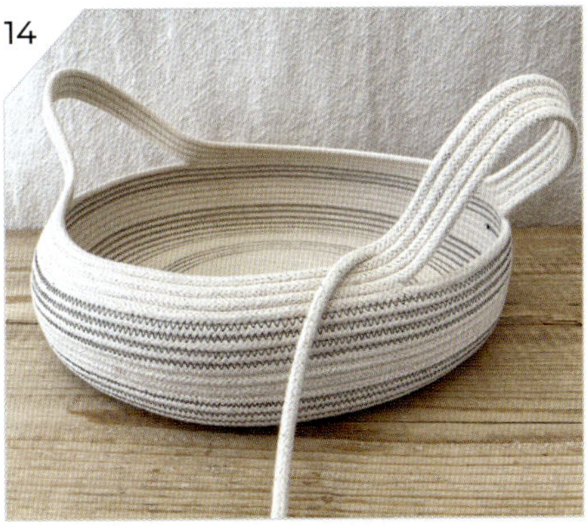

15

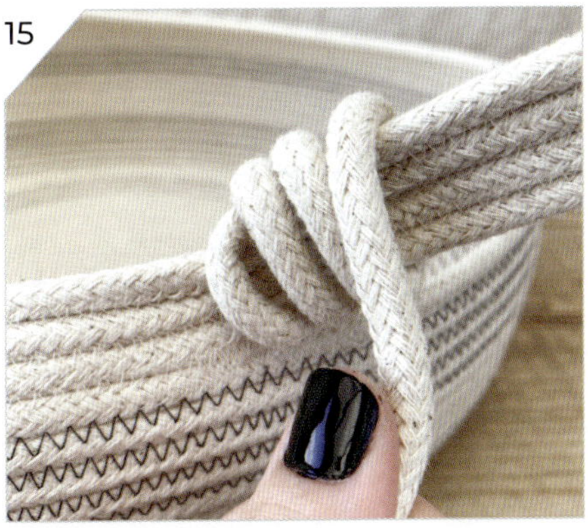

16

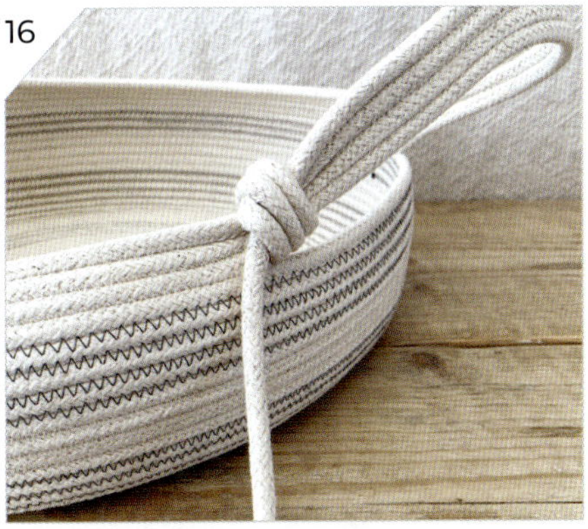

17

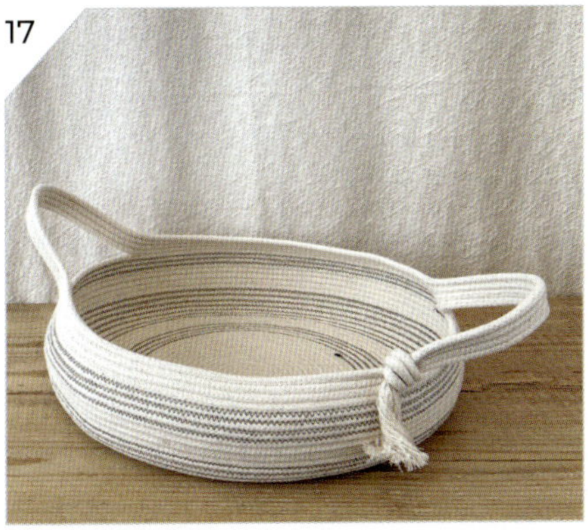

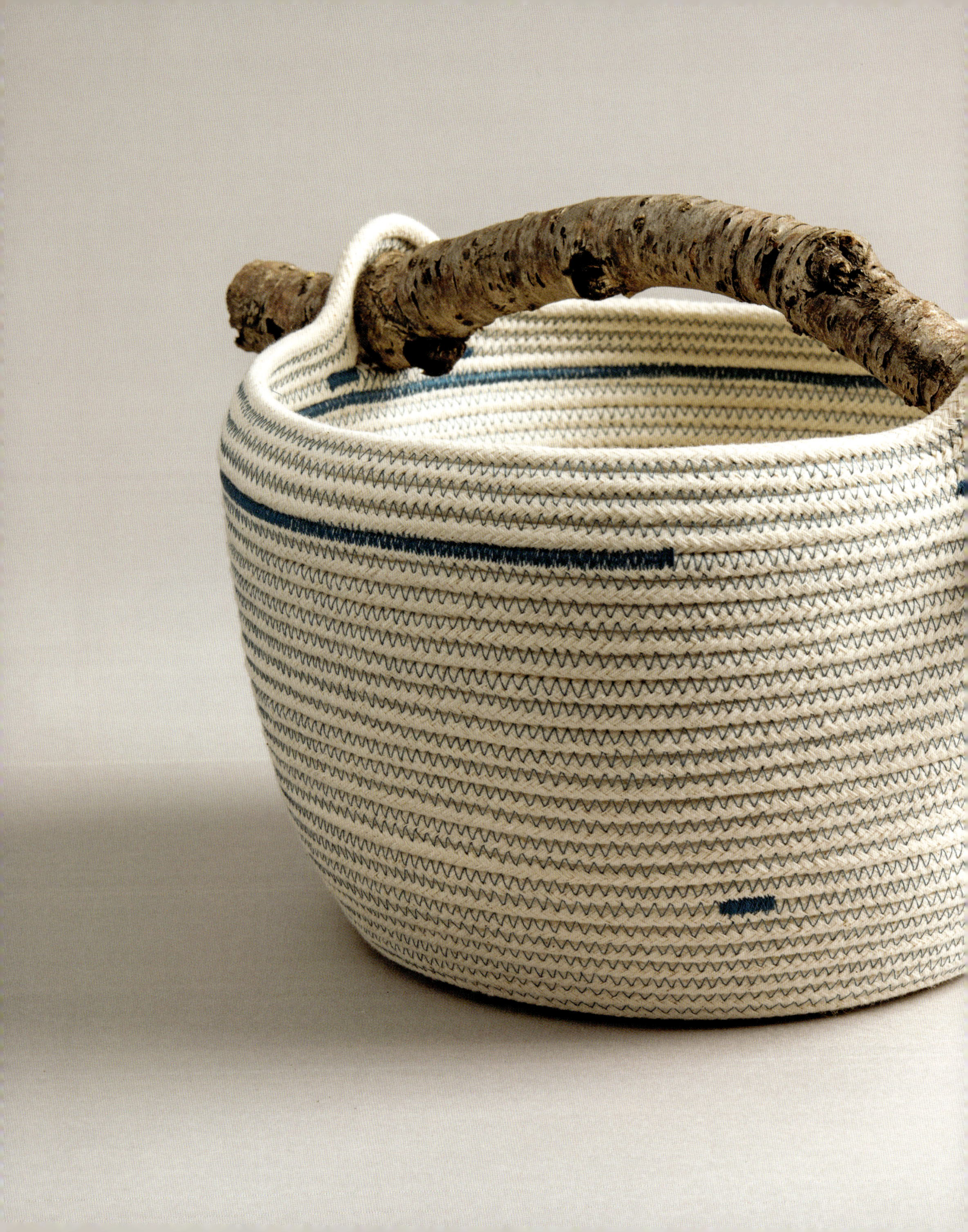

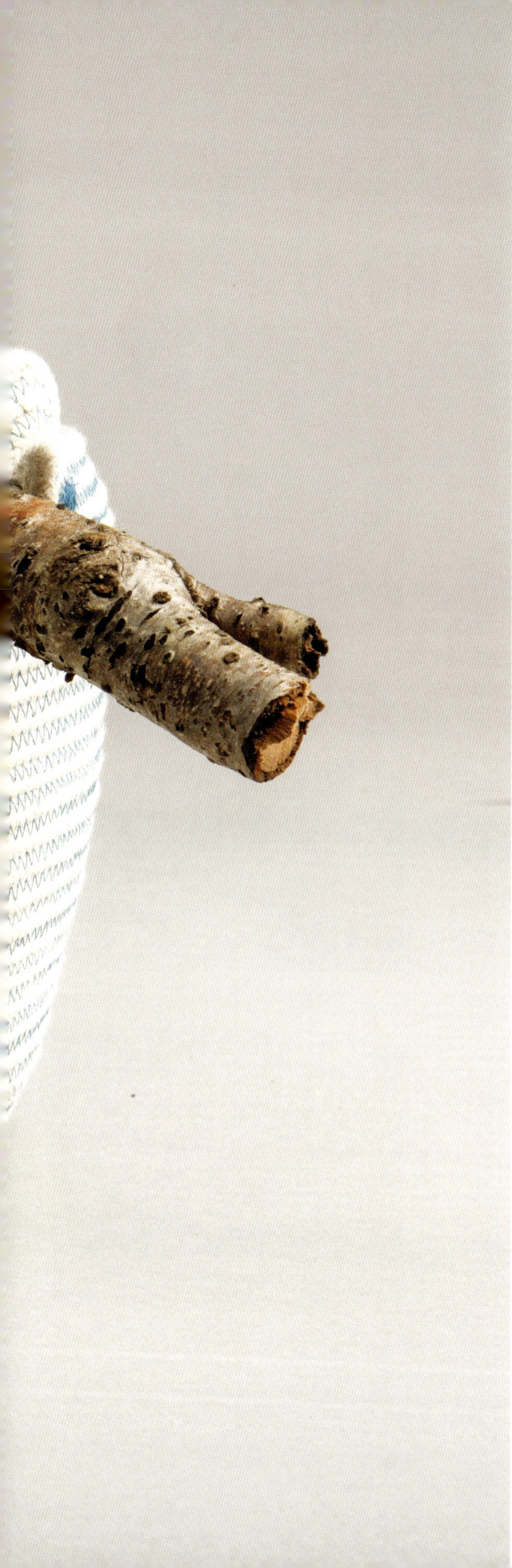

Korb mit Naturholzgriff

Dies ist ein tolles Projekt, bevor du dich an die Strandtasche wagst. Die tiefe, runde Form bildet einen schönen Korb, an dem du lange Freude haben wirst. Vielleicht hast du bereits ein Stück Treibholz, das auf ein Projekt wie dieses wartet. Sonst such' doch einfach bei einem schönen Spaziergang im Park oder Wald nach einem Stock, der als Griff fungieren kann.

Material

25 m x 8 mm ungebleichtes Baumwollseil
bunter Faden
allgemeiner Nähbedarf
ein Stück Treibholz oder ein Ast für den Griff

Techniken

Blockstich
Lückenabschnitte
Schlaufen

Korb mit Naturholzgriff

Methode

Bevor du mit dem Nähen beginnst, miss 3 m ab dem Seilende und markiere den Punkt mit einer Steck- oder Sicherheitsnadel.

Auf den Fotos hier siehst du das Projekt mit einem petrolfarbenen Faden. Ich habe dieses Design jedoch auch in Schwarz und Neutral ausprobiert. Die beiden Körbe wirken ganz unterschiedlich. Aber du kennst mittlerweile sicher deine eigenen Farbvorlieben bei Seilarbeiten und wirst dich entsprechend entscheiden.

Arbeite eine 20 cm große Ausgangsspirale. Konzentriere dich darauf, den Winkel an dem Punkt, an dem Spirale und loses Seil aufeinandertreffen, flach zu halten **(1)**.

Formaufbau

Versuche, sofort einen steilen Winkel zu arbeiten, der sich leicht nach außen neigt **(2)**. So gewinnt deine Spirale schnell an Tiefe. Dank der leichten Wölbung verklemmt sie sich jedoch nicht an deiner Nähmaschine **(3)**. Arbeite harmonisch mit der Maschinenform, damit der Nähvorgang angenehm »fließt«. Wenn der Winkel zu gerade ist, ist es schwieriger, die entstehende Form gegen die Maschine zu halten.

Wahrscheinlich geht dir bei dieser größeren Spirale irgendwann der Faden aus **(4)**. Fülle deine Unterfadenspule neu und beginne erneut mit einem Blockstich. Du kannst auch als Hingucker eine längere Linie in Blockstich nähen.

Nähe in demselben steilen, aber gewölbten Winkel bis zu der 3-m-Markierung **(5–6)**.

1

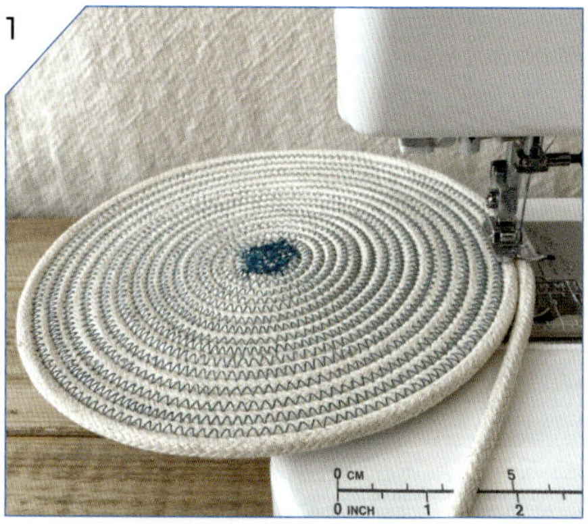

2

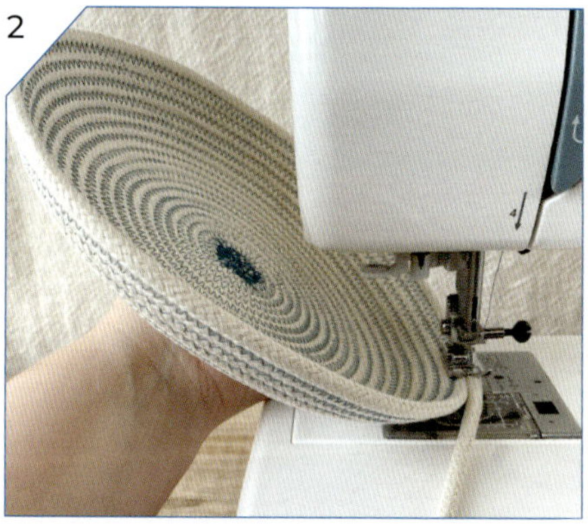

3

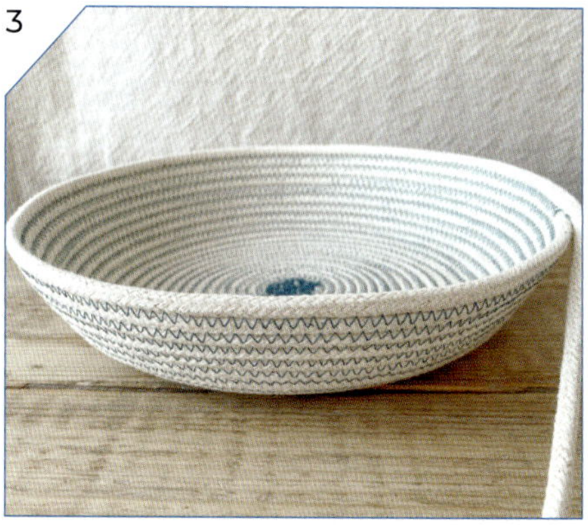

4

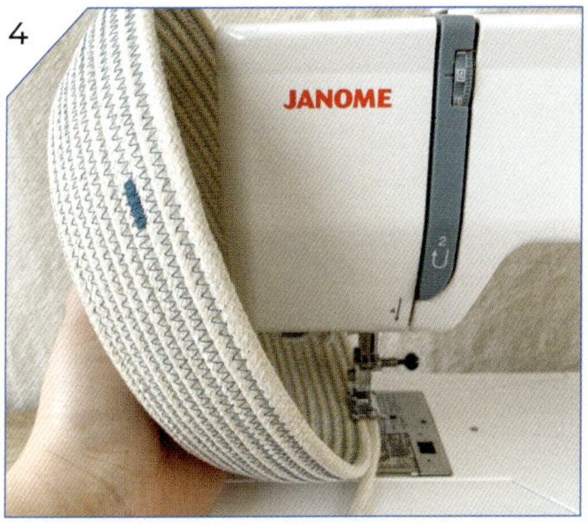

5

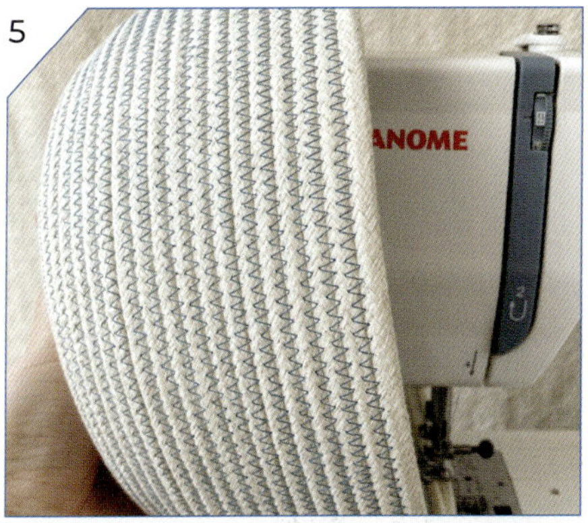

6

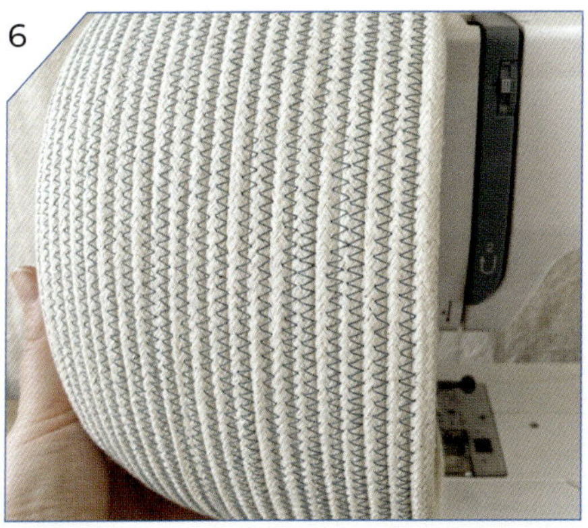

Im nächsten Schritt bildest du zwei Schlaufen, in die der Holzgriff eingeführt werden kann **(7)**. Die Schlaufen sind im Grunde eine Abwandlung der Lückenabschnitte. (Siehe den Hängekorb auf S. 72 für eine vollständige Anleitung zu Lückenabschnitten, wenn du eine Auffrischung brauchst.)

Diese Schlaufen müssen sich direkt gegenüberliegen, damit der Griff gerade am Korb sitzt **(8)**.

Miss mit deinem Lineal gerade über den Korb von der ersten Lücke und markiere die gegenüberliegende Lücke mit einer Stecknadel. Die Breite der Abschnitte hängt von der Dicke des Holzstücks ab. Achte darauf, dass du genug Platz hast, um den Griff einzuführen. Der Griff sollte jedoch so sitzen, dass er nicht herausrutscht.

7

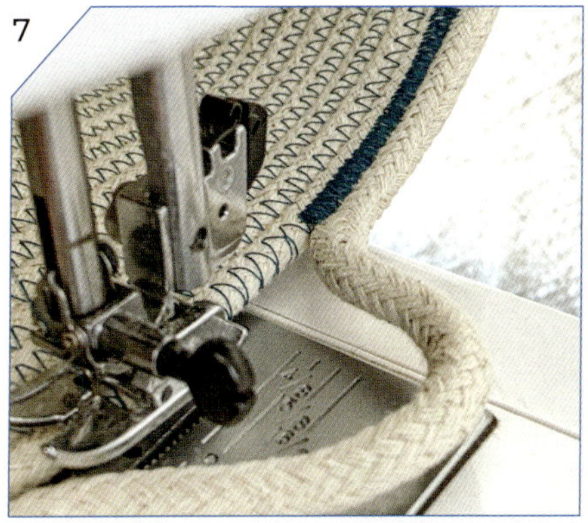

8

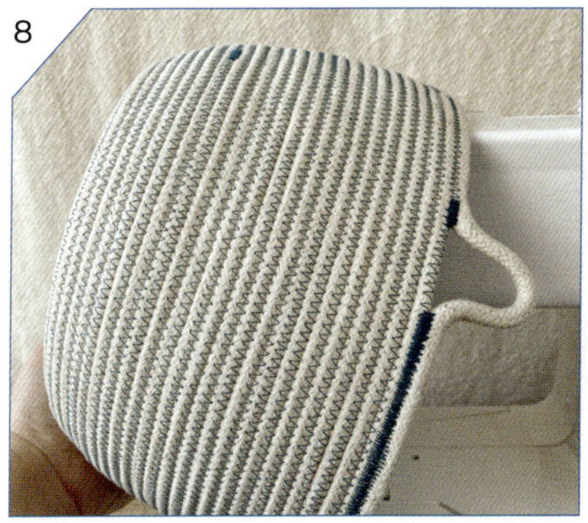

9

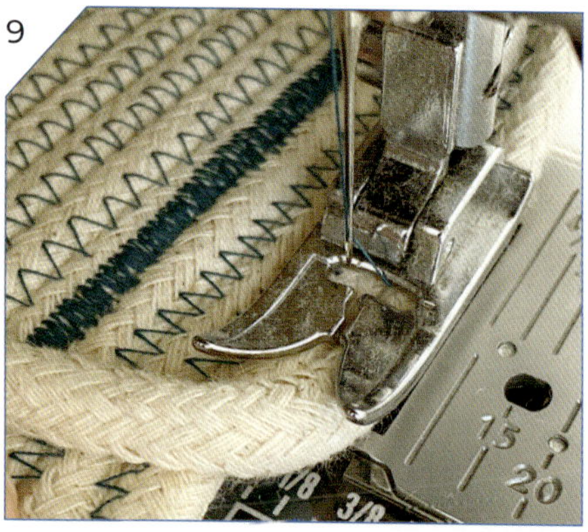

10

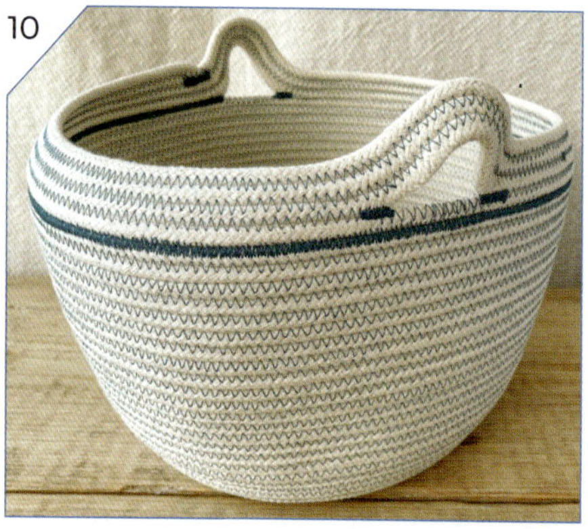

11

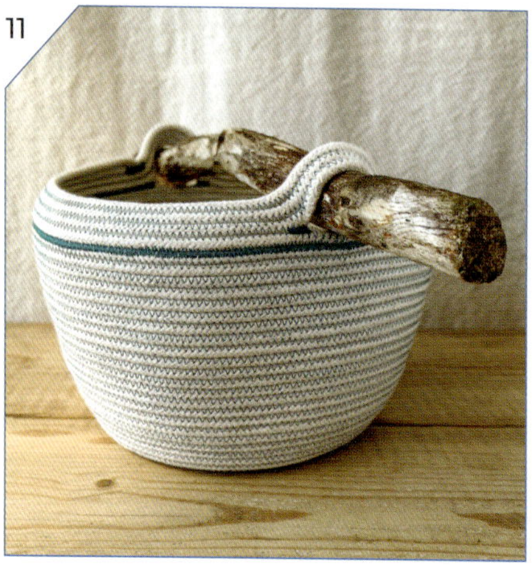

Die Abwandlung ist einfach. Ziehe das lose Seil nach dem ersten Blockstich weg, wie sonst auch. Wenn du das Seil wieder annähst, lasse ein längeres Seilstück aus. Dies wird die Schlaufe. Die ausgelassene Länge in Bezug auf die Lückenbreite wird die Schlaufengröße. Im Grunde ist es eine kleine Version der Griffe in dem monochromen Aufbewahrungskorb (siehe S. 90).

Wenn du beide Schlaufen angenäht hast, nähe weiter und folge bei jeder Runde der Schlaufenform **(9)**. Nähe diese letzten Runden in einem engen, nach innen geneigten Winkel – dabei kann der Korb über der Oberseite der Maschine liegen. Dadurch erhält der obere Rand eine leicht nach innen gewölbte Form.

Bei diesem Korb habe ich den vollständig genähten Abschluss verwendet. Eine geknotete Quaste sieht aber ebenso gut aus.

Führe jetzt einfach den Holzgriff durch die Schlaufen und dein Korb ist einsatzbereit **(10–11)**.

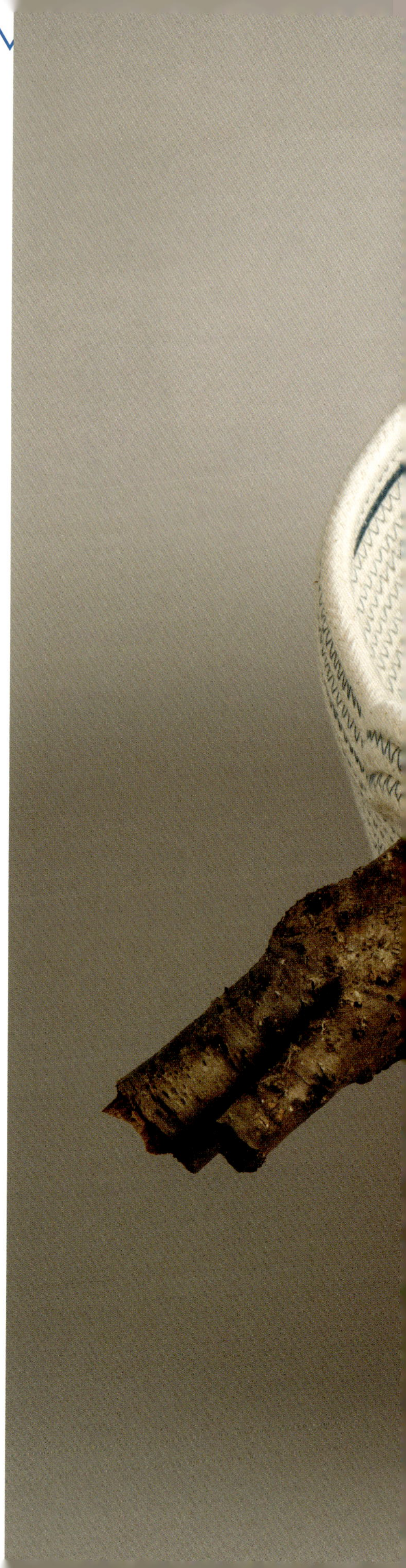

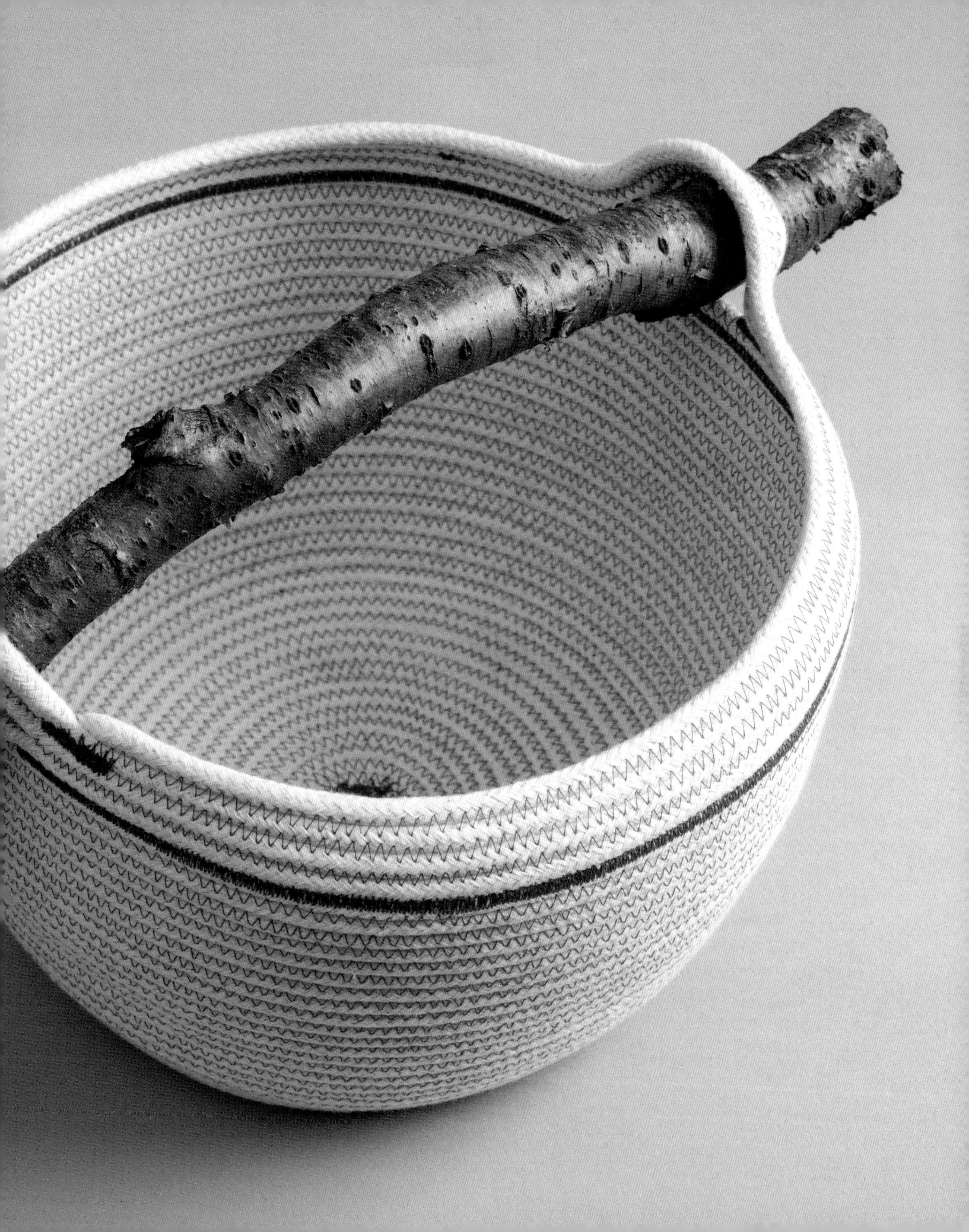

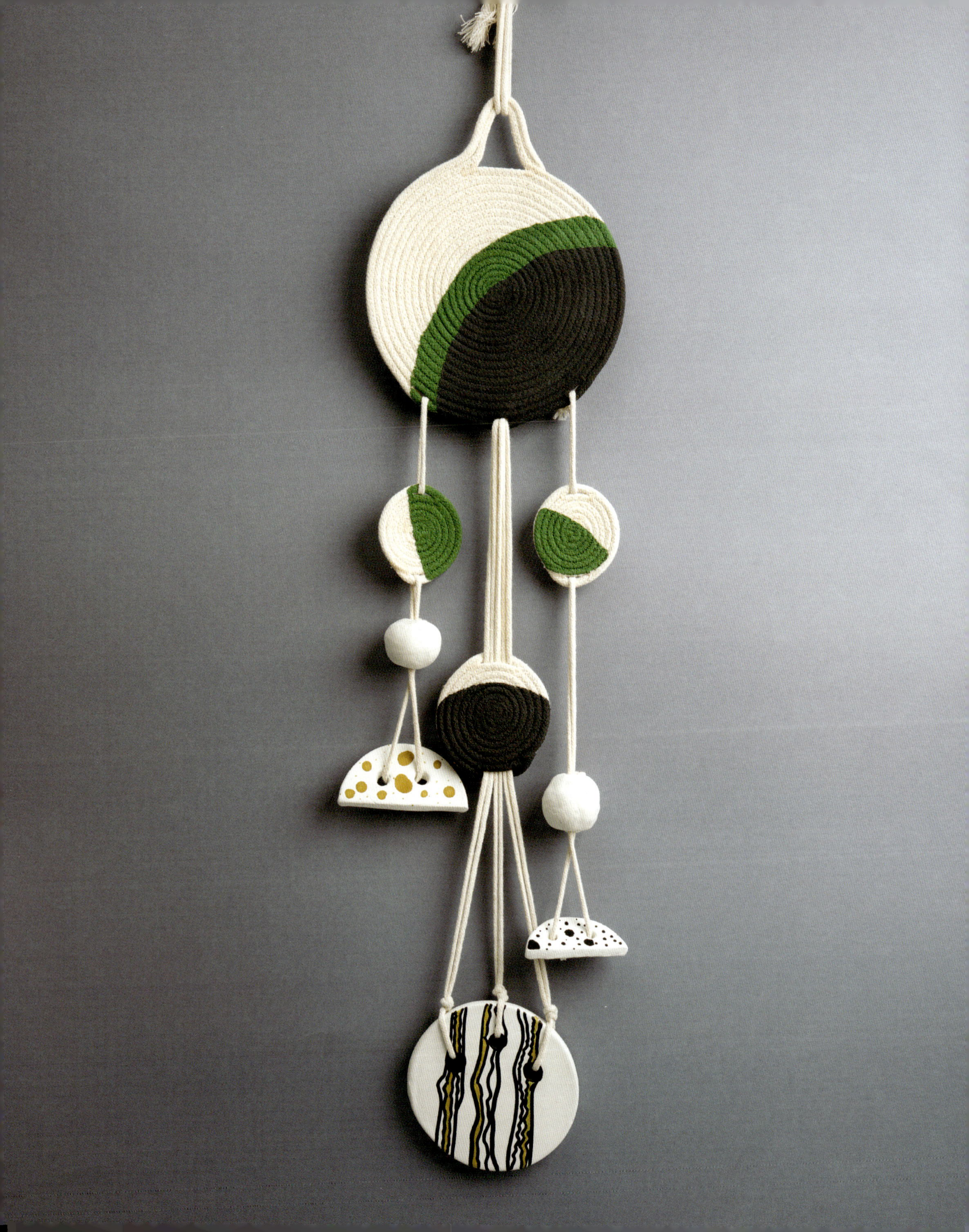

Wandbehang: Seil und Ton

Bei diesem Projekt erstellst du einen ungewöhnlichen Wandschmuck aus Seil und Ton. Dabei fließen mehrere Elemente ein und du musst Trockenzeit einrechnen – plane also mehrere Tage für diesen Wandbehang ein. Halte möglichst die angegebenen Größen für die einzelnen Komponenten ein, damit alles zusammenpasst. Bei den Farben und Mustern kannst du aber deiner Kreativität freien Lauf lassen.

Material

- 4 Stück 6 mm breites ungebleichtes Baumwollseil:
- 1 x 5 m, 1 x 1 m, 2 x 75 cm lang
- 3 mm dickes ungebleichtes Baumwollseil oder Schnur zum Zusammenfügen des Wandbehangs
- 2 Stoffmalfarben, wärmefixierbar
- Acrylmalstifte oder Acrylfarbe
- hochwertiger Ton, lufttrocknend
- Faden in neutraler Farbe
- runde Ausstechförmchen, verschiedene Größen
- Zink-Lochscheibe

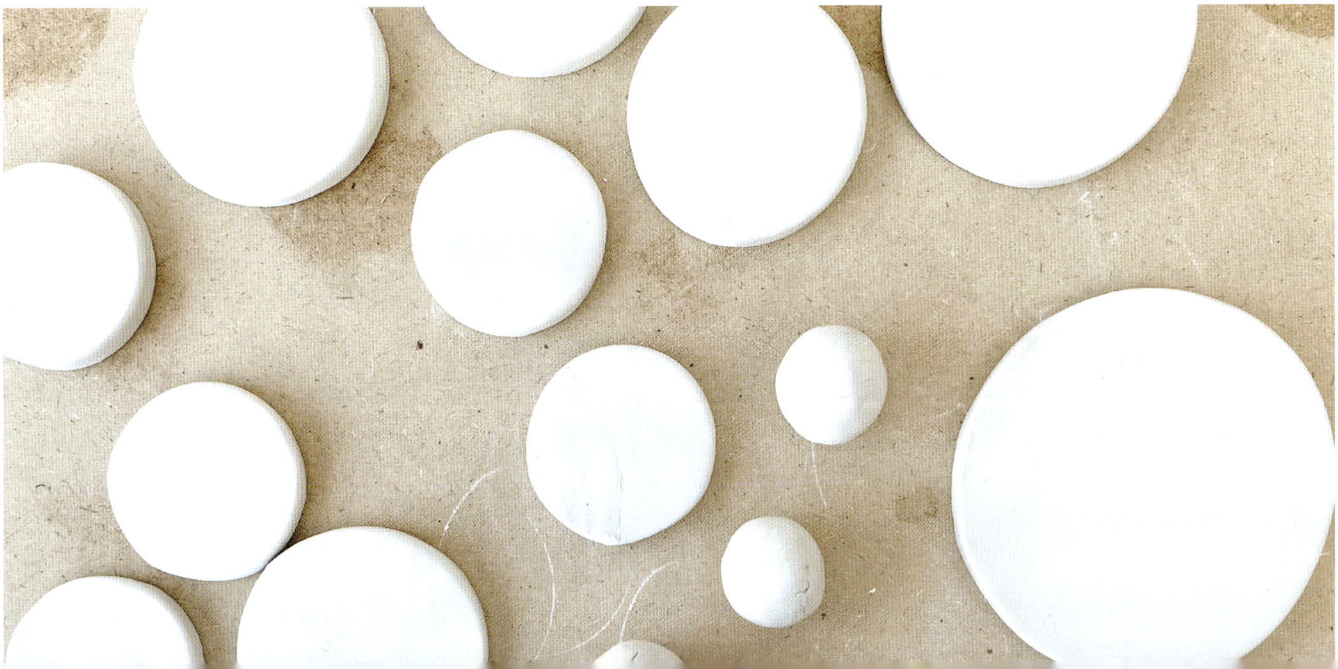

Wandbehang: Seil und Ton

Methode

TONELEMENTE

Die Tonelemente anfertigen
Rolle den Ton etwa 1 cm dick aus **(1)**. Ist er zu dünn, wird er zu zerbrechlich. Ist er zu dick, braucht ewig zum Trocknen.

Steche eine Reihe von Kreisen in verschiedenen Größen aus **(2)**. Mach ruhig mehr, als du eigentlich brauchst, falls etwas kaputtgeht. Schneide einige Stücke in der Mitte durch, um Halbkreise zu erhalten.

Fertige aus den Resten der Tonkreise große Tonperlen an. Rolle dazu den Ton zwischen den Handflächen zu Kugeln mit etwa 4 cm Umfang.

Stanze mit einem Locher in alle Tonelemente, um sie an den Wandbehang zu hängen. Mache so drei Löcher bei den größeren Kreisen, zwei Löcher bei den kleineren Halbkreisen und ein durchgehendes Loch bei den Perlen.

Glätte die Ränder der gestanzten Löcher auf beiden Seiten und entferne Unebenheiten von der Innenseite, damit sich das Seil problemlos durchführen lässt.

Die Teile sollten nun an einem warmen Ort trocknen, nicht jedoch im direkten Sonnenlicht. Zu schnelles Trocknen verursacht Risse. Im Winter musste ich drei Tage warten, bis alles vollständig durchgetrocknet war. Dabei habe ich sie mehrmals gewendet, damit sich die Kanten beim Trocknen nicht aufbogen.

Den Ton verzieren
Acrylfarbe ist ideal zum Bemalen des Tons. Ich habe Acryl-Markerstifte verwendet, aber normale Acrylfarbe, die du mit einem Pinsel aufträgst, eignet sich ebenso gut.

Mein Wandbehang hat ein abstraktes Apfelbaummotiv. Dazu habe ich mit einem schwarzen Stift die Linien eines Baumstamms auf den größten Tonkreis gemalt und die Löcher als Astlöcher integriert, indem

1

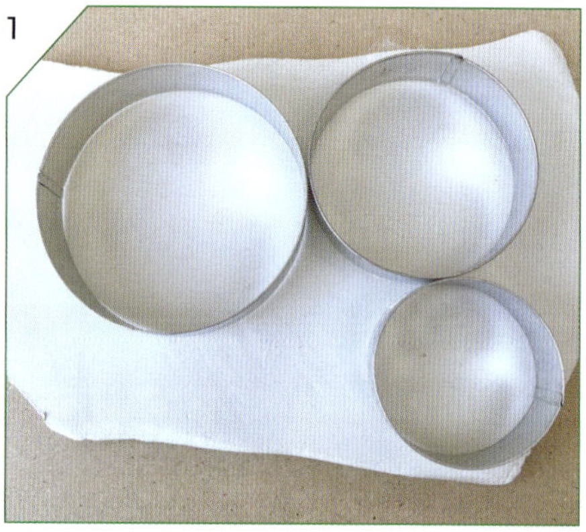

2

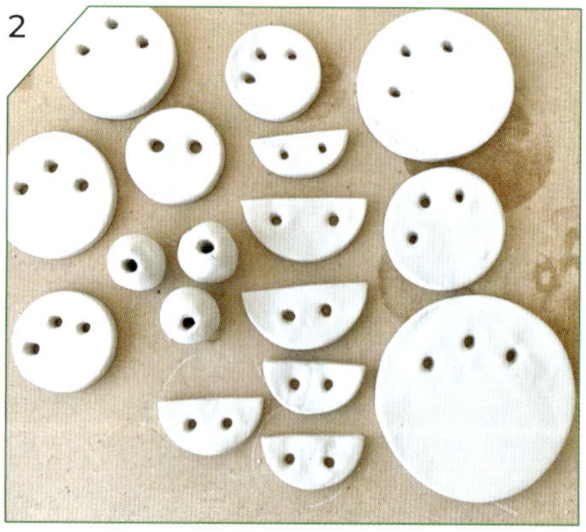

ich sie mit schwarzer Farbe ausgemalt habe. Nach dem Trocknen habe ich Teile der Baumlinien mit einem goldfarbenen Stift hervorgehoben.

Für die Halbkreise habe ich ein einfaches, ungleichmäßiges Punktemuster in Schwarz und Gold gewählt. Die Perlen habe ich unbemalt gelassen, weil sie der Arbeit eine minimalistische Note verleihen sollten.

Sieht man erst einmal alle Tonelemente in angemaltem Zustand zusammen, kann man sich das fertige Kunstwerk ganz gut vorstellen.

Du kannst ein Motiv deiner Wahl mit einfachen grafischen Mustern umsetzen. Wenn du ein Talent fürs Malen hast, kannst du die Teile aber auch detailliert anmalen. Der Ton ist wie eine leere Leinwand, die du ganz nach Wunsch gestalten kannst.

SEILELEMENTE

Die Seilelemente anfertigen
Der Wandbehang enthält vier Seilelemente:

1 große Spirale aus 5 m Seil
2 kleine Spiralen aus je 75 cm Seil
1 mittelgroße Spirale aus 1 m Seil

Für die kleinen und die mittelgroße Spirale
Nähe eine flache Spirale, bis du gerade genug Seil übrig hast, um zwei Lückenabschnitte in der letzten Runde zu fertigen **(3)**. Die Abschnitte müssen sich genau gegenüberliegen, damit sie flach sitzen, wenn sie mit den anderen Elementen des Wandbehangs verbunden sind. Fixiere alle Fasern am Ende mit dem vollständig genähten Abschluss.

3

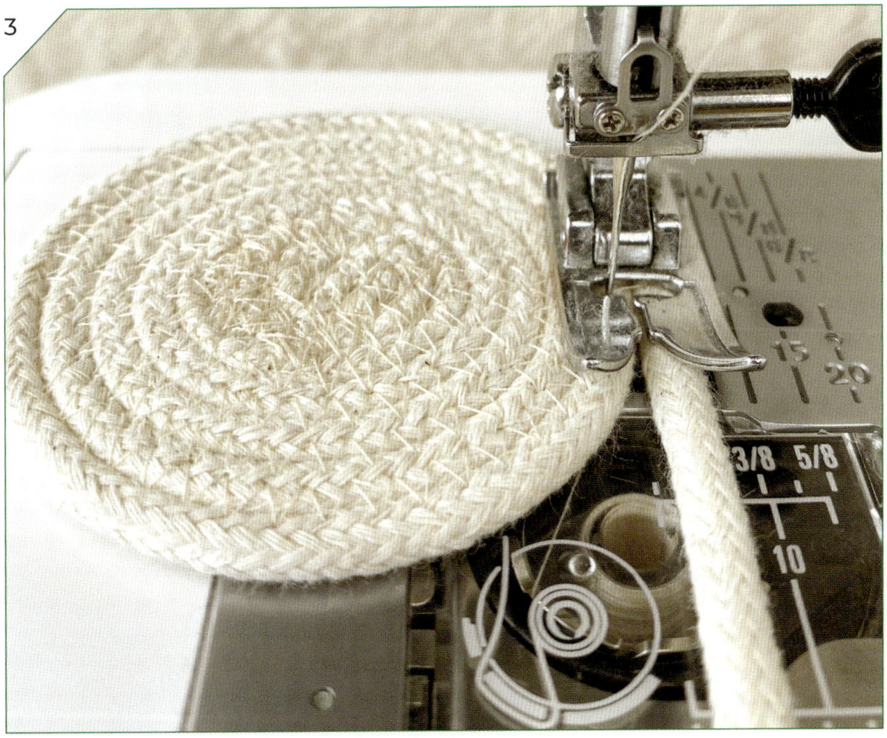

4

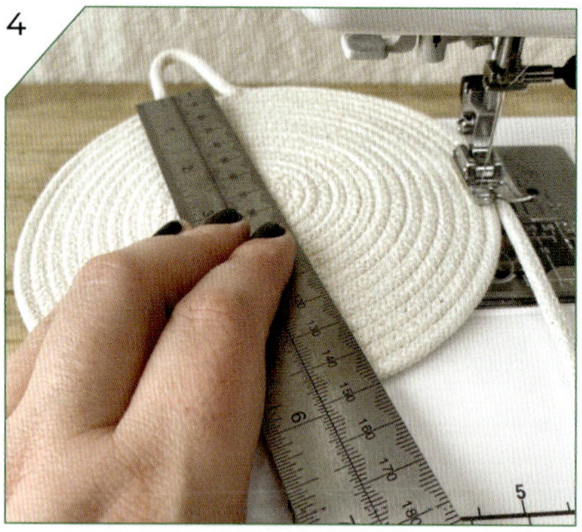

5

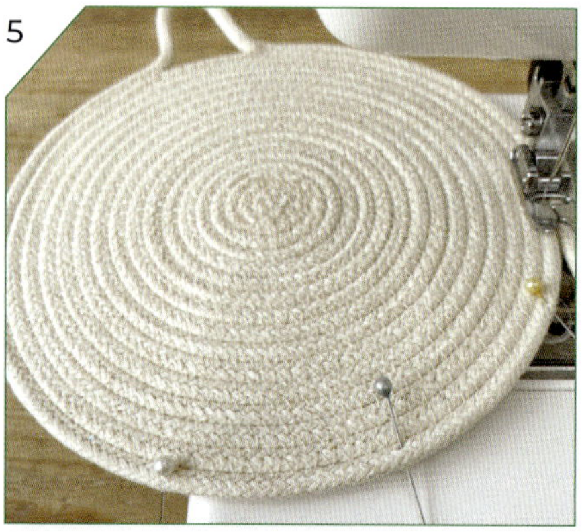

6

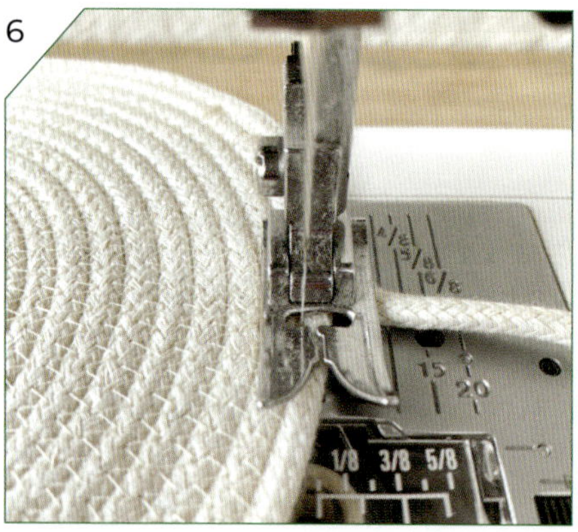

Für die große Spirale

Nähe eine flache Spirale, bis du 1,5 m Seil übrig hast. Erstelle einen 3 cm breiten Lückenabschnitt und sichere ihn an beiden Seiten mit einem Blockstich. Bilde eine Schlaufe, die 3,5 cm hoch ist.

Miss an diesem Punkt mit einem Lineal auf der Spirale von der Mitte des Lückenabschnitts nach unten und markiere die Stelle mit einer Stecknadel **(4–5)**. Markiere in 5 cm Abstand von dieser Stelle auf beiden Seiten jeweils eine weitere Stelle. Du solltest jetzt drei Punkte für die Lückenabschnitte Spirale markiert haben. Nähe bis 1 cm vor der ersten Nadel **(6)**. Arbeite einen etwa 2,5 cm breiten Lückenabschnitt und wiederhole dies für die anderen beiden Nadeln.

Um die Spirale fertigzustellen, nähe erneut eine Runde und beende die Spirale unten an der Schlaufe **(7–8)**. Nähe die Fasern auf der Rückseite der Spirale an, sodass sie versteckt sind.

Deine vier Seilelemente sind jetzt bereit zum Anmalen **(9)**.

7

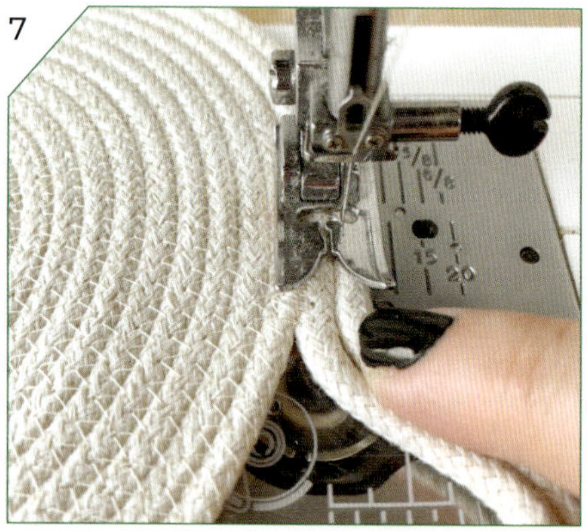

8

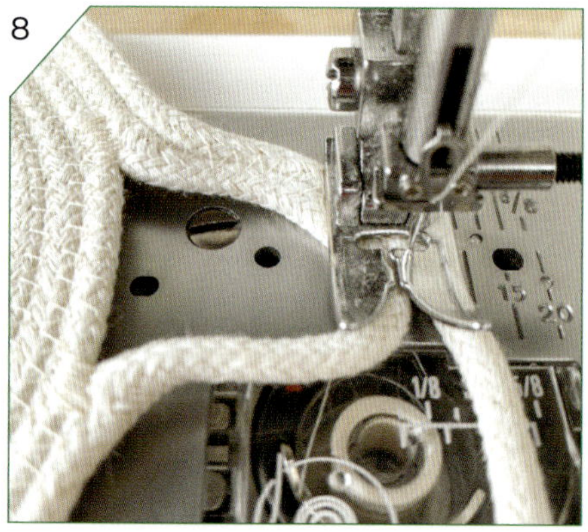

9

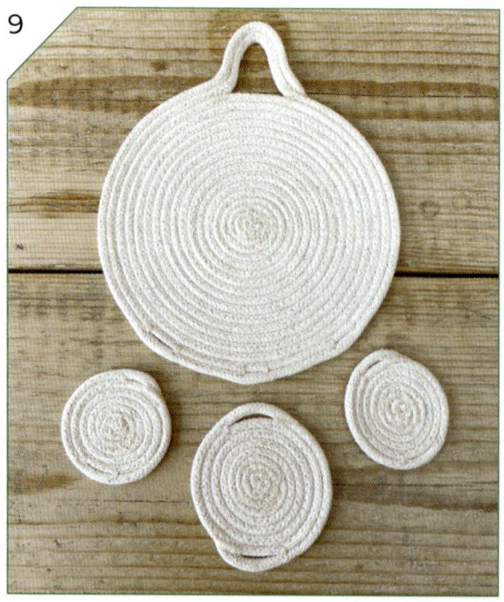

Die Seilelemente anmalen
Ein Hinweis zu Farben: Ein Baumwollseil kannst du hinsichtlich Farbe wie ein Baumwoll-T-Shirt behandeln. Anders gesagt: Wähle eine hochwertige Stoffmalfarbe, die du mit Wärme fixieren kannst. Nach dem Bemalen lässt du die Farbe trocknen, dann kannst du das Element entweder bügeln oder bedampfen. Ich verwende bei Seilen am liebsten ein Handgerät mit Dampf, weil dieser in die Zwischenräume kommt und die ganze Farbe fixiert. Wenn dein Bügeleisen eine Dampfoption hat, würde ich diese Einstellung empfehlen. Achte aber darauf, dass die Bügeleisenunterseite nicht an die Farbe kommt – verwende Backpapier als Schutz.

Um bei dem abstrakten Apfelbaum-Motiv zu bleiben, habe ich eine Farbpalette in Dunkelgrün und Schwarz für die Seilelemente verwendet. Du solltest natürlich eine Farbpalette wählen, die zu deinem Motiv passt – das dürfen auch gern mehr als zwei Farben sein.

Ich habe auf der großen Spirale beide Farben eingesetzt und dann die beiden kleinen Spiralen grün und die mittelgroße Spirale schwarz angemalt. Bei Spiralen ist das ganz anders als bei Leinwand oder Ton **(10)**: Aufgrund der 3-D-Beschaffenheit ist es schwierig, detailliert zu arbeiten. Du musst die Farbe zwischen und über die Zickzackstiche streichen und darauf achten, dass du alle Seiten des Seils in den einzufärbenden Bereichen erwischst.

Ich male in der Regel einen groben Umriss vor und verwende dann eine Tupftechnik, wie man es bei einer Schablone machen würde, um die Farbe in die Spirale einzuarbeiten. Nimm zunächst nur wenig Farbe und baue die Farbschicht allmählich auf. So hast du am meisten Kontrolle über den Prozess. Ich habe zuerst den grünen Streifen aufgemalt und dann den schwarzen Bereich darüber.

Wenn du alle Seilelemente angemalt hast, lasse sie vollständig trocknen und fixiere dann die Farbe entweder mit Dampf oder mit dem Bügeleisen **(11)**.

Jetzt sind alle Elemente bereit, um den Wandbehang fertigzustellen.

10
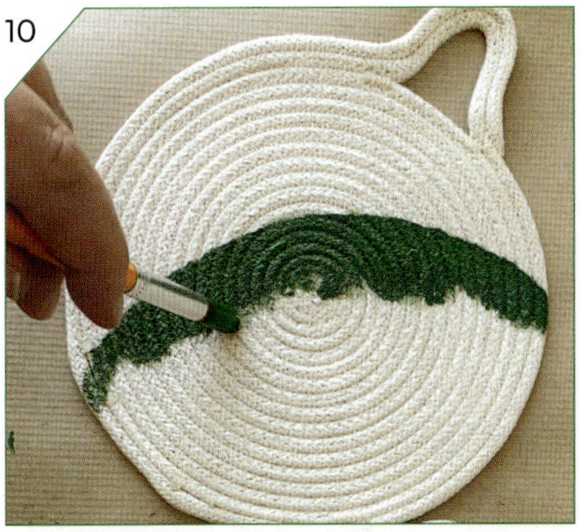

11
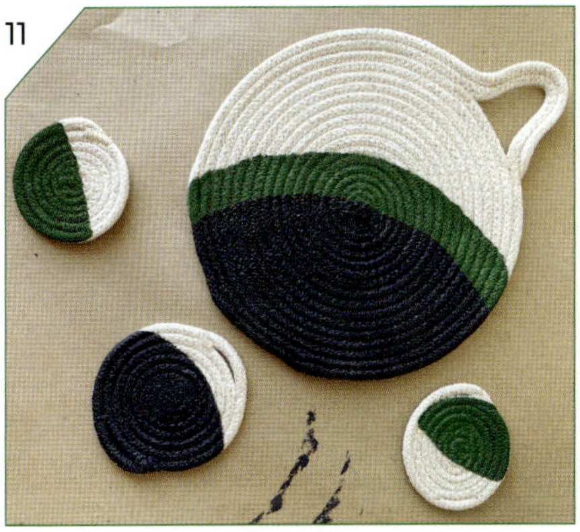

12

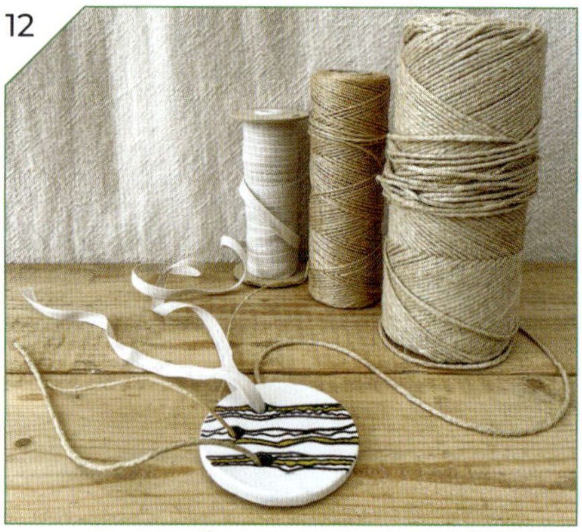

13

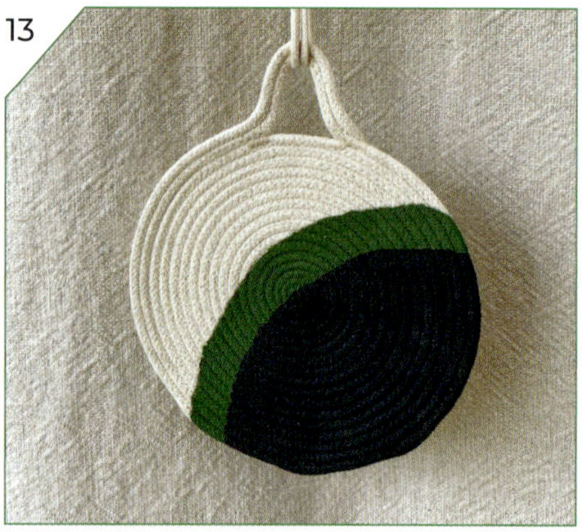

14

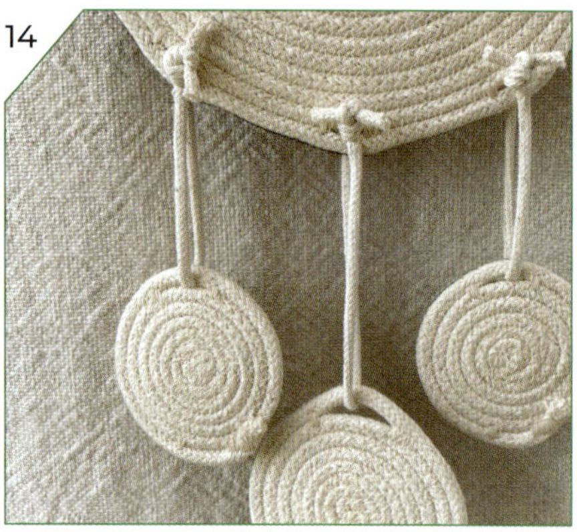

15

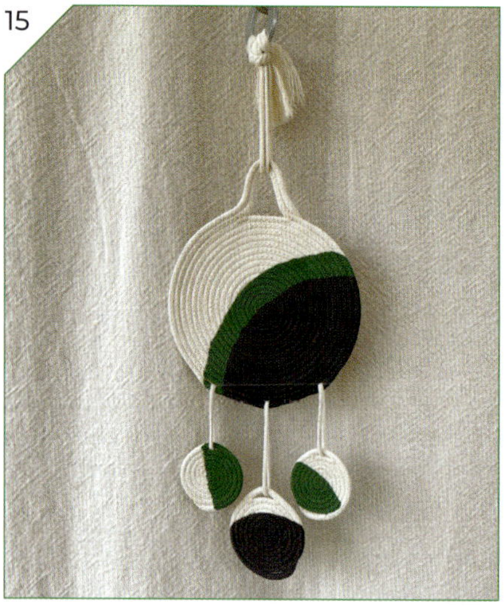

Zusammenbau

Es gibt nun viele Möglichkeiten, die einzelnen Elemente zusammenzubauen. Du kannst wie ich eine Sorte Seil verwenden oder dem Wandbehang noch mehr Textur verleihen, indem du jedes Element mit einer anderen Schnur anhängst **(12)**. Experimentiere mit unterschiedlichen Makramee-Knoten, um den Look zu verändern.

Meine Erklärung zur Zusammenstellung meines Wandbehangs kannst du einfach als Basis verwenden, um dein eigenes Kunstwerk zusammenzufügen.

Breite alle Elemente auf dem Tisch aus und überlege, wie du sie anordnen möchtest. Ursprünglich wollte ich ein völlig lineares Design machen, bei dem alle Elemente in einer Linie verbunden sind, doch nach ein paar Versuchen habe ich mich für drei separate, nach unten verlaufende Reihen entschieden.

Mit der Technik vom Hängekorb (siehe S. 72) habe ich die größte Spirale an der Lochscheibe befestigt **(13–15)**. Dazu habe ich 1,5 m Seil, das 3 mm dick ist, in gleich lange Teile geschnitten. Den Knoten habe ich dann auf der Rückseite statt auf der Vorderseite angeordnet. Die Enden habe ich für zusätzliche Textur ausgefranst.

Zunächst habe ich an der mittleren Reihe gebastelt und nur zwei Elemente verwendet, um den Blick auf die mittelgroße Spirale und das

Tonelement mit dem gemalten Baumstamm zu lenken. Beim Befestigen habe ich mit der Tonscheibe begonnen.

Ich habe drei gleich lange Stücke des 3-mm-Seils jeweils mit einem Loch im Tonelement verbunden und so geknotet, dass sie flach liegen. Dann habe ich sie durch die Seilspirale geführt, sodass sie hinter der Spirale sitzen, bevor sie zur großen Spirale führen.

Nun wurden alle Seile einfach auf der Rückseite der Spirale zusammengeknotet. Die Größe des Lückenabschnitts verhindert, dass die Seile nach unten durchrutschen.

Dann habe ich die beiden kleinen grünen Spiralen auf beiden Seiten hinzugefügt **(16)**. Den einfachen Knoten dazu habe ich auf der Rückseite der Hauptspirale versteckt.

Auf jeder Seite habe ich einen Halbkreis aus Ton und eine Tonperle hinzugefügt, und zwar auf verschiedenen Höhen. Dafür habe ich zwei längere, unterschiedlich lange 3-mm-Seile verwendet, die ich durch die Unterseite der Spiralen geführt habe. Dann habe ich das Seil durch die Perlen nach unten, um die Perle nach oben und wieder durch sie nach unten geführt, um die Perle zu fixieren. Schließlich habe ich die Halbkreise befestigt, indem ich das Seil von der bemalten Seite nach hinten geführt und auf der Rückseite verknotet habe.

Mein Wandbehang zeigt beispielhaft, was mit dieser Technik möglich ist. Das Wunderbare an diesem Projekt ist, dass du dabei experimentieren kannst: mit unterschiedlich geformten Tonelementen oder einer anderen Faser zum Erstellen oder Befestigen der Spiralen (Flachs oder Jute ergäben einen ganz anderen Look). Du kannst Elemente aus der Natur, wie Treibholz oder Tannenzapfen integrieren. Die Möglichkeiten sind wirklich grenzenlos und ich hoffe, dass du Spaß daran haben wirst, in diesem Format mit Seil zu experimentieren.

16

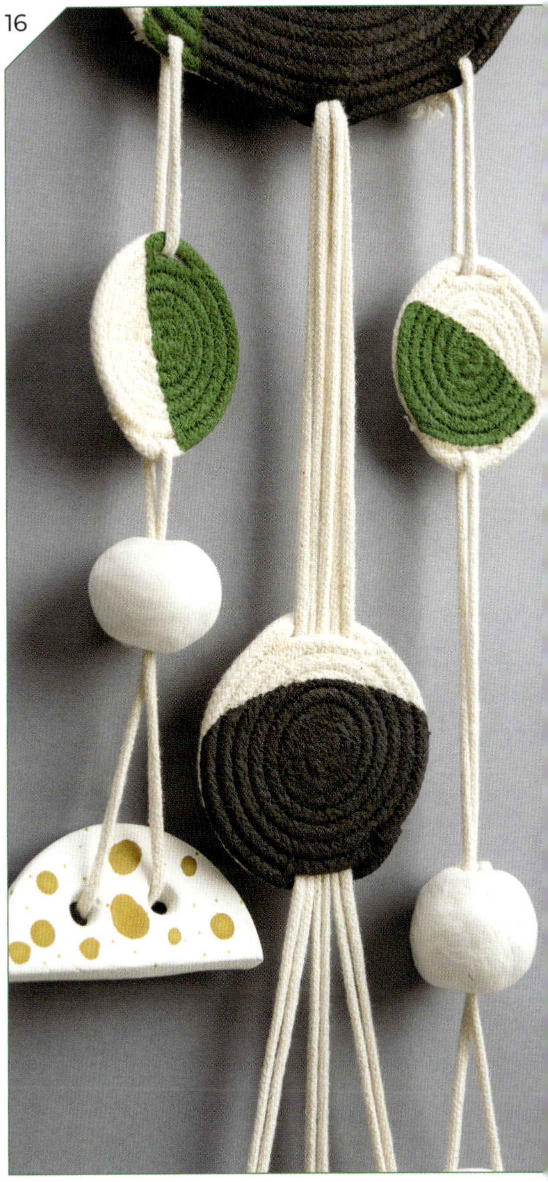

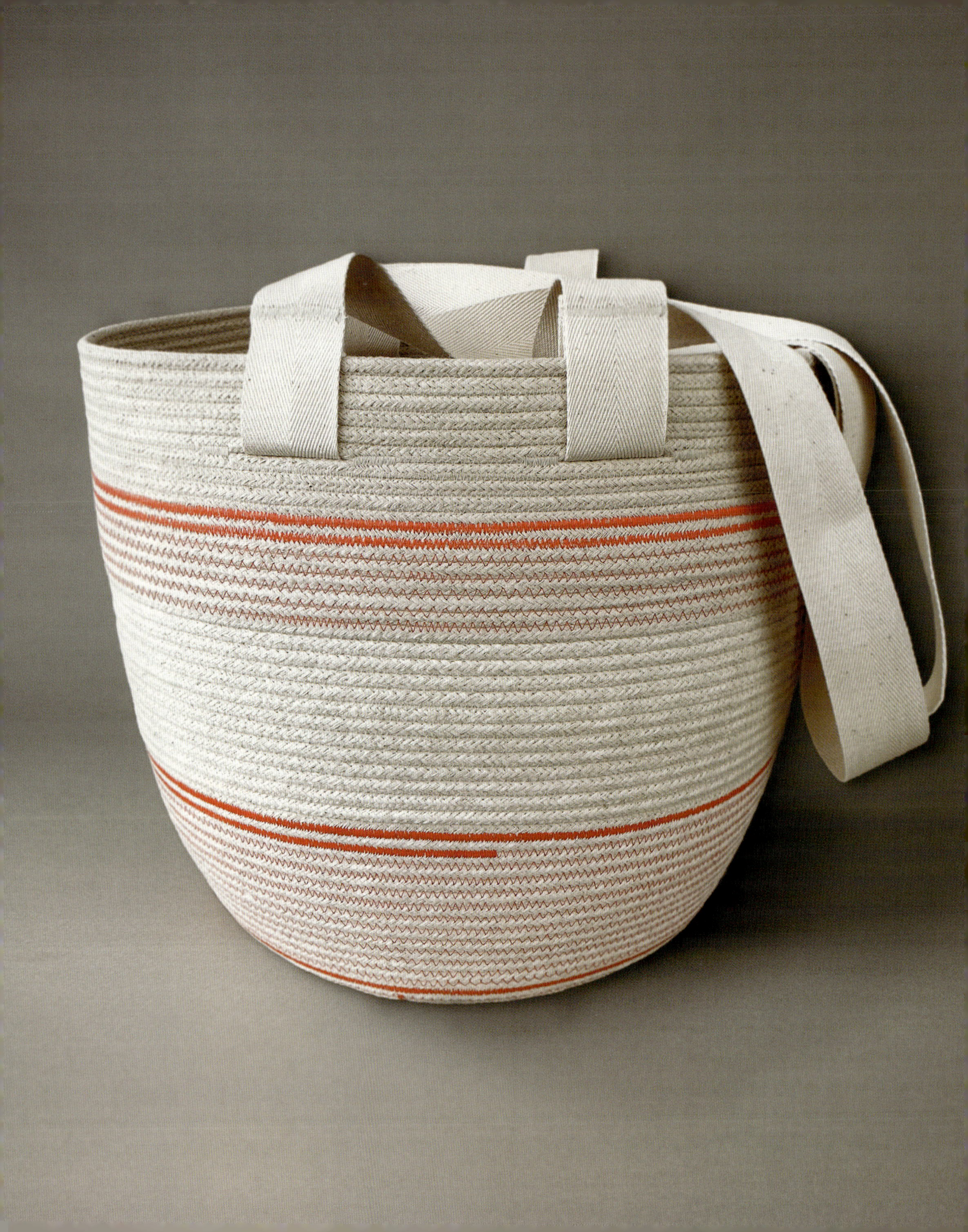

Strandtasche

Dieses Projekt beschert dir einen Begleiter für viele wunderbare Sommerausflügen. Diese Strandtasche ist perfekt, um viele der Techniken einzusetzen, die du in diesem Buch gelernt hast.

Beachte, dass dies die größte Spirale in dem Buch ist. Deine linke Hand ermüdet möglicherweise schnell, wenn sie das Gewicht abstützt. Ich habe absichtlich einige Fadenwechsel in dieses Projekt aufgenommen, damit deine Hand sich zwischendurch ausruhen kann. Am besten, du nimmst es dir an einem Wochenende vor oder zerlegst es in mehrere Zeitabschnitte.

Material

50 m x 8 mm ungebleichtes Baumwollseil

2,4 m x 38 mm breites Gurtband aus ungebleichter Baumwolle

bunter Faden und Faden in neutraler Farbe

allgemeiner Nähbedarf

Techniken

Griffe anbringen

Blockstich

Lückenabschnitte

Strukturnähte

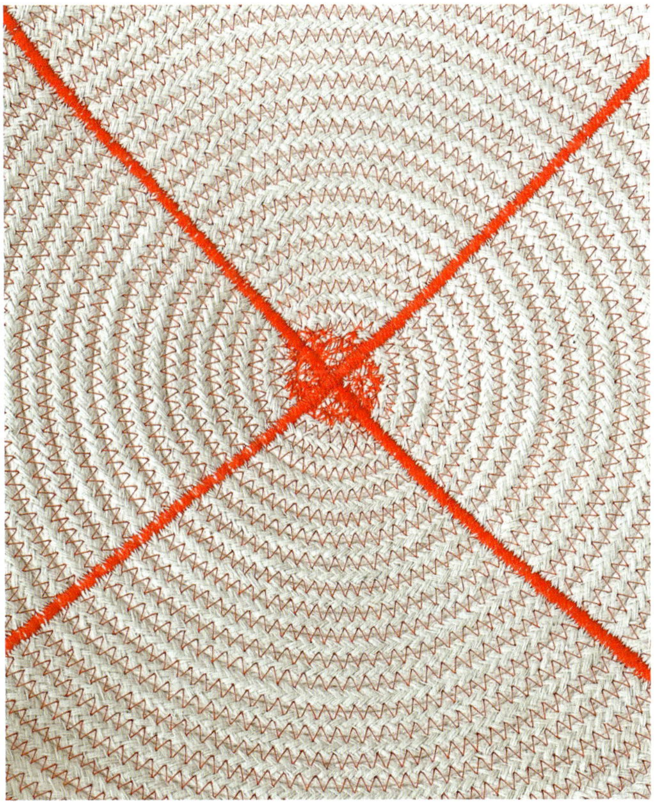

Strandtasche

Methode

Nähe mit dem bunten Faden eine 28 cm große Ausgangsspirale.

Bevor du mit dem Formaufbau beginnst, solltest du Strukturnähte hinzufügen. Sie verleihen der Tasche einen besonders festen Boden. Die Naht selbst sieht außerdem attraktiv aus und unterstreicht die Schönheit der Tasche noch.

Strukturnaht

Lasse die Nadel im Spiralteil deiner Arbeit und hebe das Füßchen an **(1)**. Drehe die Spirale vorsichtig zu dir, sodass deine Naht senkrecht wird. Senke das Füßchen ab und nähe in einer geraden Linie über den Mittelpunkt der Spirale bis zur anderen Seite.

Nähe mehrmals über die Linie, um eine Blockstichlinie zu bilden, die sehr fest ist und die Tasche stabilisiert.

Wiederhole dies im rechten Winkel zur ersten Linie, sodass ein X-Design entsteht **(2)**. Du stellst möglicherweise fest, dass die Spirale sich nach Fertigstellung der beiden Linien leicht zu wölben beginnt **(3)**. Das ist normal und ein Zeichen, dass die Naht die fertige Tasche stützen wird.

Der letzte Schritt bei den Strukturnähten besteht darin, das X mit einem O einzukreisen **(4–5)**. Nähe dazu über die letzte Runde, die du vor dem Nähen der Linien fertiggestellt hast, um eine Blockstichnaht zu bilden. Die Unterseite deiner Tasche ist jetzt fertig.

TIPP: Verwende ein Lineal und Schneiderkreide, um eine gerade Linie vorzuzeichnen.

1

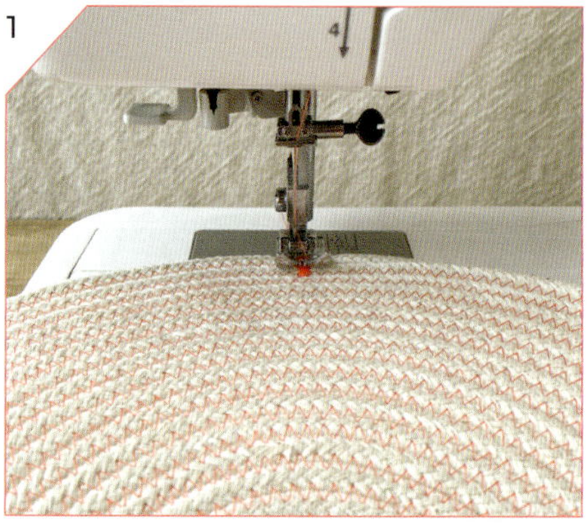

2

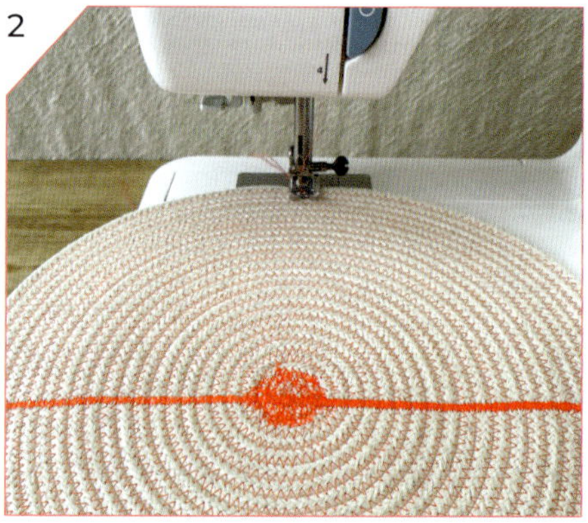

3

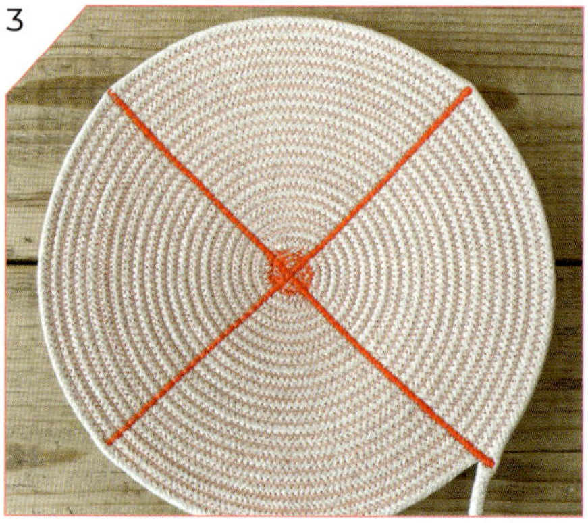

4

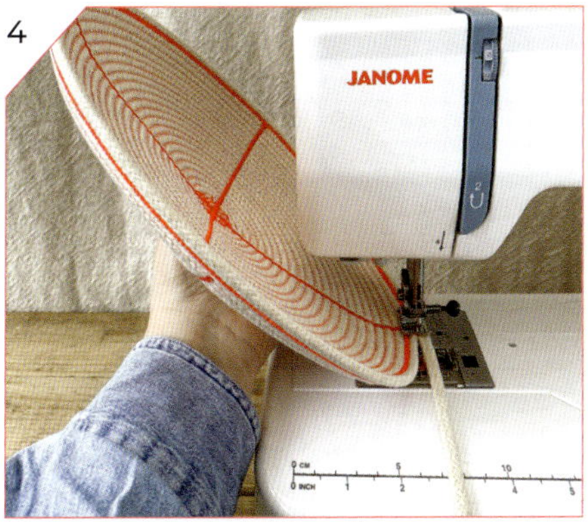

7

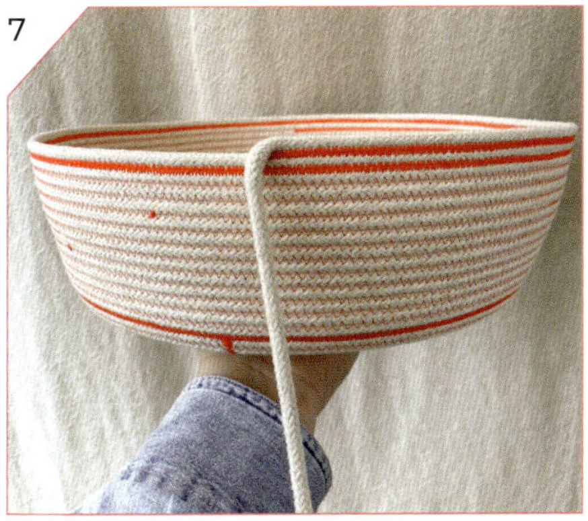

5

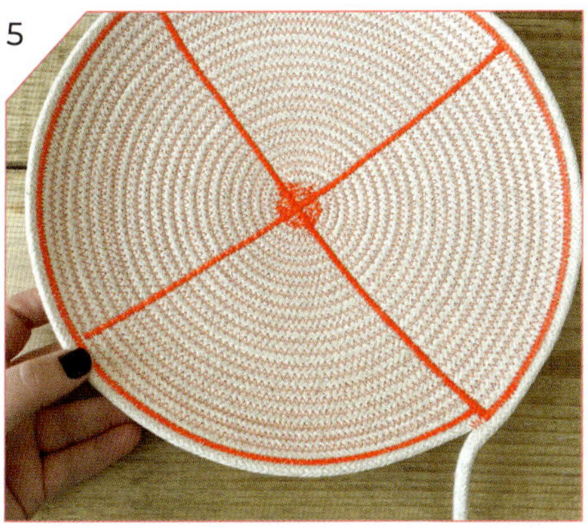

8

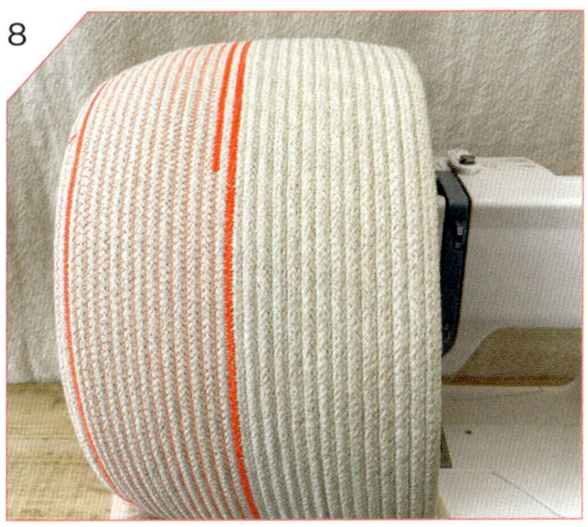

6

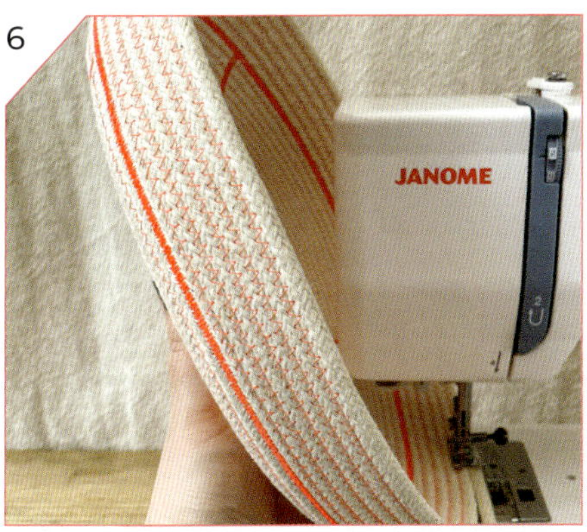

Formaufbau

Stütze die Spirale mit deiner linken Hand ab und neige sie auf halbe Höhe zwischen dem Sockel und der Seite der Maschine **(6)**. Du willst einen Winkel bilden, der mit jeder Runde einen gleichmäßigen Aufbau der Tasche nach außen und oben ermöglicht.

Nähe etwa dreizehn Runden im gleichen Winkel **(7)**. Arbeite dann in der letzten Runde eine weitere Linie Blockstich. Wechsele nun zum Faden in neutraler Farbe **(8)**.

Nähe weiter und versuche, die Form aufzubauen, während du die Breite beibehältst. Du kannst den Winkel überprüfen, ohne die Arbeit aus der Maschine zu nehmen, indem du die Linie vom Taschenboden, den deine linke Hand abstützt, bis zur Oberseite der Spirale abschätzt.

9

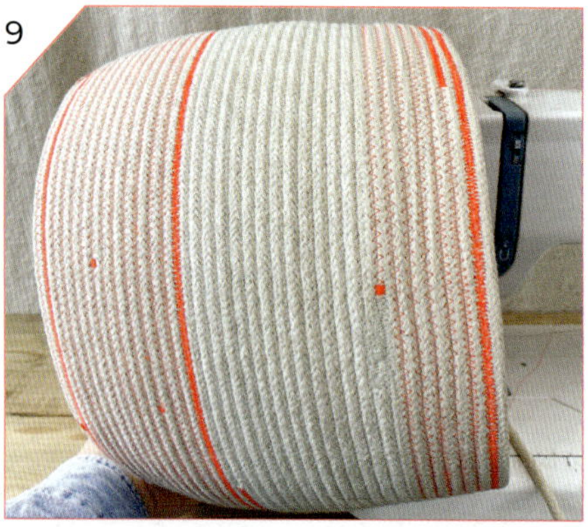

10

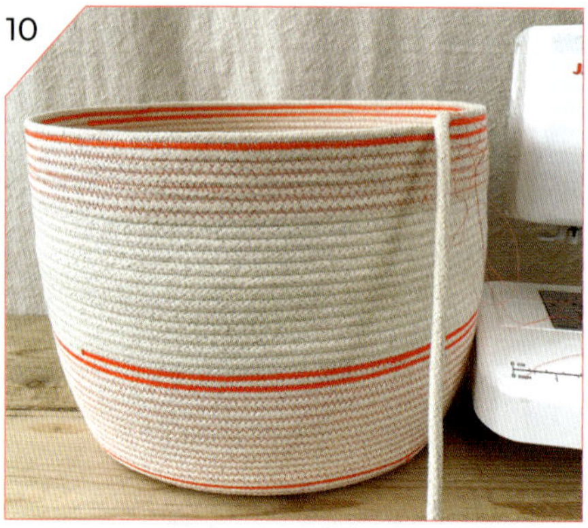

11

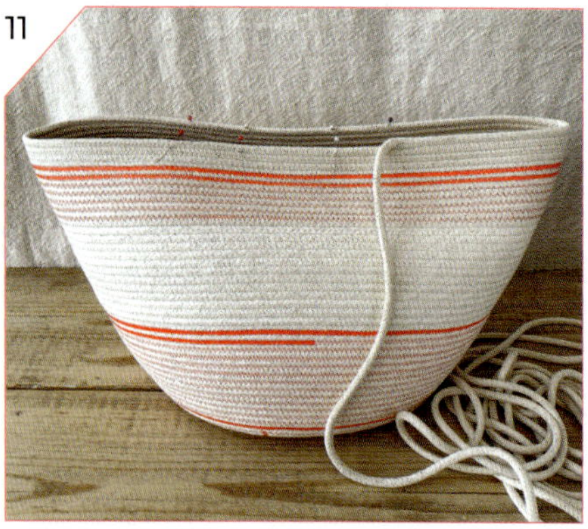

Bei einer größere Form wie dieser passiert es schnell, dass der Winkel sich ändert – er ist aber auch einfach zu korrigieren, wenn du den Fehler schnell bemerkst. Nähe etwa dreizehn Runden mit dem Faden in neutraler Farbe.

Wechsele zurück zum bunten Faden und nähe genauso weiter (**9**), um Höhe aufzubauen (**10**). Wenn du nochmals sieben Runden genäht hast, arbeite eine weitere Runde im Blockstich.

Du hast jetzt den letzten Abschnitt der Tasche erreicht. Nun musst du die Lückenabschnitte zur Aufnahme der Griffe aus Gurtband bilden. Bevor du weiternähst, suche das Ende des Seils und markiere 5 m mit einer Stecknadel. Nähe mit dem Faden in neutraler Farbe bis zu diesem Punkt.

Lückenabschnitte für die Griffe
Die Technik für diese Lücken kennst du bereits. Der schwierigste Teil besteht darin sicherzustellen, dass die Lücken richtig positioniert sind.

Nimm deine Arbeit aus der Maschine, um die Lückenabschnitte – vier an der Zahl – zu markieren. Der erste Abschnitt beginnt, wo du gerade die Naht beendet hast – und die Lücke muss 1 cm breiter als dein Band sein.

Meine Abschnitte mussten 4,8 cm breit sein. Ich habe also von dem Punkt meines letzten Stichs gemessen und dann mit einer Nadel markiert, wo ich wieder mit der Naht beginnen müsste (**11**). Nachdem du den ersten Abschnitt festgelegt hast, ist es einfacher, die gleichmäßige Positionierung der Abschnitte zu gewährleisten (**12**). Drücke die beiden Seiten der Tasche zusammen, sodass der Lückenabschnitt zu dir zeigt und zwischen der Mitte und dem rechten Rand liegt. Miss den Abstand vom rechten Beginn des Abschnitts zum Ende. Bei mir waren das 14 cm.

12

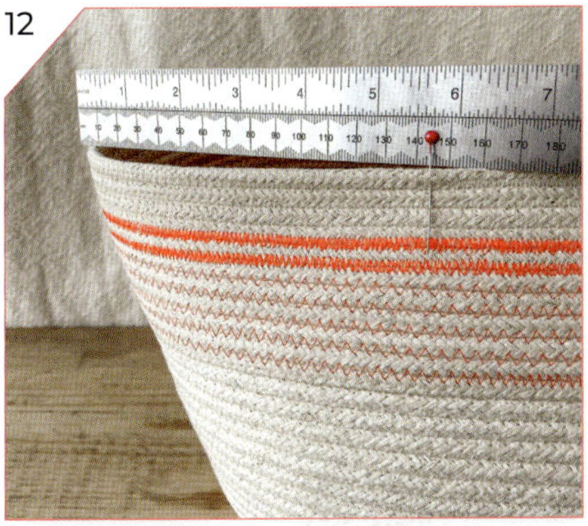

13

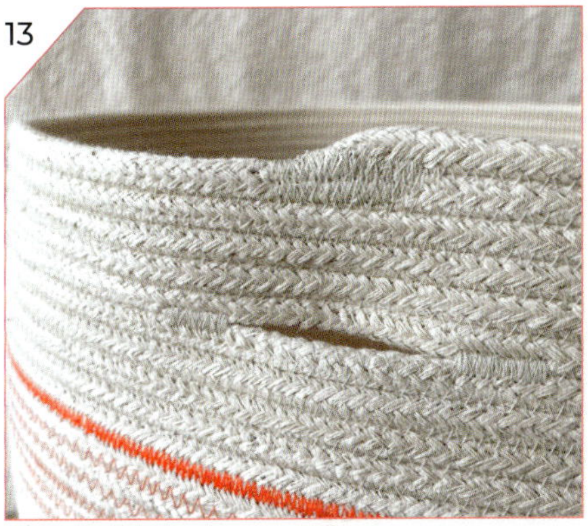

14

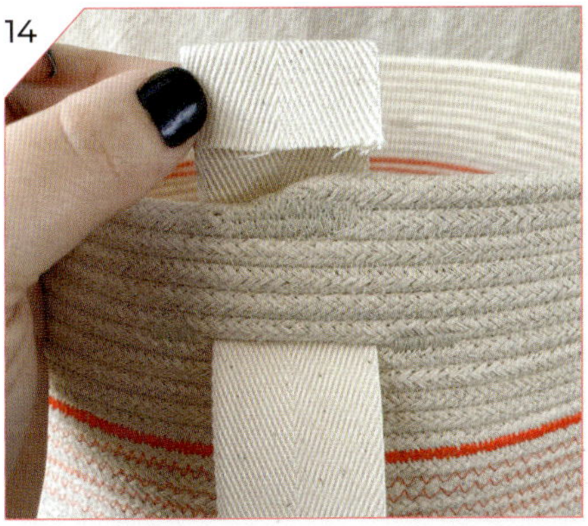

Miss jetzt von der anderen Seite und markiere einen Punkt 14 cm vom linken Rand mit einer Nadel. Markiere erneut die Breite deines – jetzt zweiten – Lückenabschnitts. Die beiden Abschnitte haben den gleichen Abstand zu den Rändern deiner Tasche. Um die anderen beiden zu markieren, drücke die Seiten zusammen und markiere die gegenüberliegenden Seiten an genau denselben Stellen auf der anderen Seite der Tasche.

Lege die Tasche wieder in die Maschine und nähe den Rest des ersten Abschnitts **(13)**. Arbeite um die Tasche herum und fixiere die Lückenabschnitte jeweils mit Blockstich. Stich dich nicht an den Stecknadeln, wenn deine Arbeit durch die Maschine läuft!

Wenn du alle Abschnitte fixiert hast, nähe weiter bis zum Ende des Seils. Beende deine Spirale möglichst auf halber Höhe eines Lückenabschnitts. Nähe das Ende fest an und verstecke es unter einem der Baumwollgurte.

Zum Schluss musst du nur noch die Griffe anbringen **(14)**. Die beiden Gurtabschnitte müssen dabei gleich lang sein. Verwende zwei 120 cm lange Stücke Gurtband.

Schiebe eine Länge durch die erste Lücke – von außen nach innen – und ziehe sie über den Rand der Tasche **(15)**.

15

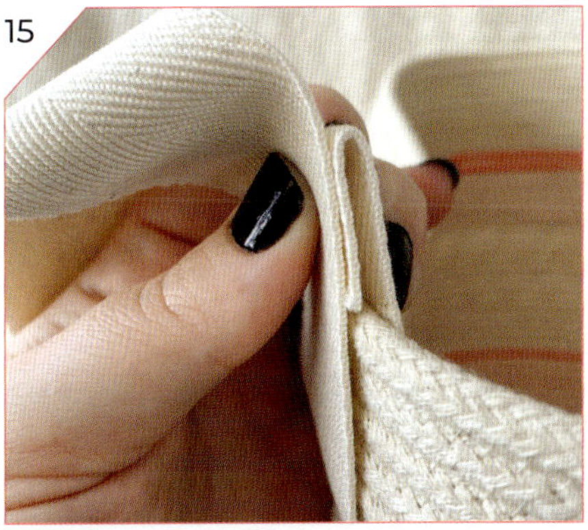

16

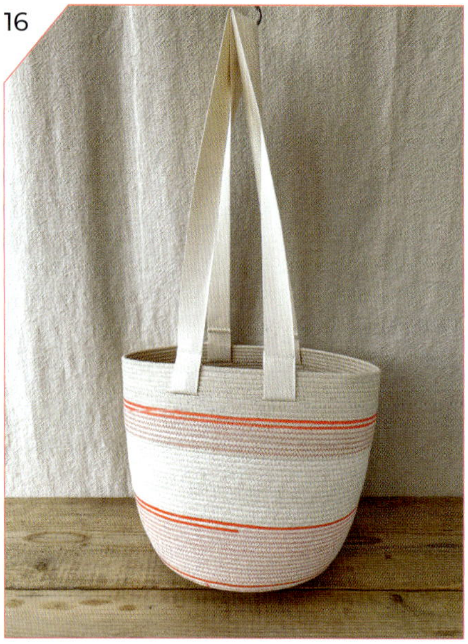

Falte das Band für einen sauberen Abschluss einmal um, sodass du drei Lagen Gurtband zusammenhältst. Lege sie vorsichtig in die Maschine und nähe sie gut fest.

Nimm das andere Ende deines Gurtbands und wiederhole den Vorgang in der zweiten Lücke. Der erste Griff ist jetzt fertig. Wiederhole dies mit der anderen Länge auf der gegenüberliegenden Seite.

Deine Tasche ist fertig und bereit für zahllose Sommerabenteuer **(16)**.

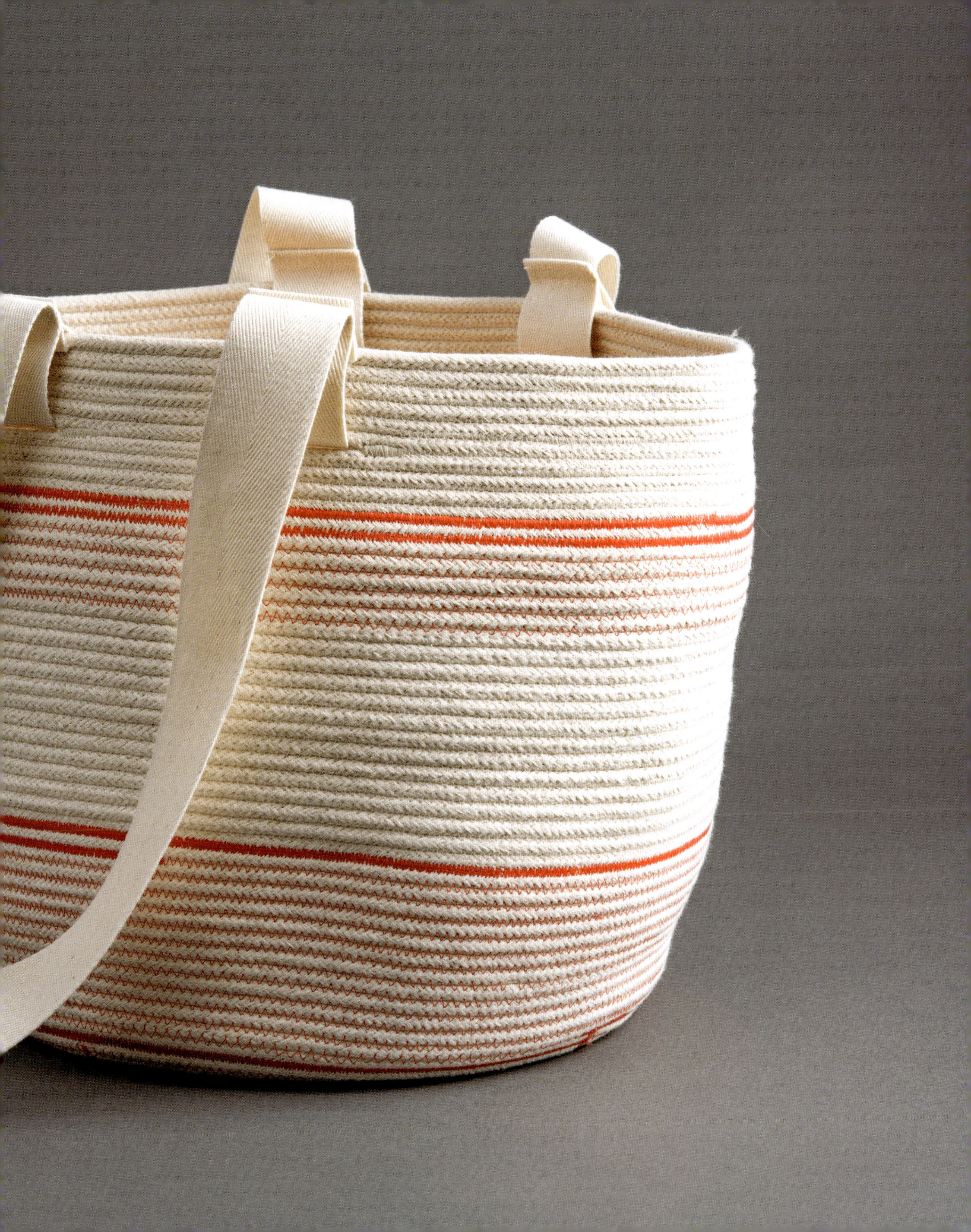

Variationen und Abwandlungen

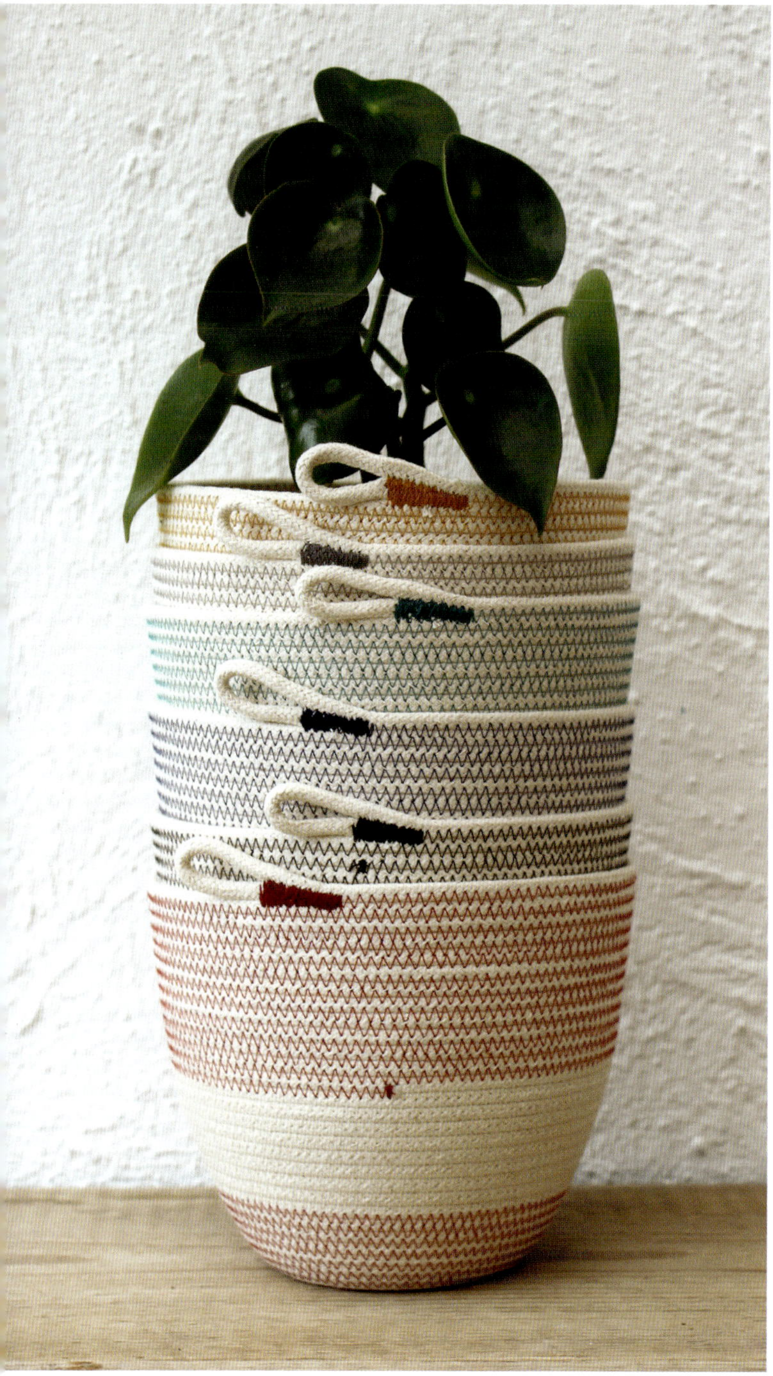

Am meisten liebe ich bei den Seilarbeiten die zahllosen Möglichkeiten zum Ausprobieren. Inzwischen kennst du dich ja gut mit einer Reihe von Techniken aus, mit denen du weiter experimentieren kannst.

In diesem Kapitel findest du einige Ideen, um die Designs abzuwandeln. Ich lege dir ans Herz, mit dem bisher Erlernten zu spielen und zu sehen, wo dich dies hinführt. So entwickelst du deinen eigenen kreativen Stil.

In diesem Buch hat jedes Projekt ein Element der Form, des Designs und der Farbe. Dies sind die drei Bereiche, auf die du deine Abwandlungen konzentrieren kannst. Wir wollen sie uns nacheinander ansehen und überlegen, welche unterschiedlichen Ansätze es gibt.

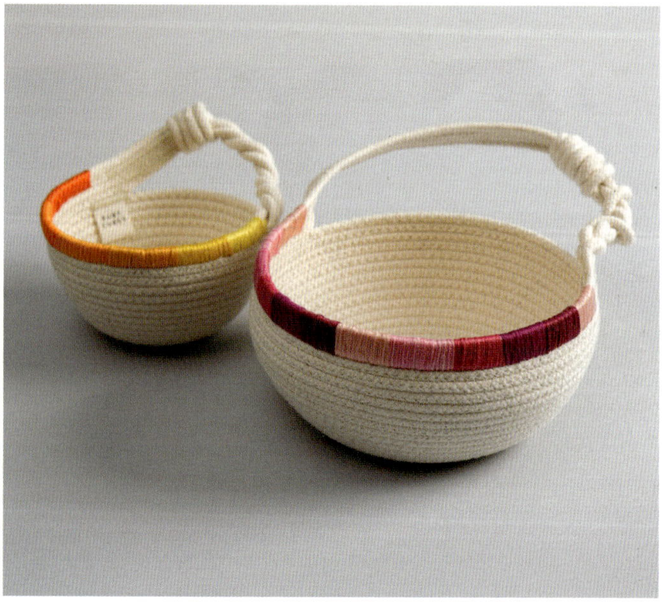

Form

Form ist das Hauptthema der Seilarbeiten – das Aufbauen einer 3-D-Form, indem ein Seil zu einer fortlaufenden Spirale genäht wird.

Dieses Buch zeigt dir die Grundlagen für Seilarbeiten und als wichtigstes Element dabei den Aufbau unterschiedlicher Formen. Von flachen Platzsets bis hin zu einer großen Strandtasche – jedes Projekt wurde so ausgelegt, dass du an Sicherheit bei den Seilarbeiten gewinnst.

Überlege angesichts der Objekte, die du bereits gemacht hast, was du als Nächstes anfertigen möchtest. Gab es ein Projekt, das du noch nicht richtig gemeistert hast und erneut probieren möchtest? Oder hat eines dich neugierig gemacht und du willst weiter in dieser Richtung arbeiten? Hier sind drei Anregungen für dich:

- Welches Projekt könntest du in einer größeren Version anfertigen?
- Welche anderen Projekte könntest du mit 10 m Seil ausprobieren?
- Wie könntest du ein Oval statt eines Kreises arbeiten?

Die Möglichkeiten sind wirklich grenzenlos. Verwende einfach die bekannten Techniken für neue Aufgaben!

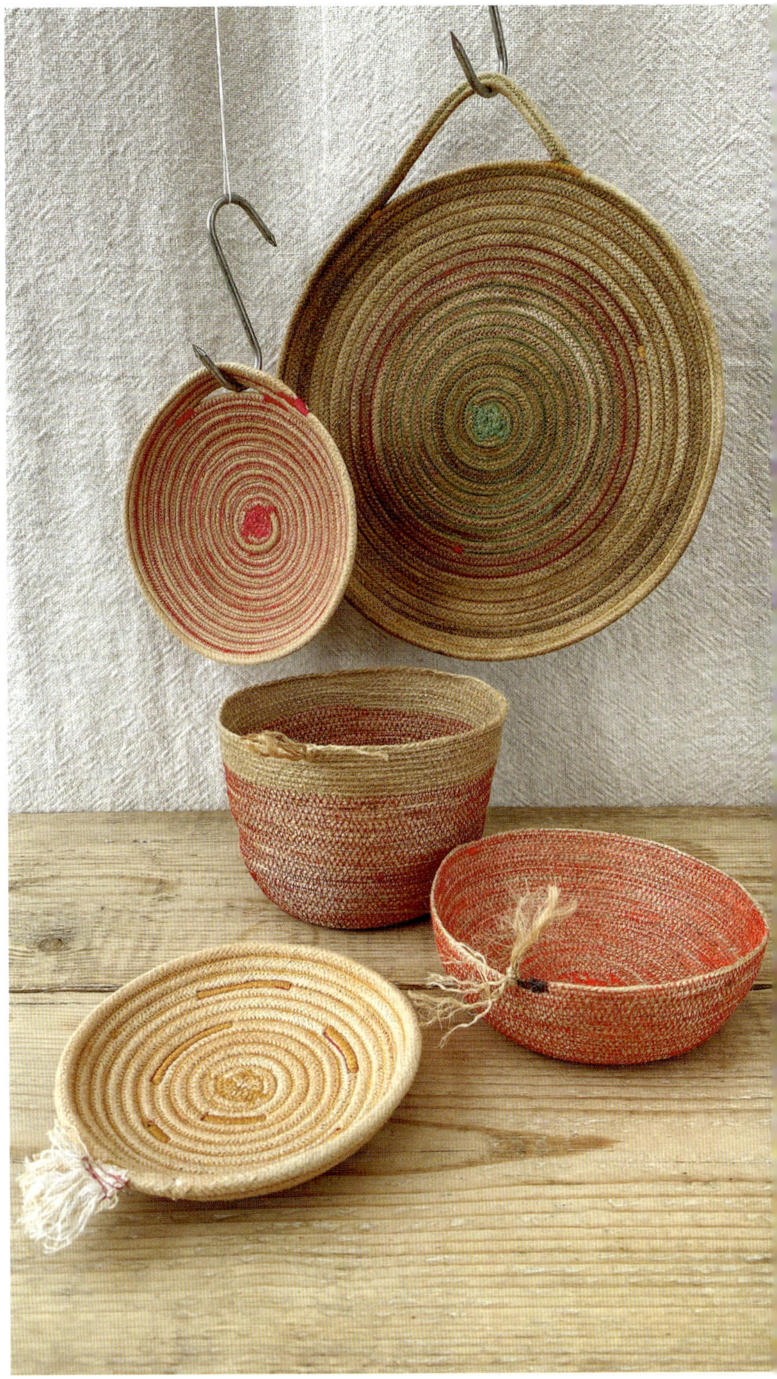

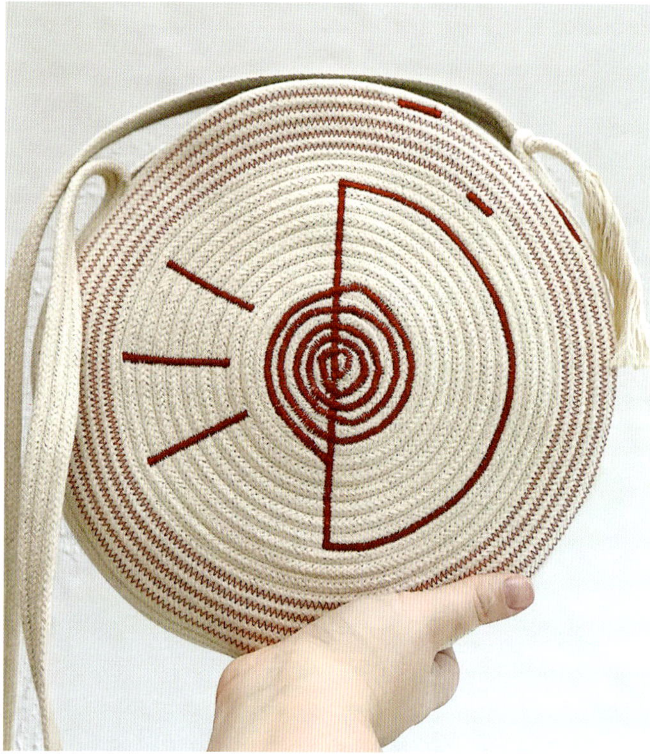

Design

Wann solltest du die Fadenfarbe wechseln? Wenn der Faden zu Ende ist oder wenn es in der Form interessant aussieht? Was sieht wohl am besten aus – ein Schlaufenabschluss oder eine Quaste?

Design ist ein Prozess, bei dem man Fragen stellt und Antworten darauf findet – am besten durch Experimentieren. Vielleicht findest du deine eigene einzigartige Methode für einen Abschluss.

Schlaufen waren schon immer mein Markenzeichen, weil ich den runden Look mag. Deshalb komme ich immer wieder auf diesen Stil zurück. Ich habe hier verschiedene Abschlüsse gezeigt – Schlaufen und Quasten sind die wichtigsten dabei. Vielleicht fällt dir etwas Besonderes ein, wie du deine Projekte abschließen kannst?

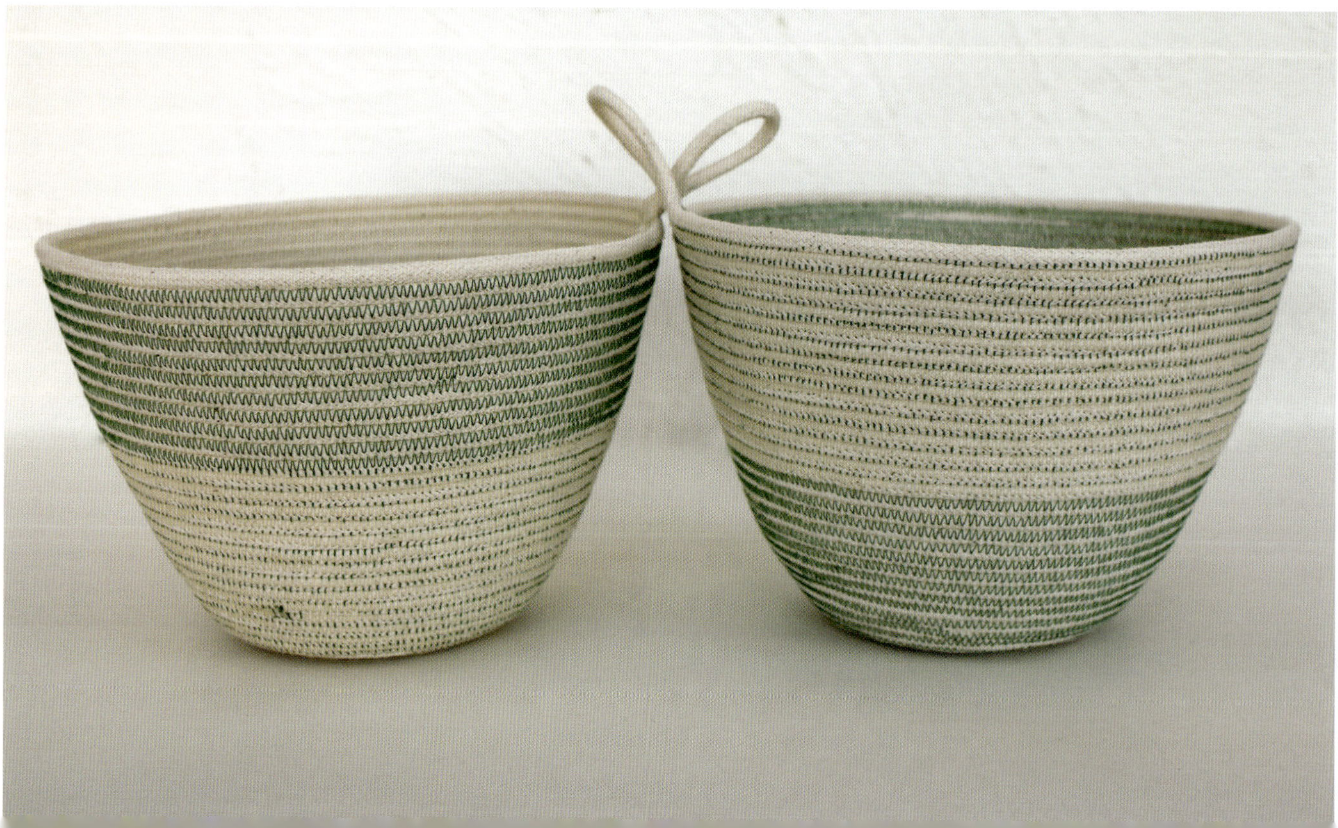

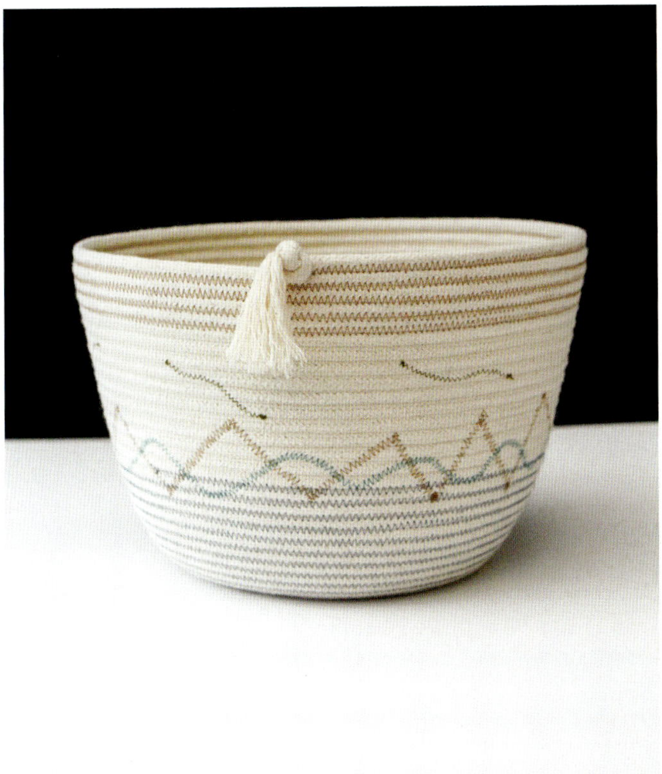

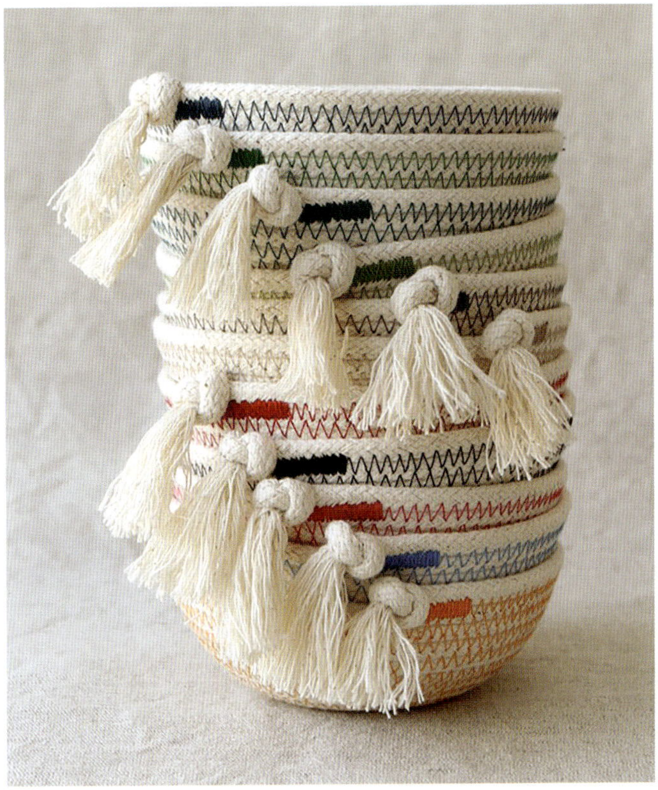

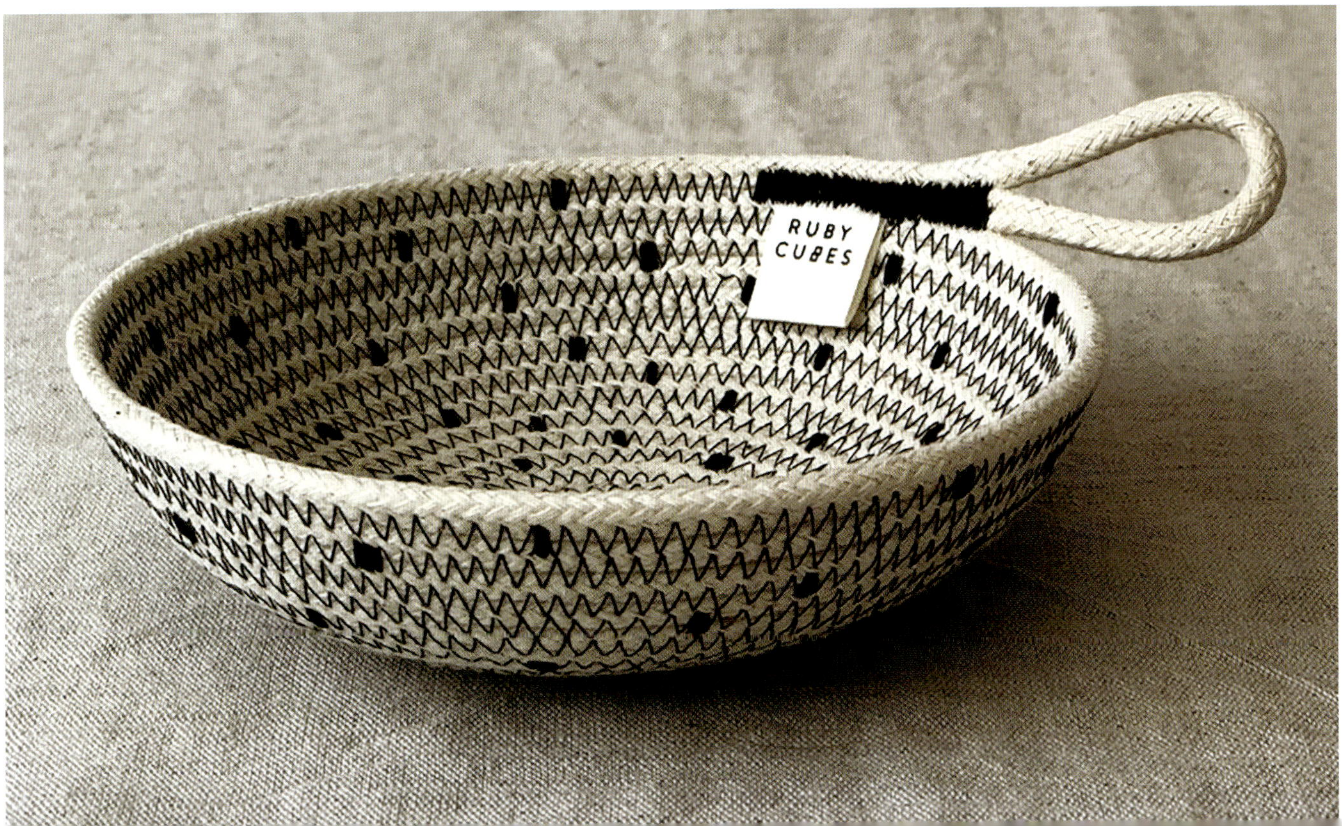
RUBY
CUBES

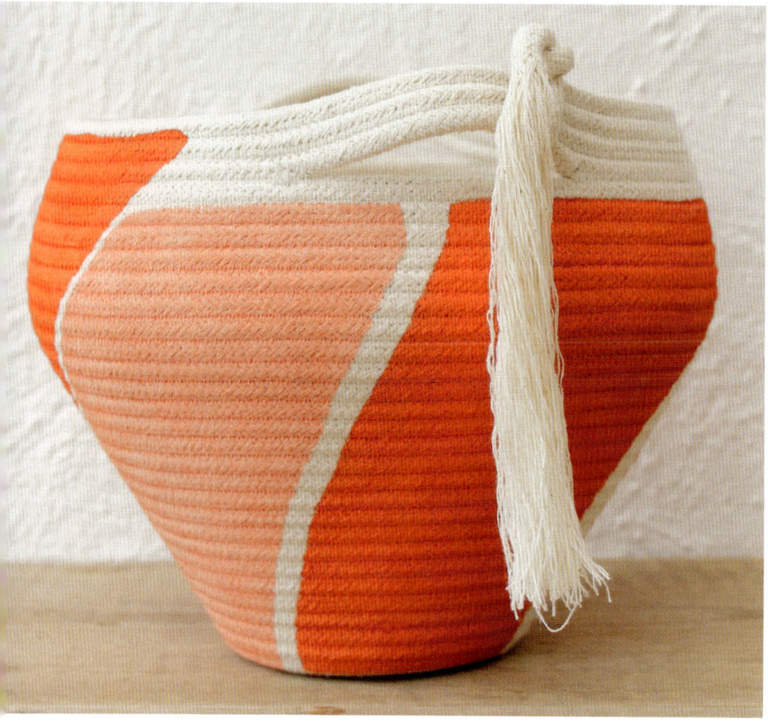

Farbe

Ich finde, das Experimentieren mit Farbe macht am meisten Spaß. Aufgrund der riesigen Garnauswahl hast du bei deinen Projekten vielleicht schon einige Kombinationen ausprobiert. Vielleicht hast du ohnehin klare Vorlieben für bestimmte Farben und ihre Zusammenstellung.

Ist dir auch aufgefallen, dass Pastellfarben bei Seilarbeiten problematisch sind? Das Seil schwächt die Farbe visuell ab. Das macht den Blockstich so nützlich. Strukturell ist Blockstich eine unentbehrliche Technik, ästhetisch ist er ein Geschenk.

Weißt du schon, ob du es gerne kunterbunt magst oder einen minimalistischen Look vorziehst? Bei dem Wandbehang wird Stoffmalfarbe für die Gestaltung verwendet. Garn und Stoffmalfarbe sind die beiden offensichtlichsten Optionen bei der Farbgestaltung – aber wie wäre es, einfach das Seil einzufärben?

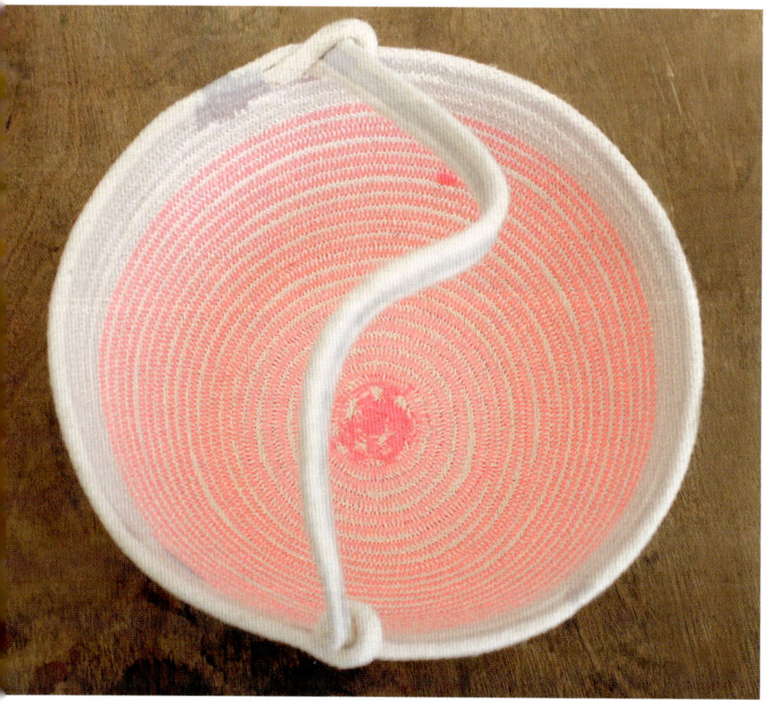

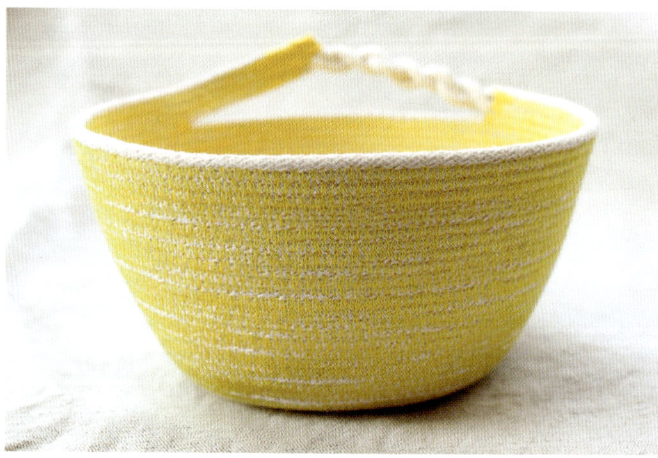

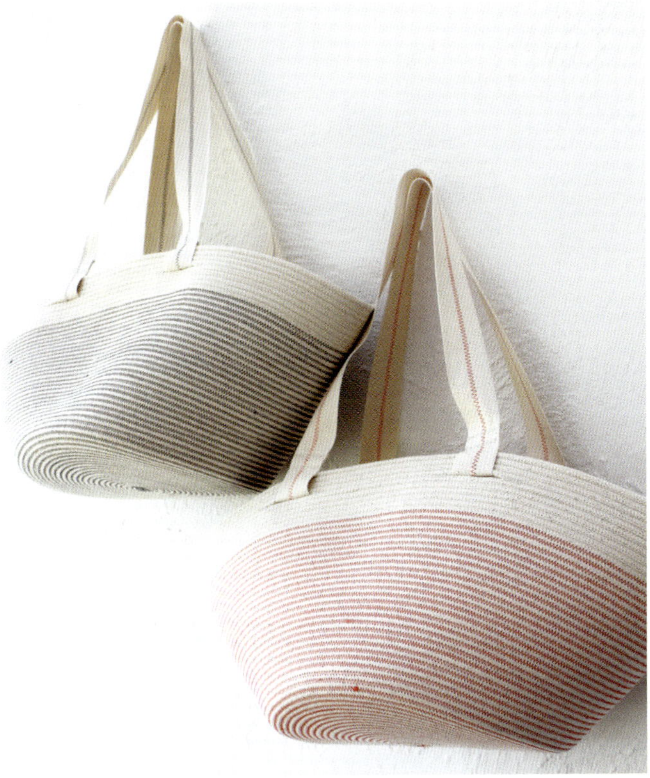

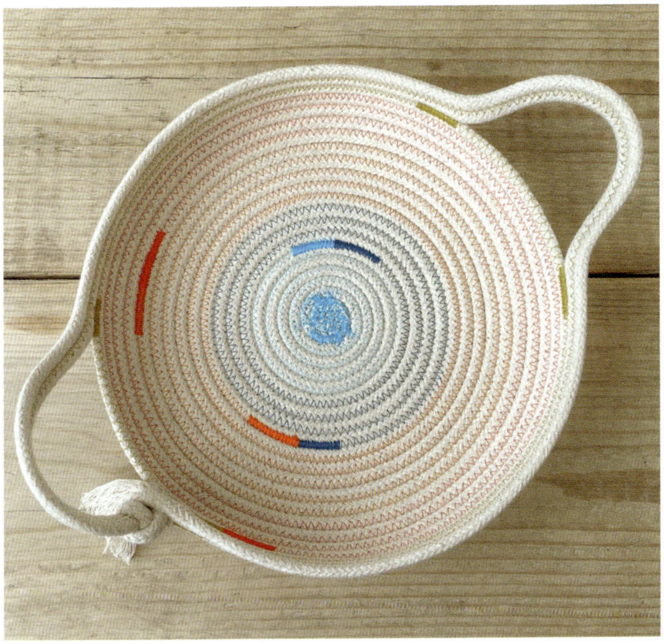

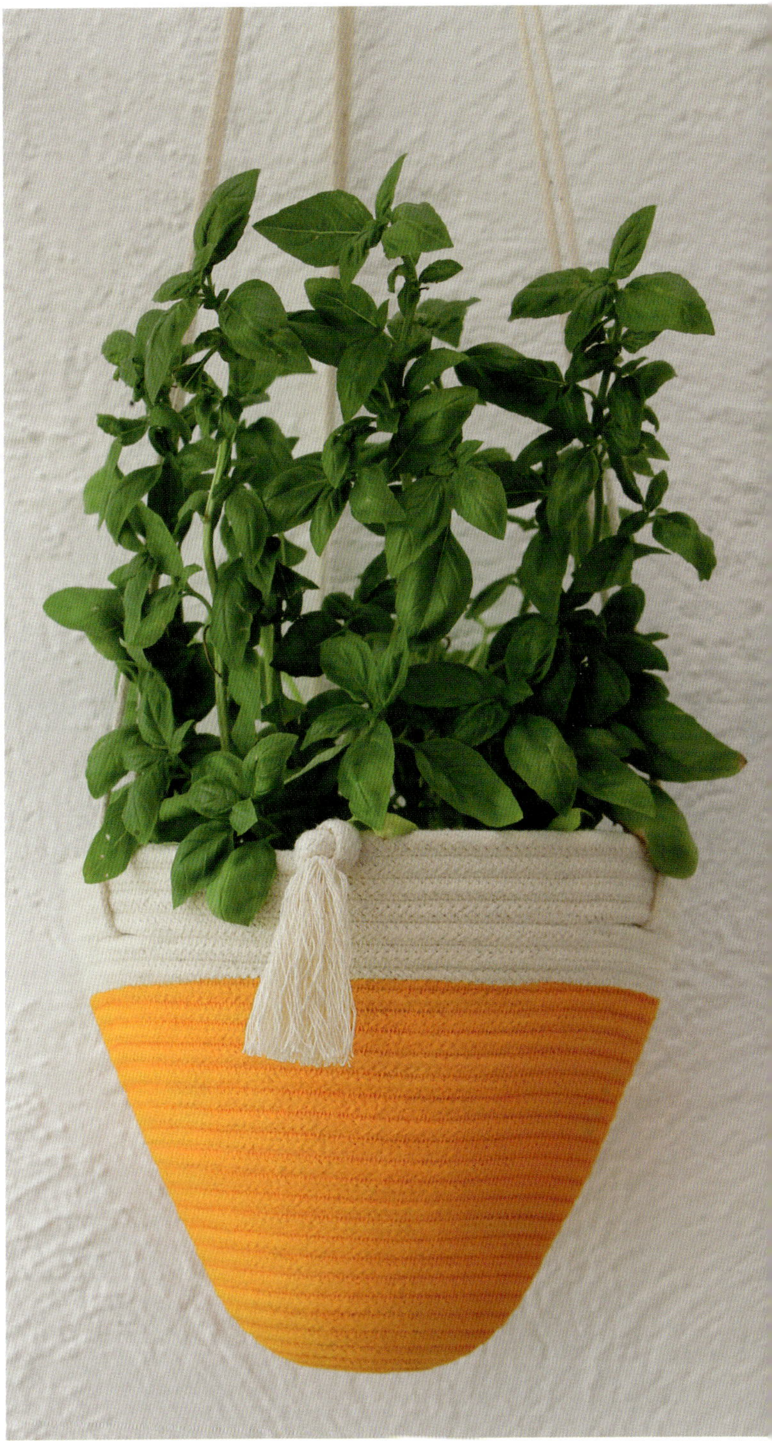

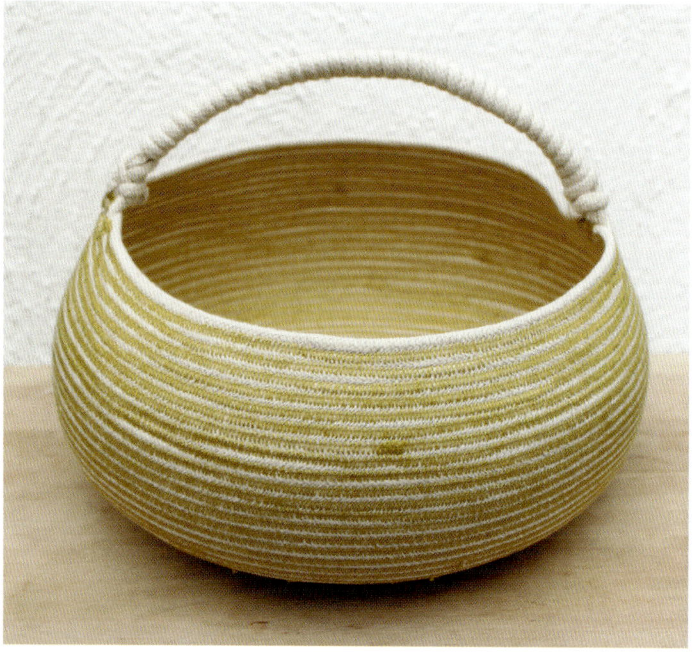

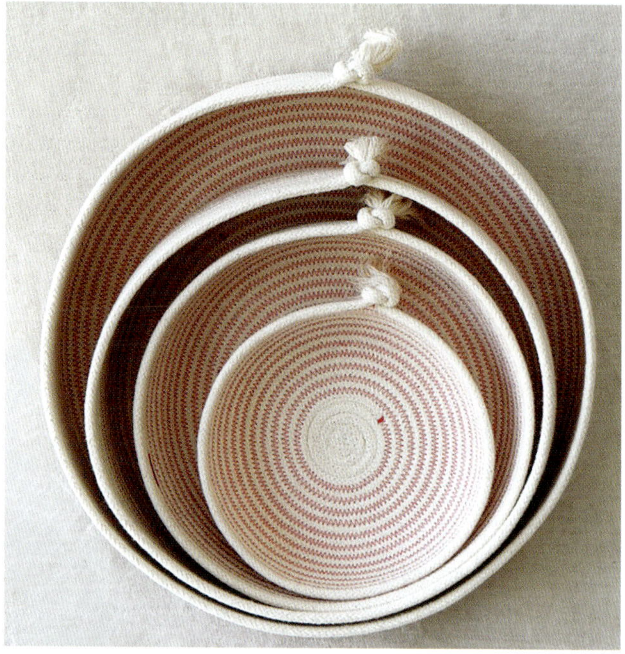

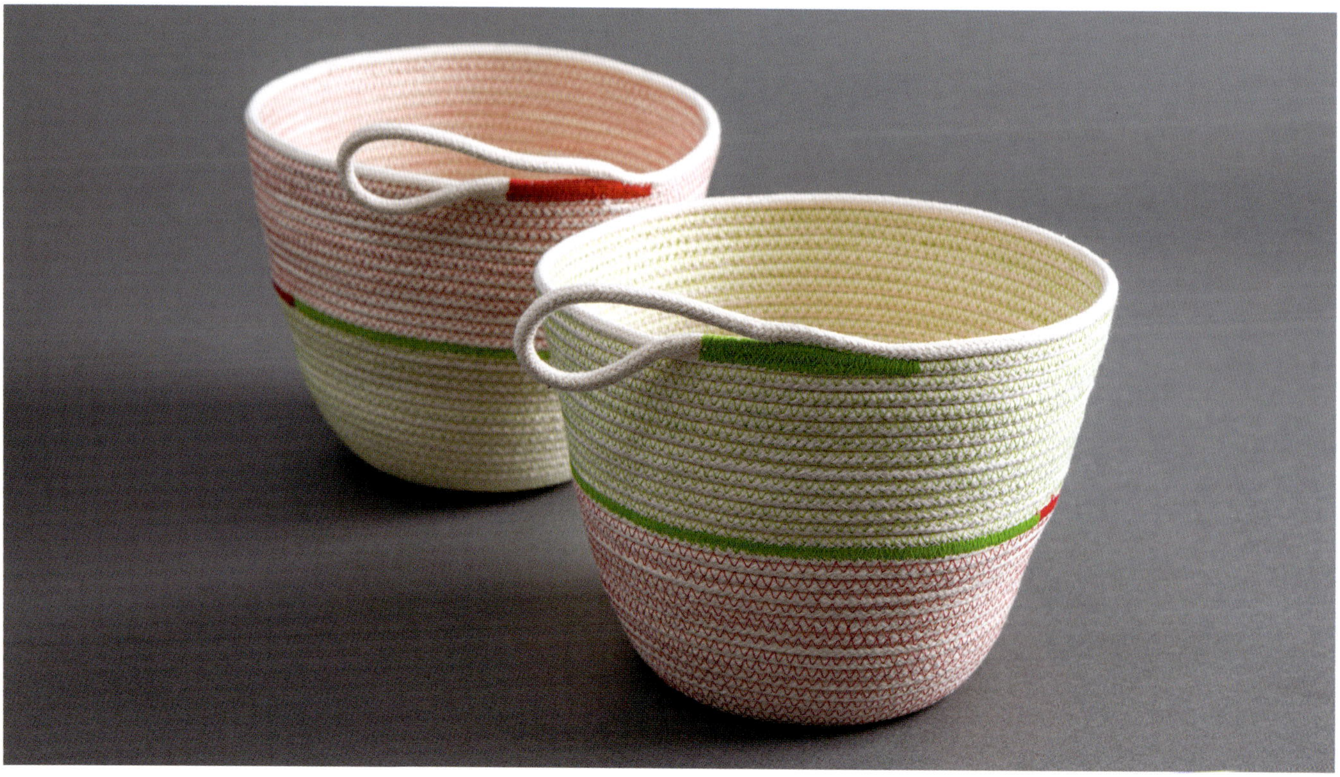

Baumwollseil ist ein Naturmaterial. Daher kannst du mit natürlichen und chemischen Farbstoffen experimentieren. Bei einer kurzen Internetsuche wirst du vielfältige Ideen für erste Schritte beim Färben finden. Befolge dabei unbedingt alle Sicherheitshinweise, insbesondere wenn du zu Hause färbst.

Ich habe in der Vergangenheit mit Farbbädern experimentiert. Ein Rat von mir: Achte darauf, dass das Seil vor dem Verarbeiten ganz trocken ist. Außerdem kann der Färbeprozess die Struktur des Seils verändern und es weniger robust machen.

Egal, ob du mit Garnfarben, Stoffmalfarbe oder Farbbädern experimentieren möchtest – das Wichtigste ist, sich von der Beziehung zwischen Seil und Farbe faszinieren zu lassen. Wer weiß, wohin dich das führt!

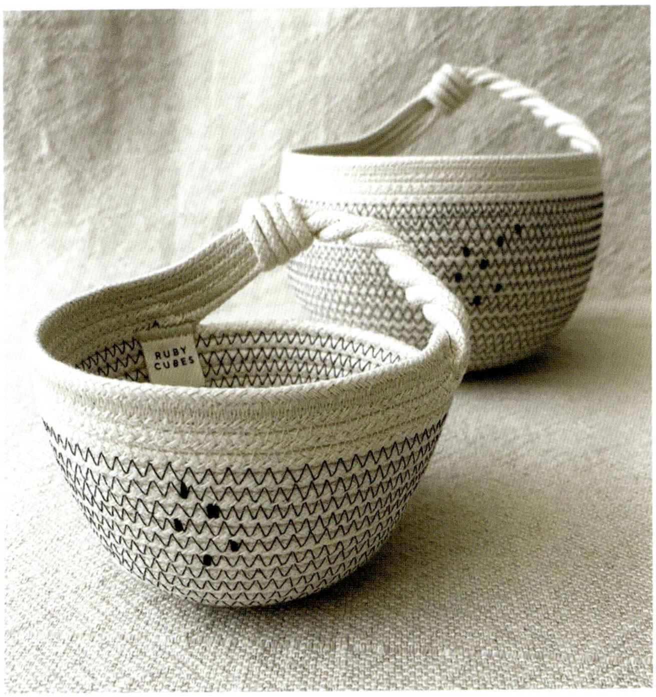

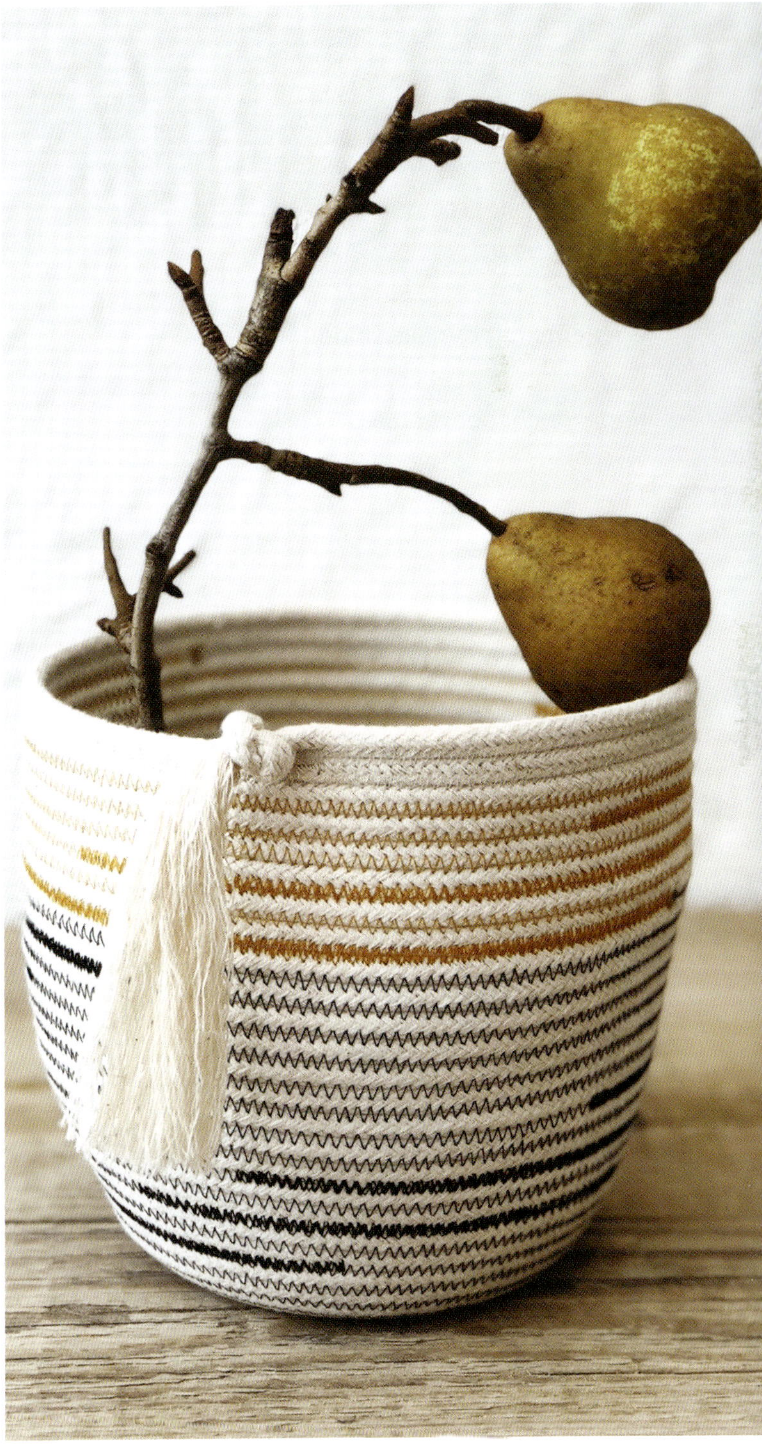

Problembehebung

Ich habe eine Reihe von Workshops geleitet. Daher kenne ich die häufigsten Probleme beim Erlernen der Seiltechnik und einfache Lösungen. Solltest du also einmal in der Klemme stecken, kannst du mit diesen Tipps schon bald weiternähen.

Probleme mit der Maschine

Nadel bricht oder verbiegt sich

- Verwendest du eine Jeansnadel bzw. eine Nadel für schwere Beanspruchung? Wenn nicht, wechsele die Nadel.
- Hast du das Füßchen gesenkt? Man vergisst es leicht einmal, wenn man dickeres Seil in der Maschine hat.
- Ist die Nadelposition in der richtigen Einstellung für den Zickzack-Stich? Sieh in deiner Anleitung nach und finde die richtige Taste bzw. den richtigen Hebel dafür.
- Ziehst du zu stark? Es braucht eine gewisse Balance. Wenn du zu stark ziehst, bringst du die Nadel möglicherweise vom beabsichtigten Weg ab, sodass sie bricht.

Am besten wechselst du die Nadel nach ein paar kleineren Projekten bzw. nach jedem großen Projekt. Nadeln werden schnell stumpf, insbesondere wenn du viele Meter Seil vernähst.

Faden reißt oder verheddert sich

- Verwendest du den richtigen Faden – hochwertigen Allesnäher oder Baumwollgarn für dicke Stoffe? Wenn nicht, wechsele den Faden.
- Ist die Spannung richtig eingestellt? Verheddert sich der Faden auf einer Seite? Prüfe, ob sich die Spannung verstellt hat. Das passiert öfter bei größeren Teilen, wenn die Spirale beginnt, die ganze Maschine abzudecken.
- Hast du den Faden richtig eingefädelt? Das ist zwar eine Grundlage, aber manchmal rutscht der Faden irgendwo heraus oder die Spule sitzt falsch herum.

Faden erfasst nicht beide Seiten des Seils

- Kannst du den Zickzackstich breiter stellen? Teste an einem Untersetzer oder einem Reststück deine Stichbreite und -länge. Du musst die richtige Balance finden, damit beide Seiten erfasst werden und du zügig nähen kannst.
- Vielleicht ziehst du die Seiten nicht eng genug zusammen.

Maschine wirkt schwergängig oder näht laut

- Entferne Fussel aus der Maschine. Wahrscheinlich hat die Nadel Schwierigkeiten, durch das Seil plus eine große Menge Fussel zu stechen.
- Wechsele deine Nadel – vielleicht ist sie stumpf und hat Probleme, durch das Seil zu stechen.

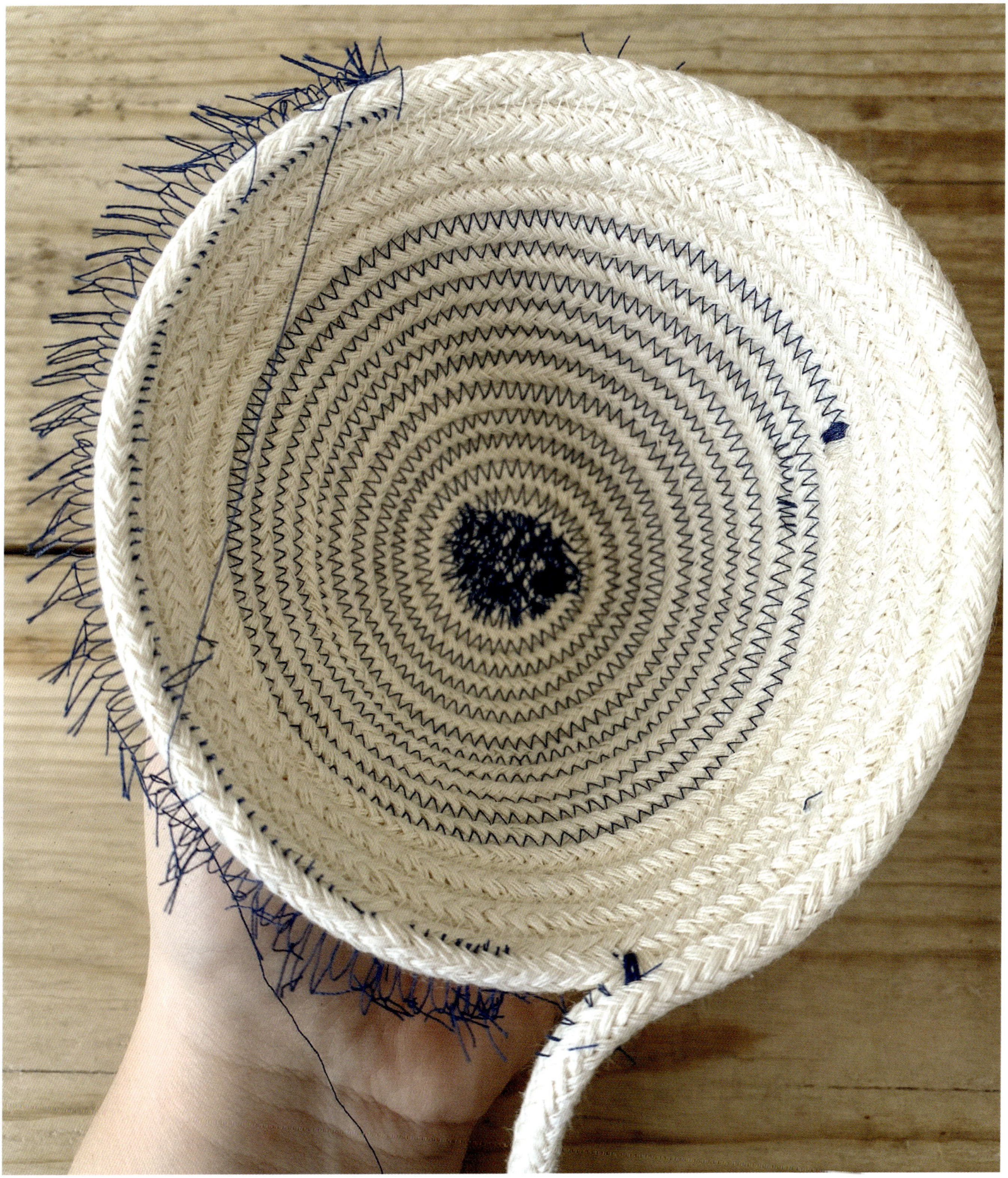

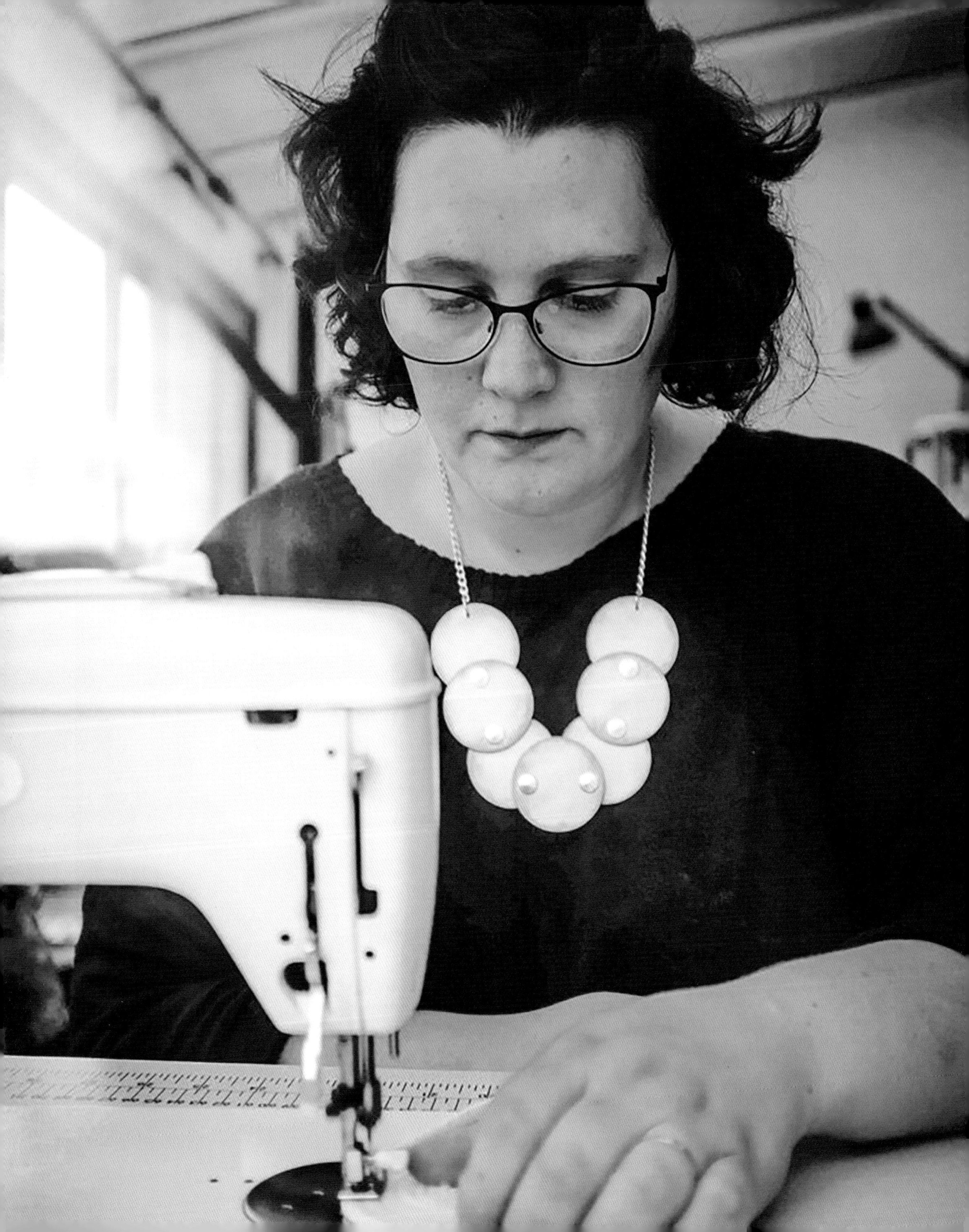

- Muss deine Maschine geölt werden? Ältere Haushaltsmaschinen müssen geölt werden. Durch den Zickzackstich muss die Maschine härter arbeiten. Lese in deiner Anleitung nach, um zu sehen, ob ein paar Tropfen Öl die Maschine wieder ruhig laufen lassen.

Probleme bei der Formgebung

Spirale wirkt nicht fest

- Überprüfe die Fadenspannung – ist sie oben und unten gleichmäßig?

- Prüfe, wie du das Seil ziehst. Ziehst du die beiden Seiten zusammen? Oder wirkt es etwas unkontrolliert?

- Verwendest du die richtige Art von Seil? Hohle Kordeln halten keine gute Struktur.

Die Spirale wird vor dem Ende fassförmig und du kannst nicht weiternähen

- Vielleicht ziehst du zu stark.

- Der Winkel der Spirale neigt sich nach innen statt nach außen. Dies ist ein Problem, das hauptsächlich bei größeren Projekten auftritt, kommt aber auch bei der letzten Runde von kleineren Arbeiten vor, wenn du zum Ende hin zu stark ziehst, um dein Projekt stabil zu machen.

Denke daran, dass es bei Seilarbeiten immer um das Gleichgewicht geht zwischen

- dem Seil,
- dem Faden
- und dir

Wenn ein Problem auftritt, findet sich die Antwort höchstwahrscheinlich in einem dieser Bereiche.

Über die Autorin

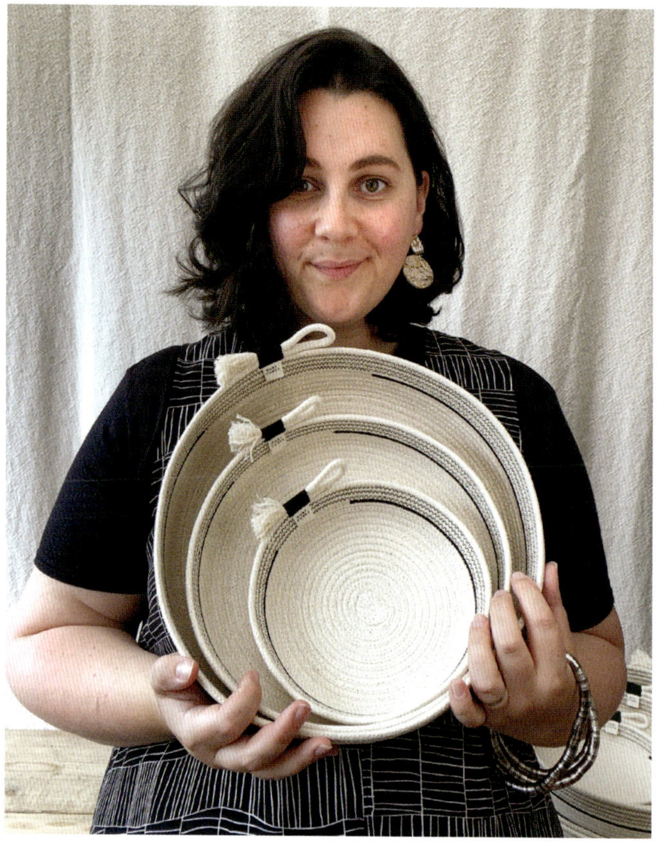

Jessica konzentriert sich seit 2016 ausschließlich auf Seilarbeiten. Seitdem hat sie bei vielen Veranstaltungen ausgestellt – einschließlich des prestigeträchtigen Great Northern Contemporary Craft Fair in Großbritannien. Ihre Arbeit wurde in verschiedenen britischen Galerien gezeigt. Mit zahlreichen Kollektionen in ihrem Portfolio hat Jessica die Möglichkeiten von Form und Textur in dieser Disziplin tiefgehend ausgelotet.

Das Verständnis für das Gleichgewicht zwischen den Materialien, der Nähmaschine und den künstlerischen Fertigkeiten, die für diese Arbeiten notwendig sind, ist eine Kompetenz, die Jessica sich über viele Jahre angeeignet hat. Ihre meisterliche Beherrschung dieser Balance befähigt sie dazu, diese in einfach zugängliche Projekte aufzugliedern, über die jeder mit grundlegenden Nähkenntnissen Zugang zu dieser wunderbaren Handwerkskunst erlangen kann.

Eine letzte Anmerkung

Nachdem du nun am Ende des Buchs angelangt bist, hoffe ich, dass du aus ***Kunstvolle Seil-Designs*** genug an Wissen und Inspiration gezogen hast, um bei Seilarbeiten deinen eigenen Weg zu gehen. Nichts ist für mich als Künstlerin spannender als ein großer Haufen Seil und ein ganzer Tag zum Nähen vor mir!

Wenn ich nicht bis zum Hals in Seil und Faden stecke, findest du mich online:

Website: www.rubycubes.co.uk
Instagram: @rubycubes.uk
Pinterest: @rubycubesUK